마약 하는
마음,
마약 파는
사회

마약 하는 마음, 마약 파는 사회

양성관 지음

일상을 파고든 마약의 모든 것

히포크라테스

푹 눌러쓴 검은 모자 아래로 아슬아슬하게 보이는 눈이 붉게 충혈되어 있었다. 젊은 그녀는 진료실로 들어와서 의사인 나와는 눈도 마주치지 않은 채 종이만 내밀었다. 하얗다 못해 창백한 손으로 내민 노란 포스트잇에는 7~8가지 종류의 약 이름이 빽빽하게 적혀 있었다. 의사들 사이에서 '어둠의 비기秘器'로 전해져 내려오는 다이어트 처방약이었다. 나는 약 이름이 적힌 포스트잇에서 잠시 눈을 떼고 그녀를 처다보았다. 비쩍 마른 몸에 헝클어진 머리와 퀭한 눈, 중독임이 분명했다. 나는 고개를 저었다.

"김선화 씨(가명)는 지금 다이어트 약을 먹을 정도의 비만이 아닙니다. 그리고 약이 너무 강한 데다 3개월 이상 먹으면 의존성이 생깁니다."

"그냥 똑같이 처방해 주세요."

"죄송합니다만, 의사로서 그럴 수 없습니다."

'처방해 달라, 처방할 수 없다'라며 실랑이가 이어졌고, 끝내 그녀는 "아, 씨. 그냥 해달라는 대로 해주면 되지"라고 짜증을 내며 진료실을 나갔다. 이미 중독된 그녀는 똑같은 약을 처방받기 위해 이 병원, 저 병원 헤매고 다닐 것이다. '나비약'이라고 불리는 이 다이어트 약은 중추신경 흥분제다. 사람을 과도하게 각성시켜 식욕이 없어지고, 가슴이 두근거리고, 잠이 오지 않고, 입 안이 바짝 마른다(시험 치기 직전이라고 생각하면 된다). 식욕이 감퇴하기 때문에 다이어트 약으로 쓰이지만 장기간 복용하면 사람이 예민해진다. 그렇다고 약을 갑자기 끊으면 기분이 너무 가라앉아 우울해지기도 한다. 다른 약도 그렇지만, 특히 다이어트 약을 포함한 향정신성 약물은 처음부터 의사와 상의해 조심스럽게 써야 한다. 김선화 씨처럼 묻지도 따지지도 않고 같은 약을 처방받기 위해 처방전을 들고 이 병원 저 병원 떠돌 정도면 이미 심각한 중독이다.

15년간 의사로서 살면서, 나는 다양하게 마약을 썼다. 말기 암 환자를 돌보는 호스피스에서 근무하면서 강력한 진통제이자 마약인 모르핀morphine에 알약인 옥시콘틴OxyContin, 마취제이자 환각제인 케타민ketamine부터 최근 이슈가 되고 있는 펜타닐fentanyl까지 전문적으로 사용했다. 응급실과 입원 환자를 볼 때는 모르핀 유사체인 페치딘pethidine과 신경안정제이자 항경련제인 디아제팜diazepam과 로라제팜lorazepam을, 내시경 검사에서는 프로포폴propofol을, 외래에서는 수면제인 졸피뎀zolpidem과 다이어트 약인 펜터민phentermine 등을 처방했다. 이 책에 나오는 마약 중에서 의료용은 거의 다 사용했다. 심지어 내과 의사인 아내는 펜타닐을 맞았다. 이 모두는 의사가 '치료' 목적으로 반드시 필요하다고 판단해 약을 처방한 경우였다. 그런데 요즘에는 의사인 나의 판단과는 상관없이 환자 자신이 특정 약이 필요하다며 처방을 요구하는 일이 자주 발생했다. 응급실에서 일할 때는 주로

40~60대 남성이 손에 진단서를 들고 왔다. 몇 달 심지어 몇 년이나 지나 구겨지고 닳아빠진 진단서에는 '급성 췌장염'이라고 적혀 있었다. 이 진단서를 보여주면서, 모든 검사를 거절한 채 오로지 수액에 특정 주사만 놓아달라고 했다. 모르핀 유사체이자 마약성 진통제의 일종인 페치딘이었다. 가슴이 두근거린다면서 온 40대 여성도 있었다. 자기가 '공황장애'라며 막무가내로 신경안정제인 디아제팜 주사를 놓아달라고 했다.

외래에서는 수면제인 졸피뎀(상품명: 스틸녹스Stilnox)과 다이어트 약인 펜터민(상품명: 디에타민Dietamin)이 주로 문제였다. 30대 초반의 평범한 여성이 순환 근무로 잠을 잘 자지 못한다며 수면제를 처방해 달라고 했다. 우울증 등도 없어 처방을 했더니, 3일 전 다른 의원에서 이미 28일 치 처방을 받았다고 컴퓨터에 '중복 처방' 알림창이 떴다. 내가 "환자분 며칠 전에 다른 병원에서 처방을 받으셨는데요?"라고 묻자, "아, 그거 잃어버렸어요"라고 당황한 기색 없이 그녀가 대답했다. 일단 머릿속에 빨간 경고등이 켜졌다. 과거 차트를 유심히 살펴보니, 예전에 다른 선생님에게도 약을 잃어버렸다는 평계를 대며 받아 갔던 적이 있었다. 자의로 수면제를 복용하다 내성으로 한 번에 한 알이 아니라 수 알을 먹어야 겨우 잠에 들 수 있는 상태이거나 약을 불법으로 유통하거나 둘 중 하나였다.

한번은 30대 초반의 여자가 20대 후반의 남자와 함께 들어왔다. 위생 상태가 좋지 않았던 남자는 주위를 계속 두리번거렸다. 여자는 자신을 누나라고 소개한 후 동생이 먹던 약이라며 종이를 보여주고 같은 약을 달라고 했다. 수면제와 신경안정제였다. "환자분, 지금 먹고 있는 약 있어요?" 뭔가 어리숙해 보이는 남자는 나와 눈을 잘 마주치지 못한 채 횡설수설하며 대답했다. "예, 제가 정신과 약을 먹고 있어요." "보호자분, 동생이 정신과 약을 먹고 있다는데요. 알고 계셨어요?" 여자는 갑자기 짜증을 내더니 동생이라는 남자를 놔두고 혼자 진료실 밖으로 나갔다. 환자와 자칭 보호자란 사람이 나가고 나자 원무과 직원이 들어왔다. "선생님, 그 여자 저번에는 다른 남자를 데리고 와서 약 처방해 달라고 했어요. 병원 앞에서 서성이며 남자들 유혹해서 밥 먹거나 데이트해 주고 남자 이름으로 처방해 간대요."

이런 경우도 있었다. 포승줄에 묶인 50대 남자가 경찰 두 명과 함께 응급실로 왔다. 붉은 두 눈이 몸 밖으로 튀어나올 것 같은 남자는 온몸을 떨며 식은땀과 함께 침을 흘렸다. 몸에 벌레가 기어다닌다며 온몸을 긁어대는데 흔히 필로폰Philopon이나 히로뽕ヒロポン으로 알려진 메스암페타민methamphetamine 금단 증상이었다.

외래에서 보는 약물중독자들의 특징이 있다. 첫째, 아픈 증상을 말하는 대신 특정 약을 처방해 달라고 한다. 그것도 최대한으로(마약성 또는 향정신성 약물은 최대 4주로 제한되어 있다). 둘째, 다른 병원에서 이미 처방받아 '중복 처방' 경고가 뜨는 경우가 많다. 셋째, 잘 씻지 않는 등 위생 상태가 불량하고 모자를 푹 눌러 쓰고 온다. 넷째, 다른 사람 이름으로까지 처방을 받으려고 한다. 나뿐만 아니라 의사라면 다들 최소 한 번 이상 경험하는 일이다. 공공연히 병원에서 이럴 정도면, 향정신성 약물을 포함한 각종 마약이 우리 사회 곳곳에 암암리에 널리 퍼져 있을 것이다.

사람이 아무런 이유 없이 갑자기 마약을 하지는 않는다. 마약에 빠지는 데는 이유가 있다. 의사인 나는 몸이나 마음이 아프거나 비만인 사람들이 마약성 진통제나 향정신성 약물에 빠지는 것을 자주 본다. 내가 21세기 의사가 아니라 100년 전의 의사였다면, 환자를 근본적으로 낫게 하는 것이 아니라 병의 종류에 상관없이 통증을 줄여주는 아편이나 모르핀, 헤로인heroin을 처방하고 있었을 것이다.

시대를 잘못 만나 고대 잉카제국의 백성이나 노예였다면, 코카인cocaine의 원료가 되는 코카 잎coca leaf을 씹으면서 안데스산맥을 오르락내리락했을 것이다. 제2차 세계대전 때 독일이나 일본의 병사였다면 메스암페타민, 그러니까 히로뽕 알약을 먹으면서 적군과 싸웠을지도 모른다. 흥분제 계열의 코카인과 히로뽕은 허기를 달래고 졸음을 쫓아내는 각성 효과가 있다.

내가 미국에서 40년 일찍 태어났다면 마리화나marijuana, 그러니까 대마초를 피우고 있었을 것이다. 베트남전쟁에 참전해 정글을 헤매다가 쉴 때 담배 대신 마리화나를 한 모금 했을지도 모른다. 대마초는 긴장을 풀어준다. 운 좋게 전쟁터에 끌려가지 않았다면 미국 내에서 반전 평화시위를 벌이면서 마리화나를 피웠을 것이다.

"Happy smoke, Love and Peace."

전쟁에 참여하는 군인도, 전쟁에 반대하는 시민도 다 같이 마리화나를 피웠다. 마리화나는 전쟁의 상징인 동시에 평화의 상징이었다. 군인과 대학생은 처음에는 똑같이 마리화나를 피웠지만, 다음 마약은 달랐다. 몸과 마음에 상처를 입은 정글의 군인들은 전쟁의 아픔을 잊기 위해 동남아시아에서 쉽게 구할 수 있는 헤로인을 했고, 예술적 영감을 얻거나 새로운 세계를 경험하기를 원했던 본토의 대학생들은 환각제인 LSDLysergic acid diethylamide나 엑스터시ecstasy를 했다.

　마약을 하는 가족이나 지인, 친구 때문에 마약에 빠질 수도 있다. 친구들이 "너도 한번 해볼래?"라고 권하기에 호기심에 시도했다가, 나중에는 내가 다른 친구에게 똑같이 "너도 한번 해볼래?"라며 권하고 있을지도 모른다. 확실히 주위에 마약을 하는 가족이나 지인, 친구가 있다면 같이 할 가능성이 커진다. 아이러니하게도, 마약을 직업적으로 다루는 의사는 마약의 무서움을 누구보다 잘 알고 있음에도 마약에 쉽게 빠진다. 사람들은 이렇게 다양한 이유로 마약에 빠진다. 몸이 아파서, 일을 하려고, 쉬려고, 영감을 얻으려고, 호기심에, 친구들과 어울리려고, 마약이 옆에 있어서 마약을 하게 된다.

　마약은 가히 환상적이다. 당신이 느껴보지 못한 새로운 세계가 눈앞에 펼쳐진다. 당신은 '인공 낙원', '천국'을 맛보게 된다. 이제 당신에겐 무서울 것이 없다. 『지킬 박사와 하이드』의 야수 하이드Mr. Hyde가 되고, 로버트 다우니 주니어Robert Downey Jr.처럼 아이언맨이 된다. 하지만 그것이 처음이자 마지막이다. 마약은 곧 저주가 된다. 처음에는 사람이 술을 마시지만, 나중에는 술이 술을 먹듯, 술보다 중독성이 더 강한 마약은 이제 당신의 모든 것을 삼키기 시작한다. 당신은 마약을 위해서라면 몸도 팔고, 가족도 팔고, 당신의 영혼까지 팔게 된다. 마약의 끝은 감옥이나 병원, 그것도 아니면 무덤이다.

　이 책에서는 사람들이 어떻게 마약을 시작하고, 중독되며, 파멸해 가는지 상세하게 들려줄 것이다. 여기까지가 책의 1부 〈마약 하는 사람〉의 이야기다.

설령 한 개인이 마약을 하고 싶어도 혼자서 할 수는 없다. 마약을 하려면 들판에서 양귀비를 키우든, 열대에서 코카나무를 재배하든, 그것도 아니면 히로뽕이나 펜타닐처럼 공장에서 직접 제조하든, 마약을 만드는 사람이 있어야 한다. 누군가 마약을 생산하면 그것을 소비자에게 전달해 줄 도매상과 소매상, 운반책도 있어야 한다. 거기에 마약을 단속해야 할 정부도 관여한다.

도박과 매춘, 살인은 모두 나쁜 일이지만, 역사의 시작과 함께 사라지지 않고 계속되고 있다. 마약도 마찬가지다. 영화 〈타짜〉에서 아귀가 말하듯이, '정의' 같은 그런 순수한 도덕적인 차원에서 접근하면 마약 문제를 해결할 수 없다. 마약은 엄연한 (불법) 상품이고 다른 물건처럼 (암)시장에서 (암)거래되고 있기에 오히려 수요와 공급, 생산과 소비, 위험과 이윤 같은 자본주의적 관점에서 분석할 필요가 있다. "모든 시장 참가자를 배후에서 조종하는 것은 돈"이기 때문이다.

불법이고 몸에 해롭다는 점을 제외하면, 마약 또한 (불법) 상품으로서 생산지부터 소비자의 손에 들어가기까지 몇 단계를 거치면서 가격이 오른다. 불법이라 막대한 위험 수당이 추가된다. 그 결과, 마약은 세상 그 어떤 상품보다 고부가가치 상품이 된다. 이윤이 어마어마하기에 수많은 이들이 해롭고 위험하다는 것을 알면서도 마약 산업에 뛰어든다.

애플이 아이폰을 중국에서 만들어 유럽과 미국에서 파는 것처럼, 마약도 인건비가 싸고 부패한 나라에서 만들어져 선진국에서 팔린다. 한때 가난했던 한국에서 히로뽕을 생산했지만, 이제 부유한 한국에서는 더 이상 히로뽕을 생산하지 않는다. 소비만 할 뿐이다. 마약을 직접 만

드는 것보다 가난한 나라에서 밀수해 파는 것이 더 싸고 안전하기 때문이다.

저 멀리 콜롬비아 열대 지역의 농부는 커피와 코카coca 중에 하나를, 아프가니스탄 초원 지대의 농부는 밀과 아편 중 하나를 선택한다. 어른만 숙고하는 것이 아니다. 오늘날 한국의 10대 청소년이 문과를 선택할지, 이과를 선택할지 고심하는 동안, 콜롬비아 시골의 10대 청소년은 삽을 들고 농사를 지을지, 곡괭이를 잡고 광물을 캘지, 그것도 아니면 총을 들고 마약 갱단이 될지를 오늘도 고민한다.

이런 선택을 내려야 하는 것은 개인만이 아니다. 경제가 어려워지는 가운데 북한은 제약공장에서 인민을 살릴 수 있는 항생제 등의 의약품을 만들 것인지, 아니면 자신들의 호화로운 생활을 영위하는 데 필요한 외화를 벌어들일 수 있는 마약을 만들 것인지 결정해야 한다. 북한의 지도자인 김정일과 김정은은 의약품 대신 마약을 택했다. 그 결과 수많은 북한 주민들이 제대로 된 치료를 받지 못하고 죽어갔고, 살아남은 주민들은 심각한 마약중독에 빠졌다.

마약에 빠져든 건 사람과 갱단 그리고 국가만이 아니었다. 탐욕에 눈이 먼 한 제약회사가 이 산업에 뛰어들어 20년간 무려 35조 원 이상의 매출을 올렸다. 돈에 중독된 제약회사는 사람들을 마약에 중독시켰다. 이것이 오늘날 세계 최강국인 미국에서 일어나고 있는 '펜타닐 파동'이자 우리가 뉴스로 보고 있는 필라델피아 켄싱턴의 '좀비 거리'다.

시대가 빠르게 바뀌고 있고, 한국에서도 마약 산업이 빠르게 진화하며 성장하고 있다. 책의 2부 〈마약 파는 사회〉에는 이러한 마약을 둘러싼 사회상이 담겨 있다. 사회의 병리 현상에는 단순히 한 개인만이 아니라 모든 것이 얽혀 있다. 이 책에서는 마약의 특징은 물론이고, 어떤 사람들이 어떻게 마약을 시작하는지부터 사람들이 왜 마약을 만들어서 어떻게 사고파는지까지 그 누구도 알려주지 않았던 이야기를 들려줄 것이다. 책을 읽는 동안 호기심과 두려움, 안타까움과 분노, 동정과 경멸 등 엇갈리는 감정이 찾아올 것이다.

조심할 것이 있다. 독일의 유명한 철학자 프리드리히 니체Friedrich Nietzsche는 『선악의 저편』이란 책에서 이렇게 말한 바 있다. "괴물과 싸울 때는 괴물과 닮지 않도록 조심해야 한다. 우리가 괴물의 심연을 오랫동안 들여다본다면 그 심연 또한 우리를 들여다보게 될 것"이라고. 혹시나 이 책을 읽다가 당신은 '나도 한번 해볼까'라는 생각을 할지도 모른다. "지옥은 호기심이 강한 사람을 위해서 만들어졌다"라는 말이 있듯이, 마약을 하면 잠시 천국을 경험할 수 있을지 몰라도 그 끝은 언제나 헤어 나올 수 없는 지옥이다. 마약중독자들이 늘 하는 말이 있다. "난 결코 마약에 중독되지 않았고, 언제든지 마음만 먹으면 마약을 끊을 수 있다." 하지만 틀렸다. 마약에 중독되지 않는 방법은 처음부터 마약을 하지 않는 것뿐이다. 그러니 상상조차 하지 않기를.

이제 당신 눈앞에 천국과 지옥이 동시에 펼쳐질 시간이다.

업

암페타민 (성분명) 상품명:

카트 펜터민 (성분명) 상품명: 디에타민,

메틸페니데이트 ADHD 치료제

카페인 니코틴(담배)

엑스터시 환각 LSD 환각

마리화나(대마) 다운 + 환각

알코올

각종 신경안정제 및 수면제 프로포폴부터 다양

GHB 케타민 다운 + 환각

다운

향정신성 약물 및 마약은 약 용량이나 투여 방법에 따라
효과 및 중독성과 위험성이 증가하여
일괄적으로 분류하기는 어렵다. 이해를 돕기 위해서 그렸다.

메스암페타민(필로폰, 히로뽕)

코카인(크랙)

벤제드린(Benzedrine), 애더럴(Adderall)

각종 다이어트약

의존도 및 독성

빨강: **불법**
주황: **의학적 사용 가능**
노랑: **기호**
환각: **모든 약에서 나타날 수 있다**

모르핀 및 마약성 진통제

헤로인

펜타닐

2부 마약 파는 사회

일러두기

1. 이 책에 실린 에피소드는 저자의 실제 진료 경험을 바탕으로 한다. 환자의 이름은 가명이며, 실명일 경우 환자의 사전 동의를 받았다.
2. 성분, 물질, 약품 설명은 약학용어사전을 참조했으며, 해당 용어의 원어를 병기했다. 필요시 약물 이름 옆에 상품명을 함께 기재했다.
3. 인·지명은 국립국어원 외래어 표기법을 따랐으며, 국내에서 관용적으로 많이 쓰이는 표현이 있는 경우 그 표현을 따랐다.
4. 본문에서 인용한 문헌은 후주로 출처를 표기했으며, 그림과 표의 출처는 본문 끝에 별도로 표기했다.
5. 본문에서 단행본은 『』, 논문·보고서는 「」, 신문·잡지·저널은 《》, 방송·영화·전시·음악은 〈〉, 기사는 ""로 구분했다.
6. 주에서 국내서는 위의 약물을 따랐으며, 국외서는 단행본·저널은 이탤릭체로, 논문·보고서는 ''로 구분했다. 그 외 신문은 《》, 기사는 ""로 구분했다.
7. 본문에 실린 그림과 표는 기존 문헌 자료를 이용한 경우 재가공해 수록했다.

마약 하는 사람

시작이 반이다. 하지만 마약은 시작이 전부다. 마약을 해서는 안 되는 이유는 '파멸' 단 하나지만, 마약을 하는 이유는 '몸이 아파서', '마음이 아파서', '살을 빼려고', '일을 하려고', '함께하려고', '재미있을 것 같아서', '호기심에' 등 무수히 많다.

1부에서 우리는 마약이 어떻게 사람을 유혹해서 중독시키고 파멸에 이르게 하는지 보게 될 것이다. 마약은 천국에서 시작해 지옥으로 끝난다.

1장

시작:
천국을 엿보다

"아주 작은 불꽃이 커다란 불길로 타오를 수 있다."

단테 알리기에리
Dante Alighieri

몸이 아파서

🔹 펜타닐, 정말 좋은 약이었다

60대 남성 환자 김정철(가명) 씨는 $170cm$가 조금 넘는 키에 체중은 간신히 $40kg$을 넘는 상태였다. 몸에 혈관도 얼마 남지 않아 주사를 놓을 곳도 찾기가 쉽지 않았다. 조금만 먹어도 배가 뒤틀리는 것처럼 아파서 알약을 복용하는 것도 힘들어했다.

김정철 씨가 가장 힘들어하는 건 통증이었다. 췌장에서 시작된 암은 이미 배 전체에 완전히 퍼져 있었다. 완치는 꿈도 꾸지 못할 상태였고, 길어야 한두 달이었다. 의사로서 환자가 얼마 남지 않은 시간을 잘 보내도록 도와주는 것이 전부였다. 주치의였던 나는 김정철 씨의 고통을 줄이기 위해 어마어마한 양의 마약성 진통제를 수액에 섞어 쓰고 있었다. 모르핀이었다.

때마침 명절을 앞두고 있었다. 김정철 씨는 자신의 삶이 얼마 남지 않은 것을 알고 있었고, 그는 가족들과 평생을 함께 살아온 집에서 마지막 설을 보내고 싶어 했다.

어려운 상황이었다. 김정철 씨는 언제든지 상태가 급속도로 나빠질 수 있었다. 집에 간다고 하더라도 통증이 문제였다. 일반적으로 모르핀 주사 10mg의 효과를 내려면 알약으로는 3배 정도의 분량을 투여해야 한다. 김정철 씨는 많은 양의 모르핀이 섞인 링거 주사를 맞고 있었기에 주사 없이 먹는 알약만으로는 통증을 감당하기가 어려웠다. 그럴 때 좋은 해결책이 있었다. 몸에 붙이는 패치 형태인 펜타닐이었다. 펜타닐의 진통 효과는 모르핀보다 100배 강력하기 때문에 훨씬 적은 양으로 통증을 조절할 수 있었다. 몸에 붙이는 패치 형태여서 번거롭게 약을 삼킬 필요도 없었다. 진통 효과도 3일간 지속되어 반나절도 가지 않는 알약보다 오래 유지되었다.

다만 펜타닐은 모르핀보다 100배 강력해서 양을 잘 조절해야 했다. 마약성 진통제가 다 그렇듯, 과량을 투여하면 호흡 억제로 사망할 수 있다. 나는 같은 효과를 내기 위해 마약성 진통제 투여량을 비교해 놓

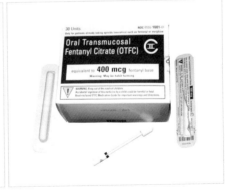

그림 1   펜타닐 패치와 펜타닐 액틱정

펜타닐 경피 패치	정맥·피하 Morphine	경구 Morphine
12mcg/hr	10mg	30mg
25mcg/hr	20mg	60mg
50mcg/hr	40mg	120mg
75mcg/hr	60mg	180mg
100mcg/hr	80mg	240mg

표 1   펜타닐 경피 패치 동등 진통 용량표[1]

은 '동등진료효력환산표'를 참고하여, 김정철 씨가 병원에서 맞고 있는 모르핀의 양을 펜타닐의 양으로 바꿨다. 모르핀은 1g의 1,000분의 1인 *mg* 단위로 쓰지만, 펜타닐은 1g의 100만분의 1인 *μg*(마이크로그램) 단위로 쓴다. 이러한 계산 과정에 실수라도 있을까 재차 확인했다.

그리고 퇴원하기 전에 미리 패치를 붙이고 통증이 잘 조절되는지 지켜보았다. 김정철 씨는 다행히 펜타닐의 부작용인 구역이나 구토, 어지럼증 등이 나타나지 않았다. 펜타닐 패치fentanyl patch를 몸에 붙이고 있었지만, 그에게 혹시나 참을 수 없는 통증이 찾아올 때를 대비해 나는 입 안에서 녹여 먹는 막대 사탕 형태의 펜타닐 액틱정fentanyl actiq을 추가로 처방했다. 그렇게 김정철 씨는 펜타닐 패치를 몸에 붙이는 것으로 모자라 사탕처럼 녹여 먹는 펜타닐 액틱정을 손에 쥔 채 48시간의 긴 외출을 나갔다.

나는 언제라도 아프거나 이상이 생기면 즉시 응급실로 오라고 단단히 설명했다. 김정철 씨가 응급실로 오지 않을까 걱정했지만, 다행히 그는 응급실에 오지 않았고 집에서 가족들과 설을 보낸 후 병원으로 돌아왔다. 이것이 그의 마지막 명절이었다. 실제로 그는 설을 지내고 보름을 넘기지 못했다.

펜타닐, 정말 좋은 약이었다. 가장 강력한 마약성 진통제인 펜타닐 덕분에 김정철 씨는 '명절을 집에서 보내고 싶다'는 마지막 소원을 이룰 수 있었다. 펜타닐은 병을 낫게 하지는 못해도 꼼꼼하게 잘 쓰면 환자의 고통을 줄여줄 수 있다. 김정철 씨에게 펜타닐을 쓸 때는 중독을 고려할 필요가 전혀 없었다. 왜냐하면 그가 말기 암 환자였기 때문이다. 하지만 비암성 통증에 마약성 진통제를 쓰다 중독되는 경우가 꽤 있다.

50대 남성인 김영수(가명) 씨가 처음 마약성 진통제를 접한 곳은 응급실이었다. 그것도 이름난 S병원. 어느 날 밤 갑자기 심한 복통이 그를 찾아왔고, 참다못한 그는 배를 잡고 바닥을 뒹굴다가 119 구급차에 실려 응급실로 왔다. 진단 결과 술에 의한 급성 췌장염이었다. 췌장은 지방, 단백질, 탄수화물을 분해하는 소화효소를 분비하는데, 췌장에 염증이 생기면 췌장의 소화효소가 배 안에서 쏟아져 지방, 단백질로 이루어진 장기를 녹인다. 그렇기에 췌장염에 걸린 사람은 말 그대로 장기가 녹아내리는 극심한 고통을 겪는다.

의사는 마약성 진통제인 페치딘을 주었다. 하지만 통증이 잘 조절되지 않았고, 그로 인해 김영수 씨는 몇 번이나 페치딘 주사를 맞았다. 시간이 지나고 배 속의 통증이 거의 사라졌지만, 페치딘을 맞았을 때의 쾌감euphoria은 그에게 계속 남아 있었다. 요로 결석, 췌장염 등은 극심한 통증을 호소하기에, 진단이 내려지면 의사는 통증부터 줄이기 위해 페치딘 등을 처방한다. 그렇게 극심한 통증으로 마약성 진통제를 맞은 사람 중에 김영수 씨처럼 다시 약을 찾는 경우는 극히 드물다. 하지만 유독 김영수 씨는 그때의 기억과 느낌을 잊을 수가 없었다. 다시 페치딘을 맞기 위해 S병원을 찾아갔으나 병원에서는 치료가 끝났다며 더 이상 페치딘을 주지 않았다.

그때부터 김영수 씨는 S병원의 진단서를 들고 중소병원의 응급실을 떠돌기 시작했다. 아예 처음부터 냉정하게 거절하는 병원도 있었고, CT와 혈액 검사를 해서 췌장염이 있는 것을 확인하고 주는 병원도 있었다. 김영수 씨는 한 번이라도 페치딘을 준 병원을 계속 집요하게 찾아가 주사를 놓아달라고 요청했다. 왜 주사를 안 주냐며 배가 아프다고 뒹굴기도 했고, 울며불며 매달리기도 했다. 연기가 들통나면 저번에는 줬으면서 이번에는 왜 안 주느냐고 버럭 신경질을 내며 진료 거부로 신고하겠다는 등 협박을 하기도 했다. 이미 페치딘에 중독된 김영수 씨에게는 의료진의 그 어떤 말도 통하지 않았다. 병원으로서도 마약성 진통제에 중독된 환자를 신고할 곳이 없었다. 그렇게 한 병원에서 난동을 피운 끝에 그는 3일 만에 한 번씩 페치딘을 맞기로 겨우 합의를 볼 수 있었다.

김영수 씨는 약속한 날이 되면, 자정이 되기 30분 전부터 응급실로 와서 접수를 하고 12시 정각에 페치딘을 맞았다. 응급환자가 있든 말든, 1분이라도 늦으면 화를 냈다. 간호사와 의사가 페치딘 대신 똑같이 투명한 생리식염수나 다른 진통제를 놓아보기도 했지만, 그는 귀신같이 다른 약인 것을 알았다. 페치딘이 주사를 통해 몸 안으로 들어갈 때 그는 황홀함을 넘어서 천국을 맛보는 것처럼 보였다. 약물이 혈관을 따라 마치 꿈틀거리는 뱀처럼 수액에서 팔을 통해 그의 몸속으로 들어가는 것 같았다. 약이 들어간 지 몇 초가 지나면 그는 "으어어어어"라고 괴상한 신음 소리를 내며 몸을 부들부들 떨었다. 그는 '황홀감sudden rush'[2]을 느꼈던 것이다.

그가 주사를 맞는 모습을 본다면 누구라도 그가 중독자라는 것을 알수 있었다. 김영수 씨는 몸이 아파서 마약성 진통제를 맞다가 마약성 진통제에 중독된 것이다. 김영수 씨는 얼마 못 가 페치딘 주사 간격을 3일에서 2일로 줄여달라고 병원에 막무가내로 떼쓰기 시작했고, 병원에서 난동을 부리다가 쫓겨났다. 그는 아마도 또 다른 병원을 찾고 있을 것이다.

환자의 고통을 줄여주는 것은 질병을 치료하는 것과 함께 의사의 가장 오래된 의무였다. 과학이 발달하지 않아 질병의 원인을 모르고 치료법조차 없던 시대에는 어떻게든 통증을 없애는 것이 의사가 할 수 있는 거의 유일한 치료였다. 지금은 펜타닐, 모르핀, 페치딘 등 마약성 진통제가 다양하지만, 19세기 이전만 하더라도 딱 하나뿐이었다. 바로 아편이었다.

🔖 그때는 맞고 지금은 틀리다

19세기 이전에는 의사는 의사가 아니었고, 의학 또한 의학이 아니었다. 병이 왜 생기는지도 알지 못했고, 설령 알았다고 하더라도 항생제나 항바이러스제, 수술을 위한 마취제 등이 없어 근본적인 치료조차 불가능했다. 그런 상황에서 의사는 환자가 자신을 찾아온 목적을 이루어 줘야 했다. 통증을 없애주는 것이었다. 당장 눈앞의 통증만 없어지면 환자는 크게 만족했기에 의사는 '명의'라는 소리를 들을 수 있었다. 그때나 지금이나 아픈 데 최고인 약이 있다. 오늘날에도 여전히 유효하게 사용하는 아편이다.

고대 수메르인들은 아편을 '기쁨을 주는 식물'이라고 불렀다. 이집트, 그리스, 로마부터 인도와 중국까지 모두 양귀비를 길렀다. 양귀비는 손바닥만 한 붉은 꽃이 지고 나면 살구보다 약간 큰 열매를 맺는다. 그 열매에 상처를 내면 하얀 수액이 흐른다. 하루 후에 마른 수액을 모아서 대략 보름 정도 햇볕에 말리면 검은 아편, 즉 생아편이 된다.

콜롬비아와 페루, 볼리비아의 안데스산맥에서 주로 자라는 코카나무와 달리, 풀인 양귀비는 기후나 지형을 가리지 않고 잘 자란다. 한반도도 예외가 아니어서 조선시대는 물론이고, 일제강점기에는 집집마다 양귀비를 몇 주씩 키웠다. 한국의 농가에서는 가정상비약이었던 아편을 채취하기 위해 양귀비를 재배하는 광경을 흔히 볼 수 있었다.[3] 그 시절 각 가정에서 양귀비를 키우는 것은 오늘날의 텃밭이나 베란다에서 상추 같은 쌈 채소를 재배하는 것과 같았다. 동의보감에서는 초보자도 아편을 만들 수 있도록 "양귀비꽃이 지고 열매가 맺힌 지 15일 되는 날 오후에 큰 침으로 씨방의 푸른 겉껍질만 뚫리도록 10여 곳을 찔러 열어놓았다가, 다음 날 아침에 흘러나온 진을 대나무 칼로 긁어 사기그릇에 담아 그늘에 말린다"라고 자세히 설명하고 있다. 이뿐만 아니라

그림 2 양귀비꽃, 양귀비, 그리고 아편.
양귀비의 하얀 수액을 모아서 햇볕에 보름 정도 말리면 검은 아편(생아편)이 된다.

"매번 팥알만 한 것 한 알을 따뜻한 물에 풀어서 빈속에 복용"[4]하라며 친절히 사용법까지 알려주고 있다.

　아편은 19~20세기 이전 인류가 그 어떤 질병도 제대로 치료할 수 없었던 시기의 만병통치약이었다. 전쟁에서 다쳐 다리가 불구가 되어도, 배가 아파도, 머리가 깨질 듯이 아파도 통증의 위치와 강도에 상관없이 효과가 있었다. 아편은 괴질이라고 불렸던 콜레라에 특효약이기도 했다. 비브리오 콜레라Vibrio cholerae라는 세균에 감염되어 발생하는 급성 장염인 콜레라에 걸리면, 하루에 열 차례도 넘게 설사를 해 결국 심한 탈수와 전해질 불균형으로 사망했다. 아편은 변비를 유발하는 부작용이 있었는데 이러한 부작용이 오히려 설사를 치료하는 데 효과적이었다. 게다가 아편은 기침 억제 효과도 있었다. 폐결핵에서 결핵균을 죽일 수는 없었지만, 환자의 기침을 멎게 하는 데 아편만 한 게 없었다. 아편에서 유래한 코데인codeine은 오늘날에도 마약성 진통제이자 기침약으로 사용되고 있다.

루이 파스퇴르Louis Pasteur는 1861년 『자연발생설 비판』이라는 책을 통해, 외부에 존재하는 미생물이 인체를 침범해서 병을 일으킨다고 주장했다. 이른바 '세균설'이었다. 세균이라는 원인을 알아냈지만, 치료에 이르기까지는 오랜 시간이 걸렸다. 세균을 치료하는 항생제는 1928년 알렉산더 플레밍Alexander Fleming이 최초로 발견했다. 바로 페니실린penicillin이다. 페니실린은 1941년에 처음으로 사람에게 사용되었다. 세균이 원인이라는 것을 밝혀낸 지 무려 80년 만이다.

혹이나 암 또는 외상으로 다리가 부러졌을 때 제대로 된 수술을 할 수 있게 된 것도 마취제가 발명된 이후였다. 마취제가 나오기 이전에는 환자가 수술 내내 비명을 질러댔다. 의사는 환자에게 술을 먹이거나 심지어 머리를 때려서 기절시키기도 했다. 수술 중에 고통을 참지 못한 환자가 움직이는 것을 막기 위해 팔과 다리를 묶었다. 환자를 붙들기 위해 힘 좋은 장사가 필요하기까지 했다. 수술 중에 사망하는 것은 물론이고, 수술이 두려워 수술 전에 도망가거나 스스로 목숨을 끊는 사람도 있었다.

마취제가 없는 상황에서 의사가 할 수 있는 최선은 가장 빠른 시간 안에 수술을 끝내는 것이었다. 속도가 관건이었고, 실수가 흔했다. 런던대학교 병원 소속 의사 로버트 리스턴Robert Liston 박사는 환자의 다리를 절단하다가 환자의 고환을 자르기도 했고, 수술을 돕는 다른 사람의 멀쩡한 손가락을 잘라버리기도 했다.

마취제가 등장하기 전까지 수술은 질병 그 자체보다 무섭고 고통스러웠다. 그러다 한 외과 의사가 대학생 환각파티에 갔다가 아이디어를 얻었다. 파티에서 에테르ether를 맡은 대학생들은 환각에 빠져 놀다가 부딪히거나 다쳐도 통증을 느끼지 못했다. 이를 본 크로퍼드 롱Crawford Williamson Long은 에테르를 마취제로 사용하여 환자의 목에 난 종양을 통증 없이 제거하는 데 성공했다. 세계 최초의 전신 마취 수술이었다. 다만 그는 학회에 발표하지 않아 최초의 수술로 인정받는 영광은 누리지 못했다.

지그문트 프로이트Sigmund Freud는 1884년 코카인에 빠져 많은 친구에게 코카인을 권했다. 대학 동창생인 안과의사 카를 콜러Karl Koller는 코카인이 혓바닥에 닿자 얼얼해지며 감각이 무뎌지는 것을 경험하고는 코카인으로 눈을 마취한 후 백내장 수술에 성공했다.[5]

오늘날 마약으로 취급받는 코카인은 사실 최초의 국소 마취제였다. 그렇게 19세기부터 과학과 기술이 눈부시게 발달했다. 의학 또한 어마어마한 속도로 발전했고, 지금도 발전하고 있다. 수많은 병의 원인이 밝혀지고 치료법이 개발되었다. 에테르(최초 수술은 1842년, 공식적으로는 1846년)에 비해 여러모로 더 나은 클로로포름chloroform(1847년)이 전신 마취제로 사용되었고, 그 후로도 티오펜탈thiopental(1932년), 케타민(1942년), 미다졸람midazolam(1976년), 프로포폴(1983년) 등이 발명되어 수술이 더 안전해졌다. 국소 마취제로는 마약이 된 코카인 대신, 1943년에 발명된 리도카인lidocaine을 지금까지 가장 많이 사용하고 있다.

역사와 전통을 자랑하는 거대 제약회사가 대부분 이때 탄생했다. 그들은 키나나무 껍질에서 퀴닌을 추출해 말라리아 치료제를, 버드나

그림 3   즉시 사용할 수 있도록 바늘까지 내장된 모르핀 앰풀   그림 4   헤로인

무 껍질에서 추출한 살리실산으로 아스피린aspirin(1895년)을 만들었
다. 돈이 많은 약국은 한꺼번에 원료를 사들인 후 특정 성분만을 추출
해서 대량으로 약을 생산했다. 독일의 머크Merck, 스위스의 로슈Roche,
미국의 글락소스미스클라인GSK 등의 제약회사가 이렇게 약국에서 탄
생했다. 한발 더 나아가, 굳이 천연재료에서 성분을 추출할 필요도 없
었다. 화학구조만 같으면 자연에서 추출하든 인공적으로 합성하든 약
의 효과가 같았다. 화학공장이었던 독일의 바이엘Bayer, 미국의 화이
자Pfizer는 이렇게 거대 제약회사로 변신했다.

　진통제 또한 업그레이드되기 시작했다. 19세기 이전까지 사람들은
아편을 직접 가루로 복용하거나, 담배와 섞어서 가루로 피우거나, 아편
팅크laudanum처럼 술에 녹여 마시기도 했다. 과학자, 더 정확히는 화학
자들이 아편에서 다른 불순물을 제거하고 진통 효과만 내는 성분을 추
출했다. 그렇게 나온 것이 바로 그리스 신화에 나오는 꿈의 신 모르페
우스Morpheus의 이름을 딴 모르핀(1805년)이었다. 아편의 장점을 극대

화하고 단점을 최소화하기 위한 시도였다.

여기서 제약회사는 멈추지 않았다. 아스 피린으로 유명한 제약회사 바이엘이 모르 핀에 약간의 화학적 변형을 가해 모르핀보 다 몇 배나 강력한 헤로인heroin(1895년)을 만들었다. Heroin, 말 그대로 영웅hero처럼 강력한 효능을 가지고 있다고 해서 붙은 이 름이었다. 양귀비에서 아편, 아편에서 모르 핀, 모르핀에 이어 헤로인이 탄생했다. 이

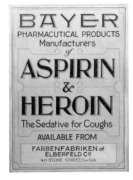

그림 5   헤로인 광고.
기침약으로 흔히 사용되었다.

헤로인은 질병의 원인을 알 수 없어도, 통증 부위에 상관없이 모든 통 증을 마법같이 사라지게 만들었다. 헤로인을 탄생시킨 바이엘은 헤로 인을 '모르핀보다 안전하고 중독성이 없는 약'으로 광고했다. 심지어 헤로인을 함유한 엘릭시르Elixir(연금술에서 마시면 불로불사가 될 수 있다는 약)를 당뇨부터 고혈압, 딸꾹질까지 모든 질병을 치료한다고 선전했고, 나이와 상관없이 유아에게도 사용했다.[6]

하지만 장점만 있고 단점이 없는 약은 애초부터 존재할 수 없었다. 처음부터 아편은 약인 동시에 독이었다. 아편은 과량 투여 시 호흡 마 비로 사망했기에 오래전부터 암살하거나 자살하는 데 썼다. 고대 카르 타고의 명장이었던 한니발Hannibal Barca은 로마와의 전쟁에서 패한 후 다량의 아편을 마시고 스스로 목숨을 끊었다. 뇌물 수수로 유배형을 받 은 역관 출신 김홍륙이 앙심을 품고 고종을 암살하려고 커피에 탄 것 또한 다량의 아편이었다(1898년 독차 사건). 아편에서 모르핀, 모르핀에

서 헤로인으로 갈수록 농도가 진해지며 약효가 강해지는 동시에 부작용 또한 심해졌다. 너무 아플 때는 몰랐지만, 장기간 투여하면서 단점이 부각되었다. 변비와 같은 비교적 가벼운 부작용뿐만 아니라 내성과 의존성같이 심각한 부작용도 드러났다. 모든 기술이 그렇듯 장점은 즉시 나타났지만 단점은 서서히 드러났기에 의사들마저도 마약에 중독되었다. 더욱이 다른 마약에 비해 헤로인은 유독 의존성과 내성, 금단 증상이 매우 심했다.

처음에는 강력한 진통제에 환호성을 지르던 사람들이 시간이 지나자 우려를 표하기 시작했다. 20세기에 들면서 마약 금지에 대한 논의가 본격적으로 시작되었다. 국가의 힘이 커지면서 국가가 개인의 자유에 여러 제한을 가했고, 그중 하나가 약이었다. 정부는 각종 위험한 약을 마약류로 분류하면서 이들 약의 생산, 유통, 판매, 사용 등을 법으로 금지하기에 이르렀다.

마약 자체의 위험성뿐만 아니라 의료기술의 발전도 마약에 대한 수요를 낮췄다. 각종 수술과 약이 개발되면서 통증을 없애는 데 그치지 않고 근본적인 치료가 가능해졌다. 마취제가 개발되어 수술은 더욱 안전해졌다. 상·하수가 분리되면서 콜레라 같은 수인성 전염병이 급감했고, 최초의 항생제인 페니실린(1941년)과 최초의 항바이러스제인 아만타딘amantadine(1963년) 등이 개발되어 그동안 사람들을 괴롭히던 많은 질환이 자취를 감췄다. 14세기 유럽 인구의 3분의 1을 죽음으로 몰았던 흑사병마저 항생제 몇 알만으로 치료할 수 있게 되었다. 한때 '만병통치약'으로 호평받았던 약들은 과거의 영광을 잃어버리고 '마약'으로 낙인찍혔다.

다양한 진통제도 개발되었다. 우리가 일반적으로 약국에서 사거나, 흔히 처방받는 타이레놀Tylenol 등의 단순 진통제는 내성이나 중독성이 거의 없다. 세계보건기구WHO에서는 진통제를 1~3단계로 나누는데, 이 약들은 경미한 통증에 쓰는 1단계 비마약성 진통제에 속한다. 2단계는 중증도 통증에 쓰는 약한 마약성 진통제로, 코데인과 트라마돌tramadol이 여기에 속한다. 심한 통증에 쓰는 3단계의 강한 마약성

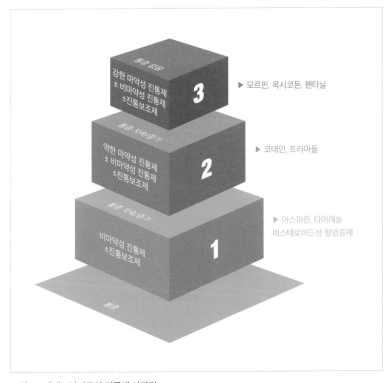

그림 6   세계보건기구의 진통제 사다리

진통제에는 모르핀, 옥시코돈oxycodone, 펜타닐 등이 포함되는데, 효과만큼이나 중독성이 강하고 위험 부담이 크다. 좀 더 세밀하게는 진통 효과에 따라 '아세트아미노펜acetaminophen(타이레놀)-NSAIDs(부루펜Brufen, 아스피린 등)-트라마돌-코데인-모르핀-펜타닐'로 분류하기도 한다.

이렇게 과학과 의학이 빌달하면서 마약은 과거의 영광을 잃고 어둠 속으로 숨어들었다. 그러다 1990년 후반, 마약은 '만병통치약'으로 세상에 다시 등장한다. 교묘하고 사악한 방식으로. 이는 책의 후반부인 2부에서 다루게 될 것이다.

아픈 마음을 숨기고

🕳 수면제는 마약일까?

"선생님, 같은 걸로 주시면 됩니다."

담당 의사의 대장내시경 시술이 길어져 원무과 직원이 양해를 구하고 나에게 환자를 접수했다. 기존에 먹던 고혈압이나 당뇨, 고지혈증 약을 그대로 처방하는 '리핏repeat 처방'은 인사 한 번 하고 "똑같은 약 그대로 드릴게요"라고 한 후 마우스를 몇 번 클릭하면 끝이다. 어깨까지 오는 파마 머리에 기본 화장만 하고 립스틱을 칠하지 않은 평범한 중년 여성인 김명순(가명) 씨가 진료실로 들어왔다.

"안녕하세요, 김명순 님. 오늘은 어디가 불편해서 오셨어요?"

"아, 네. 제가 원장님께 몇 년째 수면제를 타서 먹고 있는데, 그 약 받으러 왔어요."

차트를 보니 그녀는 수면제의 일종인 졸피뎀을 1년 넘게 복용하고 있었다. 단순 고혈압이나 당뇨 환자인 줄 알았던 나는 약 이름을 보고는 인상을 찌푸렸다. 예상과 달리 진료가 길어질 것 같은 예감이 들었다.

"약 먹으면서 특별히 불편한 점 없나요?"

"네, 옛날부터 쭉 먹어와서… 괜찮습니다. 그대로 주시면 됩니다."

몇 년 전, 이 약이 큰 이슈가 된 적이 있었다. 한 언론에서 이 약을 '악마의 수면제'라고 부르며, 해당 약을 복용하던 한 유명 연예인의 자살이 이 약과 관련이 있다는 의혹을 제기했다. 나는 컴퓨터 화면을 환자에게 돌렸다. 모니터에는 한때 대한민국을 대표하던 국민 배우이자 만인의 연인이었던 그녀의 생전 아름다운 모습이 있었다.

보통은 우울증 환자나 정신과 환자의 경우 짙은 안개 같은 무겁고 어두운 특유의 분위기가 느껴지는데, 김명순 씨는 그런 것이 없었지만 그래도 혹시나 하는 마음에 나는 설명을 시작했다.

"예전에 이 약을 먹던 연예인이 목숨을 끊어서 이슈가 된 적이 있습니다. 언론에서는 약 부작용으로 죽은 것처럼 떠들어 댔지만, 제 생각으로는 우울증이 아니었나 싶습니다. 연예인이다 보니 정신과 치료를 안 받고 수면제만 처방받아서 먹다가 우울증이 심해져서 목숨을 끊었을 것으로 추정됩니다. 실제로 우울증 환자 세 명 중의 두 명은 불면증을 호소하거든요. 그래서 저는 항상 수면제를 복용하는 분에게 물어봅니다. 혹시 우울하지 않…."

"엉엉엉…."

내 어머니뻘인 김명순 씨는 내 앞에서 울기 시작했다. 당황스러웠다.

"자, 어머니, 진정하시고."

"제가 몇 년 동안 진료를 받으면서 우울하냐고 물어보신 분은 선생님이 처음이셨어요. 엉엉엉… 어떻게든 제가 살아보려고… 흑흑…."

젊은 나이에 남편과 사별하고 혼자서 어렵게 자식을 키우기 위해 애썼다는 그녀의 인생 이야기가 거센 파도처럼 이어졌다. 그녀에겐 잠이 문제가 아니라 마음이 문제였다. 불면증으로 약을 먹을 게 아니라 우울증 치료를 받아야 했다. 나는 그녀의 파도가 잔잔해지기를 기다렸다가 조심스럽게 정신과 치료를 권했다.[7]

불면증은 주야간 교대근무나 환경변화 등으로 발생하는 단순 불면증도 있지만, 상당수는 우울증, 불안 같은 정신질환이나 허리 통증, 전립선 비대증 같은 신체 질환이 동반된다. 그럴 경우 수면제만 처방해서 잠만 오게 한다고 문제가 해결되지 않는다. 천장에 구멍(우울증, 신체 통증)이 나서 바닥에 물(불면)이 떨어지는데 바닥에 고인 물만 닦는다고 천장 구멍이 막히는 게 아닌 것처럼 말이다. 계속 놔뒀다가는 천장 전체가 내려앉을지도 모른다. 그렇기에 잠을 못 잘 때는 마음이 아픈지, 몸이 아픈지 꼭 확인해야 한다. 몸이나 마음에 문제가 있다면, 불면을 치료하면서 동시에 불면 뒤에 숨겨진 몸과 마음의 문제까지 반드시 해결해야 한다.

하지만 과거 몸이 아픈 사람들이 근본적인 치료 대신 당장 아프지 않으려고 아편을 찾았던 것처럼, 마음이 아픈 사람도 당장 잠이라도 자려고 수면제를 찾는다. 거기다 의사인 내가 아무리 정신과 치료를 권해도 다양한 이유로 정신과에 가기를 꺼린다. 특히 연예인일 경우 정신과에서 진료를 보기가 더 부담스럽다. 어떻게든 졸피뎀으로 버티다가 우울증이 심해져서 스스로 목숨을 끊는 것이다. 마치 비 새는 천장을 그대로 놔두고 바닥에 떨어지는 물만 닦다가, 결국 집 전체가 내려앉는 격이다. 실제로 목숨을 끊은 사람 4명 중 1명이 졸피뎀을 복용한 적이 있는데, 이는 보통 사람 21명 중 1명이 졸피뎀을 복용하는 것에 비해[8] 무려 5배 이상 높은 비율이다. 졸피뎀의 부작용으로 자살한다기보다 우울증 등이 있는 사람이 졸피뎀을 많이 복용하기 때문으로 추측된다. 그리고 수면제인 졸피뎀보다 더 짧은 시간에, 더 확실하게 푹 잘 수 있는 약이 있다.

"선생님, 사람들이 되게 편안해 보여요."

하루는 건강검진실 직원이 나에게 말했다.

"네?"

"미다졸람을 쓴 사람은 잠에서 덜 깬 것 같은데 프로포폴을 쓴 사람은 개운해 보여요."

"정말요?"

병원에서 위·대장내시경 검사를 할 때 미다졸람은 효과가 나타나는 데 오래 걸리고 깨는 데도 시간이 더 많이 걸린다(그래서 수면내시경 검사를 받은 후에는 꼭 운전하지 말라고 한다). 하지만 프로포폴은 즉시 효과가

	효과 발현 시간	최고 효과 시간	작용 시간	뒤끝	호흡 부전 시 치료제
미다졸람 (midazolam)	1~2.5분	3~4분	15~80분	있음	있음
프로포폴 (propofol)	0.5~1분	1~2분	4~8분	없음	없음

표 2 미다졸람과 프로포폴 비교

나타나고 작용 시간도 훨씬 짧다. 속된 말로 미다졸람은 뒤끝이 있고, 프로포폴은 뒤끝이 없다. 연구에서도 내시경 환자들의 만족도가 미다졸람보다 프로포폴에서 더 높게 나타났다.[9] 다만 호흡 부전 등의 부작용이 생기면, 미다졸람을 사용한 경우 즉시 플루마제닐flumazenil로 깨울 수 있지만, 프로포폴의 경우에는 치료제가 없다. 호흡 부전 등으로 사망한 환자는 대부분의 경우 프로포폴을 사용했을 때였다.

　내시경 검사 시 진정 작용은 꼭 필요하다. 그래야 환자의 고통을 줄이고, 간단하고 안전하게 시술을 끝낼 수 있다. 또 고통스러운 기억을 사라지게 해 환자가 다음번 검사나 시술도 두려움 없이 받을 수 있게 도와준다. 프로포폴은 내시경 검사 외에 가벼운 수술을 위한 전신 마취에도 자주 사용된다. 간혹 미용 시술을 할 때 쓰기도 한다. 단순한 보톡스나 필러 같은 시술에는 사용하지 않고, 여러 군데를 동시에 시술하거나 상당히 아픈 시술을 할 때 환자의 통증을 줄이기 위해 사용한다.

🍫 왜 주로 연예인일까?

"1, 2, 3…."

나는 프로포폴이 들어가는 순간부터 마음속으로 숫자를 세기 시작했고, 12가 마지막이었다. 그리고 기억을 잃었다. 정신을 차렸을 때는 찌뿌둥할 것이라는 예상과 달리 몸이 개운했고, 꿈도 꾸지 않았다. 도대체 나는 얼마나 잠이 든 것일까? 4시간? 6시간? 나는 회복실 침대에 누운 채 주위를 두리번거렸다. 벽에 걸린 시계가 보였다.

9시 20분?! 믿을 수 없었던 나는 두 눈을 비비며 다시 한번 시계를 보았다. 9시 20분이 맞았다. 이상했다. 나는 내시경을 위해 9시 5분에 프로포폴 주사를 맞았는데 겨우 15분밖에 지나지 않은 것이다. 그런데 몸은 마치 몇 시간을 푹 잔 것처럼 가벼웠다. 신비한 경험이었다.

대개 시술이나 수술이 끝나면 더 이상 프로포폴을 쓸 일이 없다. 하지만 약에서 깬 후 몸이 개운함을 느낀 일부의 사람이 프로포폴을 찾는다. 병원에서 계속 특정 시술을 받거나 아니면 처음부터 프로포폴만 맞으러 오는 것이다(심지어 나는 프로포폴을 맞기 위해 내시경 검사를 받으려고 병원을 돌아다니는 사람을 본 적이 있다). 더군다나 '연예인 프로포폴' 사건 전에는 프로포폴에 대한 규제가 거의 없었고 위험성이 잘 알려져 있지 않아서 이런 일이 비교적 흔했다. 결국 한국에서 프로포폴 중독이 문제가 되자 정부는 세계 최초로 프로포폴을 마약류로 지정해 관리하기 시작했다. 그런데 내가 일하는 병원만 해도 종합병원이라서 하루에도 20명이 넘는 환자가 프로포폴을 맞고 내시경 검사를 받는다. 수많은 사람들이 프

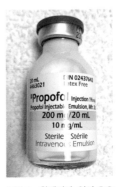

그림 7 흰색이라, 일명 우유 주사로 불리는 프로포폴

로포폴을 맞는데 왜 하필 연예인이 자주 중독되는 걸까?

많은 연예인은 살인적인 스케줄에 시달린다. 하루 24시간으로 부족하다. 밥도 제대로 먹을 수 없다. 늘 피곤하지만 대중 앞에서는 밝은 표정으로 웃어야 한다. 잠이라고는 이동할 때 차 안에서 불편한 자세로 자는 쪽잠이 전부다. 거기에다가 이대로 사람들의 관심에서 멀어지고 기억에서 잊힐까 두렵다. 만성적인 수면 부족에 불안, 초조로 잠에 잘 들 수가 없다. 이런 상태에서 10~20분만 자도 마치 몇 시간을 잔 것 같은 효과를 내는 약이 있다면 어떨까? 그게 바로 일명 우유주사, 프로포폴이었다.

연예인은 미용 시술이나 성형 시술을 받는 경우가 흔하다. 그러다 보니 프로포폴을 접할 기회가 일반인보다 훨씬 많다. 한 연예인은 피하지방을 제거하는 카복시 테라피와 보톡스 시술을 받으면서 프로포폴을 처음 접한 후 6년간 무려 410회를 맞았다.

"잠을 잘 못 자서 신경이 날카로워지는 날엔 가끔 생각난다…"[10]

정신과적 문제를 가지고 있던 이들이 향정신성 약물을 처음 접하면서 중독에 빠져든다. 처음이 어렵지 두 번째는 쉽다. 앞서 언급했듯이, 단순히 잠만 안 오는 일차성 불면증도 있지만, 몸이나 마음이 아파서 생기는 이차성 불면증이 흔하다. 우울증이나 불안장애가 있는 경우 정신과에서 적절한 치료를 받으면 우울증이 호전되어 불면증도 좋아진다. 하지만 사람들은 동네 의원에서 수면제나 신경안정제만 처방받는 경우가 많았다. 심지어 피부 시술이나 미용 시술을 핑계로 프로포폴을 맞기도 한다. 프로포폴은 짧은 시간의 마취에도 긴 시간 푹 잔 것처럼 개운한 느낌이 들게 하며 일시적으로 우울감이나 불안을 없애준다. 연예인, 유흥업소 종사자, 의료 종사자 등이 프로포폴을 남용하는 것은[11] 이러한 이유 때문이다.

　일부 성형외과에서 처음부터 돈을 벌 목적으로 사람들에게 프로포폴을 투여한 것도 문제였다. 한 피해 여성에 따르면 "대개 중독자들을 커튼이 처진 침상 6~7개에 한꺼번에 몰아넣은 뒤 프로포폴을 투여한다"[12], "주사 한 대당 10만 원 정도 한다. 시술이 끝난 뒤에도 일어나지 않고 그대로 누워 있으면 된다. 간호조무사에게 '좀 더 자고 싶다, 쉬고 싶다'고 말하면 추가로 주사를 놔준다. 그리고 침상 옆으로 커튼을 쳐준다"[13]라고 증언하기도 했다. 실제로 프로포폴을 투약한 혐의로 집행유예를 선고받은 한 방송인은 "이 약물을 처음 접했을 때 당시 유명 연예인들이 다 있었다"[14]라며 충격적인 실태를 고발하기도 했다.

　세계보건기구에서는 마약을 "(1) 약물 사용의 욕구가 강제에 이를 정도로 강하고(의존성) (2) 사용 약물의 양이 증가하는 경향이 있으며(내성) (3) 사용 중지 시 온몸에 견디기 어려운 증상이 나타나고(금단 증상) (4) 개인에 한정되지 않고 사회에도 해를 끼치는 약물"이라고 정의한다.[15] 처음부터 마약인 것도 있지만 오남용으로 인해 의존성과 내성, 그리고 금단 증상이 생겨 치료약이 마약으로 변하기도 한다. 프로포폴의 경우 원래 목적인 내시경 검사나 시술에 사용하면 약이지만, 잠을 잘 목적으로 자주 사용하면 마약이다. 졸피뎀 같은 수면제도 마찬가지다. 꾸준히 한 알을 먹고 잠을 잘 자며 금단 증상이 없으면 마약이 아니다. 하지만 한 알로 잠이 들지 않아 열 알을 먹어야 겨우 잠들고 약을 먹지

특징		종류
Schedule I	의학적 사용이 불가능 남용 가능성 높음	LSD(lysergic acid diethylamide), 헤로인(heroin), 마리화나(marijuana), 엑스터시(ecstasy) 등
Schedule II	남용 가능성 높음 심각한 심리적, 신체적 의 존성 높음	코카인(cocaine), 메스암페타민(methamphetamine), 각종 모르핀(morphine)계 진통제: 메타돈(methadone), 페치딘(pethidine), 옥시코돈(oxycodone), 히드로코돈(hydrocodone)(15mg 이하), 펜타닐(fentanyl), 암페타민(amphetamine), 메틸페니데이트(methylphenidate)
Schedule III	심리적, 신체적 의존성이 중증~낮음	90mg 미만의 코데인(codeine), 케타민(ketamine), 아나볼릭 스테로이드(anabolic steroid), 테스토스테론(testosterone)
Schedule IV	남용 가능성 낮고, 의존성 낮음	알프라졸람(alprazolam), 디아제팜(diazepam) 등의 각종 신경안정제, 트라마돌(tramadol, 진통제의 한 종류)
Schedule V	남용 가능성 낮음, 일반적으로 진통, 설사 등의 증상 완화에 사용	200mg 미만의 코데인, 리리카(lyrica) 등

표 3 미국 마약단속국의 마약 분류

않으면 불안해하며 잠에 들 수 없으면 마약이 된다.

실제로 미국 마약단속국Drug Enforcement Administration, DEA에서는 의학적 사용과 남용 가능성에 따라 마약을 분류하고 있다.[16] 약과 마약의 경계는 애매모호하며 결과가 나쁘면, 즉 중독되면 마약이 된다.

다만 미국 마약단속국에서는 일부 주에서 합법화된 대마(마리화나)를 여전히 가장 위험한 1등급으로 분류하고, 현재 가장 많은 사망자가 발생하는 펜타닐을 2등급으로 분류하는 등 오류가 있다. 한국에서는 법

적으로 마약을 성분과 의학적 사용에 따라 다음과 같이 나눈다.[17]

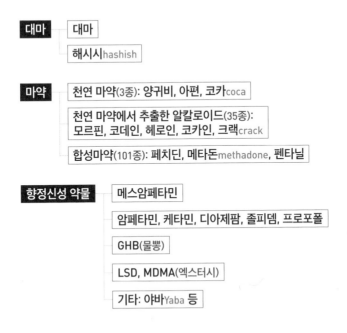

이런 분류에는 불법과 합법, 의료적 사용과 의료적 사용 불가, 위험성 여부 등을 구분하기 어려운 한계가 있다. 마약에 대해 알아갈 때는 약의 효능과 효과에 따라 업(흥분), 다운(행복), 환각제로 이해하면 좀 더 쉽다. 같은 칼이라도 주방장이 쓰면 요리 도구이지만 살인자가 쓰면 살인 도구가 되는 것처럼, 현재 의료용으로 사용되지만 환자가 임의로 사용해서 문제가 되는 약(마약성 진통제인 펜타닐, 신경안정제, 일부 다이어트 약, 수면제, 프로포폴)과 아예 불법으로 정해진 약(아편, 코카인, LSD, 엑스터시, 헤로인)으로 나누는 것도 좋은 방법이다. 또한 중독성이나 의존성,

위험성 정도에 따라 '소프트(마리화나, LSD, 엑스터시)-미디엄(술, 담배, 신경안정제)-하드(코카인, 헤로인, 히로뽕, 펜타닐) 드러그' 정도로 구분할 수도 있다. 예를 들면, 술은 다운 계열의 미디엄 드러그로 합법이지만, 히로뽕(코카인)은 업 계열에 처음부터 불법이며 중독성과 의존성이 강한 하드 드러그다.

일반적으로 한국에서 불법인 대마ㅏ 아편, 히로뽕 등의 마약은 구하기가 쉽지 않다. 몸과 마음이 아픈 사람은 대개 의사가 처방하는 향정신성 약물을 먼저 접하게 된다. 비교적 마약을 흔하게 접하는 미국인이나 유럽인의 경우에는 정신적 고통을 잊기 위해 향정신성 약물은 물론이고, 불법적인 마리화나나 코카인, 헤로인 등을 찾기도 한다.

마약 치료기관, 마약 치료보호기관, 마약 재활기관을 다니는 19세 이상 540명을 대상으로 실시한 국내의 한 조사[18]에 따르면, 마약류를 사용하기 이전부터 우울, 불안 등의 정신과 문제로 치료 상담을 받은 사람이 26.7%에 달했다. 또한 마약 사용자의 상당수가 유년기에 학대, 방임, 폭력 등에 노출된 적이 있었다. 마약을 하게 된 계기로는 불쾌한 감정(우울, 분노 등)이 12.6%, 스트레스를 풀기 위해서가 14.3%를 차지했다(복수 응답 포함). 미국의 한 조사[19]에서는 12~17세 청소년 중 주요 우울장애가 있는 청소년이 불법 마약류를 사용할 가능성은 28.6%에 이르는 반면, 주요 우울장애가 없는 청소년의 경우에는 10.7%에 그치는 것으로 나타났다.

마음이 아픈 사람들이 향정신성 약물을 처음 접한 후 자의로 약을 복용하다가 약이 마약이 되거나 처음부터 마약을 찾는다. 의지할 곳 없는 외로운 사람이 사이비 종교에 빠지는 것처럼, 마약에 빠져드는 것이다.

나비약의 비밀

"혹시 마약 하나요?"

나는 채용 검진 결과를 받으러 온 20대 여성에게 조심스레 질문했다. 요즘에는 회사에 취직하기 전에 거의 필수로 채용 검진을 하는데, 의료인을 비롯해 미용사, 총기류 관련 종사자 등 특수 직종에 대해서는 마약류 검사(TBPE라는 검사로 필로폰, 코카인, 아편, 대마 포함 4종 검사)를 실시한다. 그런데 뜬금없이 미용사 자격증을 위해 검사한 김수정(가명) 씨에게서 마약류 양성 반응, 즉 마약을 복용한 것으로 검진 결과가 나왔다.

"아뇨. 전혀요."

젊은 나이에 맞게 화장도 잘하고 옷도 잘 입은 그녀는 깜짝 놀란 목소리로 대답했다.

"그럼 혹시 지금 먹고 있는 약이 있나요?"

"제가 다이어트 약을 먹고 있어요."

"그래요? 혹시 그 약을 볼 수 있을까요?"

김수정 씨는 들고 있던 핸드백에서 약 봉투 하나를 꺼냈다. 그리고

그림 8 일명 나비약으로 불리는 펜터민

향정신성 약물로 중추신경 흥분제이자 구조적으로 히로뽕과 비슷한 펜터민, 일명 나비약(또는 눈사람약)이 나왔다.

다이어트는 이론적으로 매우 쉽다. 적게 먹고 많이 쓰면 된다. 체중 1kg은 대략 7,700kcal다. 그러니까 체중 10kg을 빼려면 7만 7,000kcal를 적게 먹거나 더 쓰면 된다. 삼겹살 1인분(150g)이 대략 600kcal다. 우리는 회식에서 1인당 삼겹살 2~3인분을 술이나 콜라와 함께 먹고 국수나 냉면으로 마무리한다. 이는 대략 2,000kcal 정도인데 운동으로 소모하려면 40km 달리기, 즉 마라톤을 뛰어야 한다. 그렇기에 운동을 통해 칼로리를 소모해 체중을 줄이는 것은 불가능에 가깝다. 더군다나 의사는 사람을 강제로 움직이게 할 수도 없다.

대신 의사는 약을 처방한다. 몸에서 지방 흡수를 억제하는 제니칼Xenical(성분명: orlistat)도 있고, 당뇨약으로 포만감을 줘서 식욕을 떨어뜨리는 삭센다Saxenda(성분명: liraglutide) 등도 있다. 하지만 삭센다는 효과가 약하고 매일 맞아야 하는 주사라서 많은 사람들이 꺼린다. 그래서 의사가 처방하는 다이어트 약이 중추신경을 흥분시키는 식욕억제제다. 가장 유명한 것은 펜터민(상품명: 디에타민, 휴터민, 푸리민, 아디펙스)이다. 나비처럼 생겼다고 해서 나비약, 눈사람처럼 생겼다고 해서 눈사람약이라고도 한다.

다이어트 약인 펜터민은 중추신경계에 작용해 사람을 흥분시키고 각성하게 만든다. 펜터민 외에도 펜디메트라진phendimetrazine, 디에틸 프로피온diethylpropion, 마진돌mazindol 모두 비슷한 기전을 가진다. 약을 먹으면 마치 큰 시험이나 발표를 앞둔 사람의 심정과 같아진다. 가슴이 두근거리고, 입이 바짝 마르며, 잠이 오지 않는다. 긴장한 상태여서 식욕이 없다. 그 결과 먹는 양이 줄어 살이 빠진다. 실제로 펜터민을 투여했을 때 3개월간 평균 9.5kg(체중의 11%)의 체중 감소 효과를 보인다.[20] 다만 몇 가지 문제가 있다. 첫 달에는 체중이 극적으로 감소하지만, 두 번째 달에는 주춤하고 세 번째 달부터는 큰 변화가 없다. 또한 국내에서 이 약은 3개월간 쓰게 되어 있는데, 막상 환자들이 약을 잘 끊지 못한다. 약을 끊으면 식욕이 폭발해 음식을 많이 먹게 되고 다시 살이 찌는 요요 현상이 생기기 때문이다.

펜터민의 용량은 37.5mg이다. 이는 미국 성인 기준이다. 한국인은 미국인보다 체중이 적어 절반만 먹어도 충분한 효과를 얻는다. 하지만 3개월이 넘어가면 체중이 더 이상 줄어들지 않는다. 환자 중에는 이에 만족하지 못해 임의로 하루에 두 알을 먹고 약이 모자라자 약을 구하러 이 병원 저 병원을 찾아다닌 이도 있었다. 체중을 뺄 필요가 없는 사람까지 와서 몸매나 미용을 위해 다이어트 약을 처방해 달라고 하는 경우도 많았다.

아예 시중에 나와 있는 모든 비만 약을 다 섞은 약 조합이 적힌 종이를 들고 와서 똑같이 처방해 달라고 요구하는 이도 있었다. 그 조합은 체중 감소 효과는 강력하지만 복용하는 사람의 몸뿐 아니라 정신을 황폐화시키는 것이었다. 말 그대로 다이어트를 위해 몸과 영혼을 버려야 하기에 절대 쓰지 않아야 하는데도 돈에 영혼을 판 극소수의 의사들만

메틸페니데이트
Methylphenidate

펜터민
Phentermine

암페타민
Amphetamine

메스암페타민
Methamphetamine

도파민
Dopamine

그림 9   4가지 약물과 도파민 화학 구조 비교. 같은 작용기가 들어간 것을 확인할 수 있다.

이 쓴다는 '어둠의 비기'였다. 그런데 또 이런 곳은 장사가 잘돼서 병원 앞에 아침부터 줄을 선다.

나에게 어둠의 비기를 요구한 이들은 모두 20~30대 여성으로, 10명 중에 8~9명은 이미 다이어트가 필요 없는 상태였다. 심지어 일부는 체중 미달이기도 했다. 대번에 심각성을 느낀 나는 약 처방을 거부하고 약의 기전과 부작용에 대해 설명한 후 약을 중단할 것을 권했다. 하지만 하나같이 신경질적인 반응을 보이며 병원을 나갔다(아마 약을 처방해주는 속칭 '뚫린' 병원을 찾아가거나, 그것마저 안 되면 온라인상에서 불법으로 구매했을 것이다). 일부에게서는 체중과 상관없이 오히려 더 심각한 문제가 발생한다.

다이어트 약인 펜터민은 기본적으로 중추신경을 흥분시키는 각성제다. 구조(그림9)를 보면 알 수 있듯이 '주의력결핍 과잉행동장애ADHD' 치료제로 쓰이는 메틸페니데이트methylphenidate나 암페타민, 마약인 메스암페타민, 일명 히로뽕과 구조적으로 유사하다. 펜터민을 복용하던 김수정(가명) 씨가 메스암페타민 양성 반응이 나온 것도 구조가 비슷하기 때문이다. 이 암페타민 계열의 약물은 집중력을 높이고 몸에 활력이 생기게 한다. 흥분한 상태라 밥맛이 없고 식욕이 줄어 살도 빠진다.

개를 훈련시켜 양치기 개나 사냥개 또는 투견으로 키우는 것처럼 펜터민은 식욕억제제로, 메틸페니데이트와 암페타민은 주의력결핍 과잉행동장애 치료제로 쓴다. 효과가 워낙 강력해서 처음부터 통제가 불가능한 광견에 가까운 메스암페타민을 제외하면, 다이어트 약인 펜터민과 주의력결핍 과잉행동장애 치료제인 메틸페니데이트, 암페타민 같은 향정신성 약물은 용도에 맞게 의사와 상의해 잘 쓰면 약이 된다. 하지만 의사의 지도 없이 오남용하면 마약이 된다.

어떤 30대 남성은 충분히 살을 뺀 후 약을 끊으니 갑자기 무기력하고 우울해져서 몸은 둘째치고 정신을 위해 계속 약을 처방해 달라고 오기도 했다(나는 이틀에 한 번, 사흘에 한 번 식으로 약의 횟수를 서서히 줄여가면서 약을 끊는다). 다른 30대 남성은 "처음에는 입맛이 뚝 떨어지니까 다이어트가 되는 것 같았는데, 회사에 앉아 있어도 우울한 감정이 들면서 내가 아닌 듯한 기분이 들었다"[21]라고 말하기도 했다.

20대 초반의 한 여성은 2023년 2월 28일 제주도 서귀포에서 다이어트 약을 과다 복용하고 환각 상태에서 차를 몰다 다른 차 6대를 들이받는 사고를 냈다. 그녀는 사고를 내기 5개월 전인 10월부터 중추신경 흥분제이자 펜터민과 유사한 기전을 가진 펜디메트라진을 포함해 무려 일곱 종류의 다이어트 약을 복용 중이었다. 어둠의 비기였다. 앞서 말했듯이 이런 중추신경 흥분제 계열의 다이어트 약은 3개월만 복용해야 하는데, 사고를 낸 여성은 4개월 넘게 약을 먹고 있었다. 심지어 어머니가 처방받은 다이어트 약을 몰래 복용하기까지 했다.[22] 경찰 조사 당시 "전시 상황이라 다른 차량을 대피시키려고 했는데 경찰이 훼방을 놓았다"라는 등 횡설수설했다. 약을 오남용하다 과도한 중추신경 흥분으로 인해 환각을 겪은 것이었다.

최고의 피로회복제라는 핑계

기호식품에서 마약으로

내과 의사인 아내는 대학병원에서 수련을 받을 때 평균 주 120시간(참고로 한 주는 168시간이다)을 근무했다. 의사가 되기 전에는 커피에 뭔가를 섞어 마시는 것을 싫어해서 드립 커피나 아메리카노를 즐겼는데, 의사가 되고 나서는 항상 라테를 마신다. 하루 종일 굶고 일할 때가 많아 아메리카노보다는 우유가 섞인 라테가 든든하기 때문이다. 그것도 뜨거운 커피를 여유롭게 호호 불면서 마실 여유가 없어 항상 아이스 커피를 마셨다. 나 또한 매일 아침 출근하면서 커피를 챙긴다. 그것도 라테에 샷을 두 개 추가해서. 40~50분 정도 걸리는 병원까지 운전하다가 깜빡깜빡 조는 경우가 많아 잠을 깨려고 마신다. 커피에 들어 있는 카페인은 일종의 각성제로 졸음을 쫓아준다.

아주 오래전부터 사람은 잠을 깨고 오랫동안 지치지 않고 일을 하기 위해서 뭔가를 복용하거나 마셔왔다. 하루는 에티오피아에서 한 염소가 검붉은 열매를 먹고 흥분한 것처럼 춤을 추기 시작했다. 이 모습을 본 칼디Kaldi라는 목동이 그 열매를 집으로 가져가서 물에 끓인 뒤 마셨더니 정신이 맑아지고 잠이 달아났다. 그것이 수도사에게 전해진 뒤 전 세계로 퍼져 나갔는데, 그 열매가 바로 커피다.

서양에 커피가 있었다면 동양에는 차가 있었다. 유럽에서 커피를 퍼뜨린 게 수도사였다면 중국에서 차를 유행시킨 건 스님이었다. 불교가 널리 퍼졌던 당나라에서 육우라는 스님이 『다경茶經』이라는 책까지 저술하며 단순히 차를 넘어서 '다도'라는 문화를 만들어 냈다. 동양에서는 스님들이 절에서 차를 마셨고, 서양에서는 수도사들이 수도원에서 커피를 마셨다. 명상을 하거나 기도를 할 때 깨어 있기 위해서였다.

커피의 원산지인 예멘에 가면 주로 남자들이 엄지손가락만 한 나뭇잎을 씹고 있는 모습을 볼 수 있다. 바로 카트khat다. 커피와 차는 물

그림 10 카트를 씹는 예멘 사람

에 끓여서 우려내야 하지만 카트는 그냥 잎을 씹으면 되기에 간편하다. 이 카트에는 β-keto-amphetamine이라는 성분이 들어 있다. 단어에서도 알 수 있듯이 흥분제인 암페타민과 유사한 성분이다. 각성 효과가 있을 뿐만 아니라 공복감도 못 느낀다. 심지어 환각도 겪는다. 당연히 예멘을 제외한 대부분의 국가에서 카트는 마약이다. 다행히 카트는 아라비아반도 일부와 예멘, 그리고 '아프리카의 뿔'에 해당하는 에티오피아와 소말리아 등에서만 주로 자란다.

카트처럼 일부 지역에서만 자라는 마약성 식물이 있다. 바로 코카다. 사람들이 언제부터 코카 잎을 씹었는지는 아무도 모른다. 고대 잉카제국부터 많은 이들이 잘 말린 코카 잎을 마치 껌처럼 한 움큼 입 안에 넣고 씹으면서 배고픔을 달래고 피로를 풀었다. 건설 현장에서 일하는 사람들이 쉬는 시간에 담배를 피우고 달콤한 인스턴트 커피를 진하게 마

시는 것과 비슷하다. 높은 안데스산맥에 세계 7대 불가사의인 마추픽추 같은 어마어마한 유적을 세울 수 있었던 이유 중 하나도 코카 잎이었다. 잉카인은 이런 코카를 '신들의 식물'이라고 불렀다.[23] 수많은 백성과 노예 들이 코카 잎을 씹으면서 허기와 피로를 달래가며 무거운 돌을 산으로 실어 날랐다.

그런 코카 잎을 이용해서 만든 음료가 바로 1886년에 나온 코카콜라Coca-cola다. 코카 잎에 든 코카인과 콜라 나무 열매에 든 카페인이 마시는 이로 하여금 사람을 업시키는 효과를 냈다. 코카가 문제가 되면서 지금은 카페인만 넣고 음주법 때문에 술 대신에 탄산수를 넣어 팔고 있지만, 출시 당시만 해도 코카 성분이 든 코카콜라는 지금 우리가 마시는 일종의 에너지 음료였다.

19세기 화학의 시대에 아편이 모르핀을 거쳐 더 강력한 헤로인이 되었듯, 코카 또한 1885년 제약회사 머크에서 최초로 정제에 성공해 코

그림 11　코카 잎　　　　그림 12　국립중앙박물관 특별전 〈황금문명 엘도라도〉에 전시됐던 코카 잎을 씹는 남성상

카인이 되었다. 코카 잎 375kg으로 순수한 코카인 1kg을 제조한다. 처음 모르핀처럼 코카인도 약이자 국소 마취제였다. 영화에서 보면 코카인을 손가락으로 찍어서 혀에 대고 맛을 보거나 잇몸에 대고 문지른다. 이는 맛을 보는 것이 아니고 혀가 얼얼해지는 정도, 즉 마취되는 정도로 코카인의 순도를 감별하는 것이다. 코카인은 사람을 흥분시키기 때문에 한때 사람의 정신을 깨우는 각성제나 체력을 좋게 만드는 강장제 또는 우울증의 치료제로 사용되기도 했다.

유명 인사들의 필살기: 코카인

인체는 신호를 주고받는다. 뇌에서 손가락 끝까지는 몇 개의 기다란 신경으로 연결되어 있는데, 신경과 신경 사이에서 신호를 전달하는 것이 바로 신경전달물질이다. 우리 몸에는 다양한 신경전달물질이 있고, 각각의 신경전달물질에는 주어진 역할이 있다.

아세틸콜린은 신경전달물질 중에서 가장 기본적인 물질로 전화벨과 같다. 이 아세틸콜린이 줄어들면 뇌의 모든 기능, 그중에서도 지식과 정보를 받아들여 저장하고 판단하는 인지 기능에 이상이 생긴다. 바로 알츠하이머 치매다. 노르에피네프린은 시계의 알람처럼 긴장과 흥분을 일으켜 혈압을 상승시키기 때문에 출혈 등으로 혈압이 떨어진 쇼크 환자에게 치료제로 쓴다. 도파민은 클럽 DJ가 들려주는 음악같이 운동기능과 함께 즐거움과 쾌락을 준다. 이 도파민을 분비하는 신경세포에 이상이 생기면 운동기능 이상으로 몸을 떨거나 강직이 온다. 바로 파킨슨병이다. 세로토닌은 절의 목탁 소리처럼 평온함과 행복감을 주는데 이

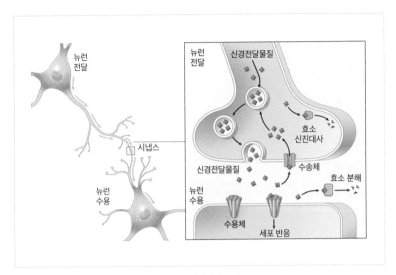

그림 13   신경 세포 사이에서 신호를 전달하는 신경전달물질

것이 부족하면 우울증이 생긴다. 거기에다가 우리 몸에는 몸이 만든 모르핀endogenous morphine, 즉 엔도르핀이 극소량이지만 존재한다. 이 엔도르핀은 평소에는 전혀 분비되지 않다가 극한의 상황에서만 분비되기에 어지간히 아프거나 다쳐서는 나오지 않는다. 심한 외상을 입어 말 그대로 죽다가 살아난 사람이 고통을 전혀 느끼지 못했다고 말하는 이유가 바로 몸에서 나오는 엔도르핀 때문이다. '내인성 모르핀'이라는 뜻인 엔도르핀은 말 그대로 강력한 진통 효과를 나타내는 동시에 환희를 경험하게 만든다. 마약은 이러한 다양한 신경전달물질에 영향을 미치는 것으로 알려져 있다.

각성제인 코카인과 다음에 나올 메스암페타민(필로폰, 히로뽕)은 클럽 음악 같은 도파민이 나와 쾌락과 즐거움을 주는 동시에 시계 알람

같은 노르에피네프린의 농도를 높여 각성 효과를 낸다. 거기에다가 일상에서는 경험할 수 없는 진통과 환희의 엔도르핀이 함께 쏟아져 나온다.[24]

"나는 코카의 이러한 효과를 수십 번이나 직접 시험해 보았는데, 배고픈 것도 잠도 피로도 잊게 되며 지적인 노력의 효과도 더 높아진다. 코카를 처음으로 한 번 사용하거나 심지어 여러 번 반복적으로 사용해도 그 흥분제를 더 사용하려는 충동적인 욕망은 전혀 생기지 않는다."

— 「코카론Über Coca」

이 말을 한 사람은 다름 아닌 젊은 시절의 지그문트 프로이트다. 무의식을 탐구한 지그문트 프로이트는 젊은 시절 코카인 덕분에 자신의 모르핀 중독이 나았다며 코카인 연구에 푹 빠졌다.[25] 사실 그는 모르핀 중독에서 코카인 중독으로 바뀐 것뿐이었다. 그가 무의식을 잘 연구할 수 있었던 이유는 마약을 했기 때문인지도 모른다. 당시에는 코카 잎을 프랑스산 와인에 6개월간 담가놓은 '뱅 마리아니Vin Mariani'[26]가 유행이었는데, 전 미국 대통령인 율리시스 그랜트Ulysses S. Grant, 발명왕 토머스 에디슨Thomas Edison, 당대 교황이었던 레오 13세Pope Leo XIII와 비오 10세Pope Pius X도 즐겨 마셨다. 오늘날의 코카콜라는 이 뱅 마리아니를 흉내 내다 탄생한 음료였다.[27] 『해저 2만리』의 쥘 베른Jules Verne, 『우주 전쟁』의 웰스H. G. Wells, 『삼총사』의 알렉상드르 뒤마Alexandre

Dumas 등도 당시 약으로 쓰이던 코카인을 애용했다.

코카인과 관련하여 가장 유명한 작가는 『보물섬』과 『지킬 박사와 하이드』를 쓴 소설가 로버트 루이스 스티븐슨Robert Louis Stevenson이다. 어릴 적부터 몸이 약했던 그는 결핵으로 고통받았고, 실제로 만 44세라는 나이에 요절했다. 그의 아내인 패니 스티븐슨Fanny Stevenson은 "남편의 건강 상태가 병자로 있으면서 6일 동안 6만 글자를 종이에 쓸 수 있는 노동이 가능했을까 믿기 어려운 정도"[28]라고 말한 적이 있는데, 그가 대량의 코카인을 하면서 『지킬 박사와 하이드』를 쓴 것으로 후세 사람들은 추측하고 있다. 지그문트 프로이트가 코카인을 해서 무의식을 잘 알게 된 것처럼, 로버트 루이스 스티븐슨은 코카인을 했기 때문에 작품에서 야수 하이드를 훌륭하게 묘사할 수 있었는지도 모른다.

미국에서 1914년 해리슨법Harrison Act을 비롯한 각종 마약방지법이 등장하면서 코카인 열풍이 잠잠해지는 것 같았다. 코카인은 원래 비쌌기에 부유한 백인층에서 사용했다. 실제로 1970년대까지 월스트리트나 실리콘밸리의 성공한 사업가 등 소수만이 암암리에 파티나 사교클럽 등에서 코카인을 할 뿐이었다. 코카인 하면 레오나르도 디카프리오Leonardo DiCaprio 주연의 〈더 울프 오브 월 스트리트The Wolf of Wall Street〉라는 영화가 유명하다. 특히 코로 코카인을 흡입하는 장면이 인상적이다. 이 영화는 유명한 주식 중개인으로 활동한 실제 인물인 조던 벨포트Jordan Belfort의 자전적 소설을 바탕으로 만들어졌다.

일을 하기 위해 코카인을 복용하는 그룹이 또 있다. 바로 운동선수다. 운동선수들은 경기력을 향상하기 위해 주로 남성 호르몬제인 아나

볼릭 스테로이드anabolic steroid나 성장 호르몬 등을 투여한다. 물론 불법이다. 그리고 마약인 코카인도 한다. 많은 스포츠 선수들, 그중에서도 상대를 때려눕혀야 하는 격투기 선수는 엄청난 공포와 두려움에 휩싸인다.

"케이지에 들어가 보지 않으면 그 느낌을 결코 알 수 없을 겁니다. 거기 들어가면 몸과 다리가 무거워지고 진짜 팔다리가 부들부들 떨리지요. … 몇만 명이 지켜보는 앞에서, 세계 전역에 생중계되는 경기를 하면서 가족이 지켜보는 가운데 죽을 수도 있다고 생각하면 정말 무섭습니다." 아무리 맞아도 쓰러지지 않고 끝까지 상대에게 덤벼든다고 해 '코리안 좀비'라는 별명을 가진 정찬성 선수가 한 말이다. 격투기 선수는 경기에서 질 경우 인기, 명예, 돈 모두 잃는다. 심지어 목숨마저 잃을 수 있다. 거기에다가 부상은 끊임없이 찾아온다. 하지만 그렇다고 해도 상대는 물론이고 그 누구에게도 자신의 두려움을 드러낼 수는 없다.

전 UFC 라이트헤비급 챔피언이자 현 UFC 헤비급 챔피언이며 UFC 역대 최연소 챔피언, 역사상 최고의 종합격투기 선수인 존 존스Jon Jones는 인터뷰에서 이런 말을 한 적이 있다. "싸움에 들어가기 전에 저는 큰 의구심을 품었습니다. 퀸턴 잭슨Quinton Jackson과 싸우기 전이었습니다. 저는 경기가 제 뜻대로 풀리지 않는 악몽을 수없이 꿨습니다." 그는 단 한 번 패했다. 그것도 KO패를 당한 게 아니라 압도적으로 이기고 있다가 팔꿈치를 수직으로 세워 상대를 내려찍다 반칙패를 당한 것이었다. 세상에서 무서워할 사람이 아무도 없어 보이는 존 존스조차 상대에 대한 두려움에 악몽을 꾼 것이다. 그런 그는 수차례 코카인을 복용했다.

"천하무적이 되어서 적의 내장도 파낼 수 있어."[29]

코카인을 복용하면, 쉽게 말해 『지킬 박사와 하이드』에 나오는 야수인 하이드나 헐크Hulk가 된 것 같은 착각이 든다. UFC 선수만이 아니다. 축구의 신인 아르헨티나의 디에고 마라도나Diego Maradona는 1991년 코카인 복용 사실이 확인되어 출장 정지를 받았다. 심지어 약을 한 어떤 이는 이렇게 말하기도 했다. "나는 신이다."[30] 그리고 여기 코카인과 유사하지만 코카인보다 효과가 더 좋은 약이 있다. 심지어 이 약은 국가가 나서서 적극적으로 장려하기도 했다. 그 국가는 바로 제2차 세계대전의 주범인 독일과 일본이다.

🍴 기적의 약: 메스암페타민

약국에서 파는 감기약으로 마약을 만들 수 있을까? 가능하다. 실제로 종종 "인터넷 보고 마약 제조하려던 일당 검거"[31], "매일 밤 실험실 찾은 화공과 대학원생, 감기약으로 마약…"[32] 등의 뉴스가 나온다. 감기약의 일종인 슈도에페드린pseudoephedrine은 교감신경 흥분제로, 혈관을 수축시켜 콧물을 줄여주기에 현재도 많이 쓰는 감기약이다. 이 슈도에페드린에 화학적으로 약간 손을 대면 에페드린ephedrine이 되고, 몇 단계 과정을 거치면 메스암페타민, 즉 우리가 흔히 히로뽕이라고 부르는 필로폰이 된다. 실제로 1893년 도쿄대학교 의학부 교수인 나가이 나가요시長井長義가 천식 약재인 마황에서 에페드린을 추출해 감기

그림 14　일본의 필로폰 광고　　　　그림 15　1950년대 일
본의 필로폰 중독자

약을 만들다 메스암페타민을 만들었다. 다만 메스암페타민은 원래 목
적인 호흡기에 대한 효과보다 사람을 각성시키고 심장을 더 빨리 뛰게
하는 효과가 두드러져 일반적으로 감기약으로 쓰지는 않는다.

일본의 다이닛폰제약大日本製藥에서 1941년 메스암페타민을 '필
로폰'이라는 상품으로 출시했다. 지금의 박카스와 같은 피로회복제
였다. 필로폰이란 이름은 '노동을 사랑한다'는 의미의 그리스어인
philoponus에서 유래했다. "피로 방지와 회복에 필로폰!" 실제 광고
문구였다. 필로폰은 공장 노동자에서 군인에 이르기까지 일본에서 널
리 사용되었다. 특히 자살 특공대인 가미카제 대원들에게 공포를 느끼
지 않고 목숨을 버리도록 메스암페타민을 투여했다고 한다.

독일의 화학자인 프리츠 하우실트Fritz Hauschild 박사는 일본 과학자
들의 연구를 참조해 1937년 자체적으로 메스암페타민을 합성하는 데
성공했다. 독일의 '필로폰'인 '페르비틴Pervitin'은 피로회복제이자 강장
제로 판매되었다. 둘 다 메스암페타민 성분으로, 강력한 중추신경 흥분
제였다. 메스암페타민을 복용하면 앞서 말한 코카인과 유사하게 쾌락

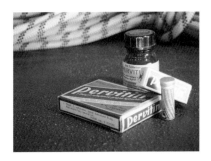
그림 16　독일의 필로폰인 페르비틴

과 관련된 도파민과 흥분, 각성과 관련된 노르아드레날린, 진통과 환희의 엔도르핀 농도를 높이는 것으로 알려져 있다.

　메스암페타민은 합성마약이라서, 콜롬비아 및 남미에서만 자라는 코카나무에서 추출해 여러 과정을 거쳐 만들어지는 코카인보다 훨씬 쉽게 재료를 구할 수 있다. 그래서 제2차 세계대전 당시 독일은 메스암페타민 성분의 페르비틴을 대량 생산해 전쟁터의 군인뿐 아니라 민간인에게 대량 공급했다. 페르비틴은 센세이션을 일으켰다. 학생은 시험을 더 잘 치기 위해서, 외과 의사는 수술에 더 집중하기 위해서, 야간근무를 하는 전화국 교환원과 간호사는 졸지 않기 위해서 이 약을 복용했다. 심지어 당시 독일에서 가장 인기 있는 초콜릿 브랜드인 힐데브란트Hildebrand 초콜릿에도 메스암페타민이 함유되어 있었다.[33]

　가장 큰 효과는 전쟁터에서 나타났다. 약을 복용한 군인들은 겁을 상실했을 뿐 아니라 피로를 느끼지 못했다. 덕분에 독일군은 땅에서는 전차 운전병이, 하늘에서는 폭격기 조종사가 페르비틴을 먹으며 잠도 자지 않고 밥도 먹지 않은 채 맡은 임무를 성실히 해냈다. 독일에서 전쟁

기간 동안 군인과 민간인이 총 1억 정의 페르비틴을 복용한 것으로 추정된다. 당시 독일 인구가 7,000만 명이라는 점을 감안하면 어마어마한 양이 아닐 수 없다. 군인뿐 아니라 군수 공장의 노동자들 또한 과도한 노동에 시달리고 있었는데 이들에게 페르비틴만 한 피로회복제가 없었다.

"페르비틴을 복용하면 즉각 특별한 피로감 없이 36~40시간 동안 쉬지 않고 일할 수 있다네."[34]

제2차 세계대전 당시 독일군은 무시무시한 속도로 프랑스와 소련을 쳐들어갔다. 독일군이 역사상 가장 빠른 속도로 진격할 수 있었던 데는 기존 보병 중심의 작전 대신 전차 중심의 기동과 기습으로 적진을 일거에 돌파하는 전격전이라는 새로운 전술의 영향이 컸다. 하지만 메스암페타민 성분의 페르비틴 효과도 무시할 수 없었다. 독일에 맞서 싸운 영국도 약물의 힘을 빌리지 않은 것은 아니었다. 영국군은 벤제드린Benzedrine이라는 약을 먹었다. 이 약은 메스암페타민의 사촌 격인 암페타민으로, 메스암페타민보다 부작용이 적고 효과도 약했다. 실제로 메스암페타민은 의료용으로 절대 금지되고 있지만, 암페타민은 애더럴Adderall이라는 이름으로 주의력결핍 과잉행동장애 환자의 치료 등에 사용되고 있다.

마약을 썼으니 부작용을 피할 수 없었다. 잔뜩 흥분한 병사가 통제를 따르지 않기도 했고, 일부 40대 이상의 장교들은 심장질환이 악화되기도 했다. 중추신경 흥분제이기에 혈압이 상승하고 심장박동 수가 증가해 심장에 무리가 간 것이다.[35] 제2차 세계대전이 끝나고 독일과 일본이 몰락했듯 독일군과 일본군이 복용하던 메스암페타민도 몰락하는 듯했다. 그런데 뜻밖에도 메스암페타민은 나중에 한국에서 유행하게 된다. 필로폰의 한국식 발음인 히로뽕으로. 나중에 살펴볼 '코리아 커넥션'이었다.

💊 달콤한 휴식, 대마

"커피(차)나 한잔 마시자.", "야, 담배 한 대 피우러 가자."

하루의 3분의 1 이상을 직장에서 일을 하며 보내는 사람에게는 언제나 휴식이 간절하다. 그럴 때 흔히 찾는 것은 주로 커피나 차, 그것도 아니면 담배다. 커피에 들어 있는 카페인과 담배에 들어 있는 니코틴 모두 각성 효과가 있다. 기나긴 야근이 끝나면 술이 생각난다. 술을 마시면 몸이 나른해지고 긴장이 풀린다. 잠시 모든 것을 잊으며 기분이 좋아진다. 그래서 우리는 낮에 커피를 마시고, 밤에 술을 마시는지도 모른다.

마약을 나누는 방법은 앞서 말한 대로 여러 가지가 있지만, 마약을 하는 사람들은 대개 흥분제up, 진정제down, 환각제psychedelics, hallucinogens로 나눈다. 앞서 말한 중추신경 흥분제를 복용하면 가슴이 두근거리고, 자신감이 샘솟으며, 잠이 안 올 뿐만 아니라 식욕조차 없어진다. 마치 야수인 하이드나 헐크가 된 것 같다. 다이어트를 하는 사람들은 펜터민으로 식욕을 억제하고, 군인들은 전쟁에서 메스암페타민으로 두려움을 극복하고(심지어 가미카제 같은 자살 특공대가 되기도 했다), 운동선수들은 경기를 앞두고 코카인으로 투쟁심을 높이고, 학생들은 학교나 학원에서 암페타민으로 졸음을 쫓으며 집중력을 높이고, 노동자들은 농장이나 공장에서 카트나 코카 잎을 씹으며 피곤을 느끼지 않고 더 긴 시간 일한다. 그래서 업 계열의 약은 피로회복제나 강장제로 널리 사용되었다.

업 계열의 약은 일할 때는 도움이 될 수 있지만 쉴 때는 가슴이 두근거리고 잠이 오지 않아 오히려 해가 된다. 이럴 때는 다운 계열(진정제, 억제제)의 약을 쓴다. 술이 대표적이다. 아편, 모르핀, 헤로인 또한 진정제 계열의 약이다. 여기서 진정이나 억제라는 말은 기분을 가라앉게 한다는 뜻과 함께 의학적으로 중추신경계를 진정시키거나 억제한다는 뜻도 포함하고 있다. 술에서부터 각종 신경안정제, 수면마취제인 프로포폴과 미다졸람, 수면제인 졸피뎀 그리고 아편과 모르핀, 헤로인에 이르기까지 모두 다운 계열에 속한다.

이 다운 계열의 약을 투여한 사람은 서 있거나 춤을 추기보다 주로 누워 있거나 앉아 있다. 영화나 다큐멘터리를 보면 아편굴에서 아편을 하는 사람들은 눈이 풀려 있고 입가가 벌어진 채 흐뭇한 미소를 지으며 해롱거린다. 반면 업 계열의 약을 한 사람들은 넘치는 에너지에 어쩔 줄 몰라 가슴을 마구 두드리거나 머리를 쥐어잡으며 소리를 지른다. 업 계열이 로켓을 타고 우주를 여행하는 기분을 느끼게 한다면, 다운 계열은 지구의 중력이 사라져 하늘을 두둥실 떠다니는 느낌을 가지게 한다.

다운 계열의 대표적인 약이 바로 마리화나marijuana, cannabis, 일명 대마다. 줄기는 섬유 소재로 쓰고, 잎이나 암꽃은 말려서 담배처럼 피

그림 17 ① 대마 잎, ② 말린 대마, ③ 압축 대마(해시시), ④ 해시시 오일. 더 가공하여 꿀이나 기름처럼 만들기도 한다.

운다. 마리화나는 스페인 여자 이름 중에 가장 흔한 마리아Maria 와 후아나Juana 가 합쳐진 이름으로, 여자의 품에 안긴 것같이 아늑하다고 해서 붙여졌다. 실제로 마리화나를 피우면 마냥 기분이 좋아져 나도 모르게 웃음이 나온다. 마리화나는 사람을 행복하게 할 뿐만 아니라 환각, 그중에서도 청각을 특별하게 만든다. 마리화나를 피우면 귀에 있는 작은 고막으로 소리를 듣는 게 아니라 온몸으로 소리를 흡수한다. 뮤지션들이 마리화나를 사랑하는 이유 중 하나다. 한국에서도 유명 가수들이 대마초를 피웠다.

　담배에는 수많은 물질이 함유되어 있다. 그중에 타르는 암을 일으키고 니코틴은 중독성이 있다. 액상 담배는 이 니코틴을 액체로 만든 것이다. 담배에서 중독을 일으키는 니코틴이 바로 마리화나의 테트라하이드로카나비놀tetrahydrocannabinol, THC이다. 이 THC의 농도가 높을수록 질 좋은 대마초가 된다. 이 성분만 추출해 효과를 10배가량 높인 것이 해시시(대마 수지)다. 보통 30kg의 대마초로 1kg의 해시시를 만든다. 이 해시시는 THC를 10% 성도 포함하는데 대마초보다 8~10배 더 강하다. 이 해시시를 농축해 20% 정도로 만든 것이 해시시 오일hash oil(대마 오일)이다. 해시시 3~6kg으로 해시시 오일 1kg을 만든다.[36] 아편이 대마초라면 모르핀은 해시시, 헤로인은 해시시 오일이라고 볼 수 있다.

대마초는 담배처럼 말아서 피워도 되고, 연기를 흡입하기도 하며, 전자 담배처럼 액상으로 피우기도 한다. 심지어 음식에 넣기도 한다. 사람들은 헤로인은 주사로 맞고, 코카인은 코로 흡입하며, 대마초는 담배처럼 피우는 것이라고 생각한다. 하지만 거의 모든 마약이 다양한 형태로 투여될 수 있다. 알약 대신 항문으로도 흡수되고 연기로 마실 수도 있다. 알약으로 먹으면 효과가 서서히 나타나는 대신 오래간다. 반대로 주사로 맞으면 즉시 효과가 나타난다. 알약으로 복용했을 때보다 3배 정도의 효과를 낸다. 주사, 흡연, 항문 투여, 경구 투여 순으로 효과가 빨리 나타난다. 마약에 내성이 생긴 모든 중독자가 종국에는 주사를 사용하는 것도 이 때문이다.

대마초는 사람을 행복하게 만든다. 그래서 해피 스모크happy smoke 라고 한다. 참고로 유럽이나 미국의 파티나 축제에서 해피 쿠키happy cookie, 해피 브라우니happy brownie라고 하면 마리화나가 들어 있는 경우가 많으니 절대 먹으면 안 된다. 한국의 경우, 외국에서는 범죄가 아니더라도 한국에서 범죄로 정하는 행위(매춘, 도박, 마약)를 외국에서 한다면 '속인주의'에 따라 국내법 위반으로 처벌을 받게 된다.

마리화나를 칭하는 말로 420이라는 속어가 있다. 학생들이 학교를 마치고 담벼락에 모여 담배, 아니 마리화나를 피우는 시간이 4시 20분이었기에 420이 된 것이다. 그래서 4월 20일이 대마의 날이다. 대마초는 아주 오래전부터 인류와 함께했다. 하지만 대마초가 각광받게 된 것은 1960년대 베트남전 반대운동을 벌였던 '히피'들이 마리화나를 피우기 시작하면서부터다.

"Happy smoke, Love and Peace."

그런데 아이러니하게도 베트남전쟁에 참여한 미군 병사들 또한 전투에서 긴장을 풀기 위해 마리화나를 피웠다. 긴장을 푸는 데는 담배, 아니 대마초 한 모금만큼 좋은 것이 없기 때문이다.[37] 세계 최강 미국은 예상과는 달리 베트남을 제압하지 못했다. 미국 내에서는 모두가 베트남전쟁에 소리 높여 반대만 할 뿐 전쟁에서 목숨을 걸고 싸우는 병사들에게는 아무도 관심을 가지지 않았다. 전쟁에 참여하는 병사도, 전쟁에 반대하는 사람도 마리화나를 피웠지만 마리화나는 전쟁의 상징이 아니라 반전과 평화의 상징이 되었다.

당시 대통령이었던 리처드 닉슨Richard Nixon은 반전운동과 시위를 억제할 방법으로 마리화나에 주목했다. 18~25세 젊은이 중 68%가 마리화나를 피우고 있었기[38] 때문이다. '마약과의 전쟁'을 선포하고 대마초를 1급 마약으로 규정해 많은 젊은이들을 감옥에 가두었다. 앞서 말했듯이 미국에서는 마약을 5등급으로 나누는데, 마리화나가 헤로인과 함께 가장 위험한 1등급이 되었다. 중독자를 파멸시키기에 마약의 종착지라고 불리는 헤로인이 1등급이 된 것은 당연하다. 하지만 코카인과 필로폰이 2등급인데 마리화나가 1등급이라는 것은 상식적으로 이해하기 어렵다. 거기에다가 히피들이 자주 하는 환각제인 LSD, 엑스터시 또한 1등급으로 분류되었다. 마리화나와 LSD, 엑스터시가 1등급에 들어간 데는 순전히 정치적인 이유가 다분했다.

식욕이 없어지는 흥분제와는 다르게 대마초를 피우면 허기를 느끼게 된다. 즐거운 기분으로 모든 음식을 맛있게 먹는다. 식욕 부진을 겪는 암 환자 등에게 의료용으로 대마 성분을 사용하는 이유다. 특히 노인이나 암 환자의 경우 '식욕 부진 ⇒ 영양 불량 ⇒ 상태 악화 ⇒ 식욕 부진'의 악순환에 빠진다. 메게이스Megace나 트레스탄Trestan 같은 식욕촉진제가 있지만 효과가 만족스럽지 않다. 그때 대마는 훌륭한 치료약이 될 수 있다. 실제로 드로나비놀dronabinol(상품명: 마리놀Marinol)은 국내에서도 의학적 사용이 허가되어 있다. 심한 경련을 일으키는 드라벳 증후군이나 다발성 경화증, 항암치료 후유증으로 구역이나 심한 구토를 호소하는 환자[39]도 대마 성분을 이용해 치료하기도 한다.

미국 정부는 정치적 목적으로 마리화나를 마약 1등급으로 분류해 금지하려고 했지만 결론적으로 실패했다. 유엔마약범죄사무소United Nations Office on Drugs and Crime, UNODC에 따르면, 미국 15세 청소년의 16.6%, 즉 6명 중 1명이 1년 동안 대마초를 핀 경험이 있다고 한다.

2021년 한국 성인의 흡연율이 19.3%이니까 한국 사람이 담배를 피우듯 미국 사람은 대마초를 피우는 것이다. 심지어 우리나라 고등학교 3학년에 해당하는 12학년이 되면 3명 중 1명(36%)이 마리화나를 피운다는 통계도 있었다.[40]

'바흐의 심포니', 그 황홀한 세상

LSD와 엑스터시가 열어준 신세계

마치 사과처럼 빨간 데다 하얀 설탕을 뿌려놓은 듯한 이 버섯(그림 18)은 보는 이로 하여금 호기심을 유발한다. 광대버섯이라는 이름이 붙은 이유도 그 화려한 색 때문이었다. 이 광대버섯은 독버섯이어서 조금이라도 많이 먹으면 즉시 죽는다. 하지만 이 버섯을 아주 조금만 맛보면 세상이 연기처럼 흐려지고 파도처럼 출렁거린다. 어떤 이는 불쾌를 겪었고, 다른 이는 황홀을 겪기도 했다. 독버섯이나 아편을 포함한 약초를 먹고 죽지 않고 살아난 일부 사람들은 자신이 겪은 환각을 다른 이에게 신의 계시라고 전했다. 이들은 하늘이나 죽은 자의 뜻을 전하는 샤먼(무당)인 동시에, 현대 의학이 발달하기 전까지는

그림 18　강렬한 빨간색으로 호기심을 유발하는 광대버섯

치료사였고, 때로는 미움을 받아 마녀로 몰리기도 했다.

코카인이나 필로폰 등 업 계열의 약을 써도 환각을 느낄 수 있다. 업 계열의 약은 사람을 과도하게 흥분시키기 때문에 수많은 자극이 전해된다. 평소 1시간 동안 들어오는 자극이 10분 만에 들어온다. 그 결과 실제 흐른 시간은 10분이지만 1시간이 흘러간 것 같은 착각을 하게 된다. 자신은 빨라지고 세상은 느려지는 감각의 왜곡이 발생한다. 처음부터 일종의 환각을 겪게 되는 것이다.

다운 계열 또한 환각을 일으킨다. 하지만 업 계열과 다운 계열 약의 주목적은 쾌락과 행복이다. 환각은 오히려 원하지 않았던 부작용에 가깝다. 대마초는 다운과 환각이 반반 정도라 다운 계열인 동시에 환각 계열에 속한다. 하지만 처음부터 환각을 위해 쓰는 약이 있다. LSD와, 황홀이란 뜻의 엑스터시, 그리고 마취제로 사용하는 케타민이 그러한 약이다.

"참 대단했지요. 바흐 음악에 심취했던 때였는데, 갑자기 밀밭 전체가 바흐를 연주하기 시작하는 거예요. 그때까지 느껴본 것 중에서 가장 경이로운 느낌이었어요. 밀밭에서 바흐가 흘러나오는 가운데 제가 그 심포니의 지휘자가 된 듯 느껴졌습니다."[41]

"우리의 의식은 신과 LSD에 의해 고양되었습니다. … LSD는 심오한 경험이었습니다. 인생에서 가장 중요한 경험 중 하나였지요. LSD는 사물에 이면이 있음을 보여주었습니다. … 돈을 버는 것보다 멋진 무언가를 창출하는 것, 할 수 있는 한 최선을 다해 모든 것을 역사의 흐

름과 인간 의식의 흐름 속에 되돌려 놓는 것이 중요하다는 것을 알
게 되었지요."[42]

이 말을 한 사람은 누구일까? 바로 애플의 스티브 잡스Steve
Jobs다. 스티브 잡스는 LSD와 불교의 선을 통해 창의력을 얻었다.
1960~1970년대에 많은 가수들이 대마초에 이어 LSD로 영감을 얻
었다. 에릭 클랩튼Eric Clapton, 존 레넌John Lennon, 지미 헨드릭스Jimi
Hendrix 등 세계적인 가수들이 LSD를 한 것으로 알려져 있다. 가수만이
아니다. DNA 이중나선 구조를 발견한 프랜시스 크릭Francis Crick, 최고
의 물리학자 중 한 명인 리처드 파인먼Richard Feynman 등 과학자들도
연구에 LSD의 힘을 빌렸다.[43] 1932년에 출간된 소설『멋진 신세계』에
서 '소마'라는 마약은 인간에게 최고의 행복을 주는 것으로 나온다.
20년 후,『멋진 신세계』를 쓴 올더스 헉슬리Aldous Huxley는 선인장에서
나오는 메스칼린mescaline 성분의 환각제를 경험하고 LSD에 입문하게
된다. LSD에 빠져든 그는 후두암으로 죽기 직전 말을 할 수 없게 되자
작은 쪽지에 마지막 유언을 남긴다.

"LSD, 100µg, intramuscular(근육 주사)."

그는 두 번의 LSD 주사를 맞은 후 고통 없이 생을 마감했다. 이를 지
켜본 올더스 헉슬리의 아내는 "가장 고요하고 가장 아름다운 죽음"이
라고 말했다.

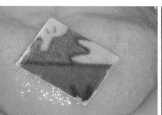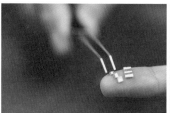

그림 19　LSD. 극소량으로 효과가 나타나기 때문에 종이 등에 발라 혀에서 녹여 투약한다. 알약으로도 투약 가능하다.

　　앨버트 호프만Albert Hofmann이 분만 촉진제를 만들다 우연히 합성에 성공한 LSD는 제조법이 베일에 싸여 있어 지금도 극소수의 사람들만 만들 수 있다.[44] LSD는 코카인이나 메스암페타민에 비해 극소량만으로도 효과가 나타나서 굳이 알약처럼 클 필요도 없다. 액체 상태의 LSD를 종이나 우표에 뿌린 후 그 종이를 잘라서 파는 것이다.[45] LSD는 쾌락의 도파민과 흥분의 노르아드레날린을 주로 분비하는 코카인이나 메스암페타민과 달리, 행복의 세로토닌에 관여하는 것으로 알려져 있다. 실제로 LSD는 신경전달물질 중 하나인 세로토닌과 구조적으로 유사하다.[46]

　　앞서 언급한 마리화나도 환각을 유발해 다운 계열의 약인 동시에 환각제로도 분류된다. 특히 청각이 예민해져 스펀지가 물을 흡수하듯 귀뿐 아니라 전신으로 음악을 빨아들인다. 하지만 LSD는 마리화나와 차원이 다르다. LSD를 하면 시각과 청각에서 환각이 심해져 소리와 색이 합쳐진다. 두 가지 이상의 감각이 합쳐지는(공감각) '분수처럼 흩어지는 푸른 종소리' 같은 장면이 그 어떤 영화관보다 생생하게 눈앞에서 펼쳐진다. 소리가 보이고 색이 들린다. 새로운 세상이 펼쳐지는 것이다. 그런 상태에서 불빛이 번쩍이고 음악이 귀를 때리는 클럽에 가면 어떻게 될지는 상상에 맡긴다. 많은 뮤지션들이 왜 LSD에 푹 빠졌는지 알 수 있다.

그렇다고 LSD가 마냥 좋기만 한 것은 아니었다. 투여하기 전에 효과를 예측할 수 있는 업 계열과 다운 계열의 약과 달리, LSD는 사람에 따라 유쾌한 환각Good Trip을 일으키기도 하고 매우 불쾌한 악몽과 같은 환각Bad Trip을 일으키기도 한다. 말 그대로 효과가 극과 극이다. 복용하기 전까지는 어떤 환각을 경험할지 알 수 없다. 또한 직접적으로 쾌감을 주지는 않으며, 지속 시간인 8~12시간이 끝나면 마치 극한 여행을 다녀온 것처럼 심신이 극도로 지친다. 이런 영향으로 LSD는 약물 의존성이 매우 낮아 소프트 드러그로 분류된다. LSD의 효과는 길어야 12시간이지만 소수의 사람들에게는 환각이 며칠씩 지속되기도 한다. 심지어 약을 끊고 1년이 지나도 갑자기 환각이 생기는 플래시백flashback 현상이 나타나기도 한다.

환각제로 LSD와 쌍벽을 이루는, 황홀이라는 이름의 엑스터시ecstasy 도 있다. 엑스터시Methylene-dioxy-methamphetamine, MDMA는 메스암페타민이 들어간 이름에서도 알 수 있듯이 메스암페타민(필로폰)과 유사한 성분이다. 엑스터시는 두 번의 탄생을 겪었다. 첫 번째는 1914년이었다. 코카인 정제에 성공한 머크는 이번에는 경쟁 업체이자 아스피린으로 유명한 바이엘의 항응고제인 히드라스티닌hydrastinine을 대체할 물질을 개발하고 있었다. 그러던 중 우연히 엑스터시를 발명했으나 효

그림 20　선인장의 일종인 페요테선인장.
환각을 일으키는 메스칼린이 들어 있다.

과가 신통치 못해 폐기했다. 그러다 1976년에 우연히 미국의 화학자 알렉산더 슐긴Alexander Shulgin에 의해 다시 태어났다.[47] 어렸을 때부터 화학물질을 가지고 노는 것을 좋아했던 그는 올너스 헉슬리와 마찬가지로 페요테선인장Peyote에서 추출한 천연 환각물질인 메스칼린을 직접 복용했다. 그것도 친구들이 보는 앞에서. 그는 환각, 다른 말로는 사이키델릭psychedelic을 경험했다. LSD가 스티브 잡스를 바꿔놓은 것처럼 메스칼린은 알렉산더 슐긴을 완전히 바꿔놓았다. "하얀 고체 1g이 내가 본 것과 내가 생각한 것을 만들어 냈다. 하지만 이 하얀 결정체에 내 기억이 담겨 있을 수는 없다… 우리의 우주 전체가 마음과 정신에 포함되어 있는 것이다."[48]

　원효대사에게 해골 물이 있었다면 알렉산더 슐긴에게는 선인장의 메스칼린이 있었다. 그는 환각을 경험한 이유로 죽을 때까지 무려 200가지의 환각물질을 개발했다. 그중 가장 유명한 것이 MDMA, 즉 엑스터시였기에 '엑스터시의 대부'라고 불리게 되었다. 슐긴은 자신과 자신의 아내, 그리고 심리학자와 화학자 친구에게 자신이 개발한 약을 직접 실험했다. 그의 아내 앤Ann Shulgin은 최소 2,000번 이상의 사이키델릭(환각)을 경험했다.[49] 알렉산더 슐긴에게 뇌와 정신은 탐험해야 할 미지의 우주였고 환각제는 그 우주로 가는 로켓이었다.

그림 21 캔디 모양의 엑스터시

1980년대 초반 미국 젊은이들이 슐긴이 발명한 엑스터시를 클럽 파티용으로 사용하면서 엑스터시는 큰 인기를 누리게 되었다. 1985년 미국 마약단속국은 엑스터시를 1등급 마약으로 정하고 금했다. 하지만 이미 유행된 엑스터시를 막기는 쉽지 않았다. 한국에서도 해외 유학생이 이태원 및 홍대 클럽을 중심으로 엑스터시를 퍼뜨리기 시작했다. 한국의 경우 2000년대 초반 테크노 열풍이 불 때 클럽에서 엑스터시에 취한 사람이 마구 머리를 흔든다며 '도리도리'란 이름으로 불렸다.

메스암페타민(필로폰, 히로뽕)이 주로 쾌락의 도파민과 흥분의 노르에피네프린을 자극한다면, 엑스터시는 LSD처럼 주로 행복감을 주는 세로토닌과 연관되어 있다. 물론 구조상 히로뽕과 유사하기에 쾌락과 흥분 또한 증가한다. 공감 능력이 증대되고 스킨십을 갈망하게 되어 포옹 마약hug drug 또는 사랑 마약love drug 이라고도 불린다. 엑스터시의 효과는 3~6시간 지속된다. 적당한 흥분과 행복감에 스킨십 욕구까지 있어 파티에 가장 적합한 약이다. LSD와 엑스터시에 이어 케타민이 남았다.

🔖 케타민, 마취진통제 혹은 환각제

"선생님, 환자가 알아들을 수 없는 말을 해요."

병동에서 간호사가 다급한 목소리로 전화를 했다. 어지간한 환자를 더 겪은 간호사가 당황해했다. 입원한 후 며칠째 침묵을 지키던 환자가 말을 한다고 하니 놀랄 만했다. 그동안 내가 회진을 하면서 하루에도 수차례 "좀 괜찮아요?", "어때요?", "참을 만해요?"라고 말을 건넸으나 그녀는 모든 게 귀찮은지 눈을 감고 아무 말도 하지 않았다.

40대 초반이었다. 키가 크고 모델처럼 몸이 늘씬했다. 단발의 검은 머리는 파마를 한 것도 아닌데 적당한 볼륨감에 세련미가 풍겼다. 피부는 창백했지만 깨끗하고 하얬다. 무엇보다 눈이 크고 선명했다. 그녀는 아름다웠다. 암만 아니었다면 눈부셨을 것이다. 한국 사람이었고, 프랑스에서 예술을 했다고 했다. 결혼한 적도, 출산한 적도 없었다. 기적적으로 암이 낫는다고 하더라도 아이는 더 이상 낳을 수 없었다. 자궁경부암 말기였기 때문이었다. 그녀는 자신에 대해 일절 말하지 않았다. 모든 건 보호자인 언니에게서 주워들은 것이었다. 그녀가 했다는 예술이 그림인지, 조각인지, 음악인지, 체조인지 묻지 않았다.

침묵을 지키던 그녀가 침묵을 깼으니 기뻐할 만도 했지만 의사인 나는 좌절했다. 우리의 시도가 실패했기 때문이다. 말기 암 환자인 그녀는 상당히 많은 양의 모르핀을 맞고 있었지만 계속 아파했다. 통증 조절을 위해 아침 회진 후에 교수님과 머리를 맞대고 짜낸 대안이 케타

민이었다. 우리는 케타민이 그녀의 고통
도 줄이고, 투여되는 모르핀 양도 낮출
수 있기를 희망했다. 하지만 기대했던
효과는 나타나지 않고 원하지 않았던 부
작용인 환각만 나타난 것이다.

침묵을 지키던 그녀에게 케타민이 들
어가자 그녀는 닫고 있던 입을 열었다.
그녀는 죽음만이 남아 있는 한국이 아니
라 삶이 있던 프랑스를 꿈꾸고 있었는
지도 모른다. 그래서 모국어인 한국어가

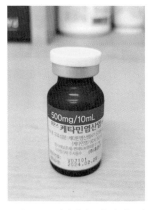

그림 22   수면마취제로 흔히 사용하
는 케타민

아니라 외국어인 프랑스어로 말을 했을 것이다. 하지만 간호사와 나,
언니를 포함한 아무도 그녀의 말을 알아들을 수 없었다. 그녀가 약에서
깨자 다시 죽음이 찾아왔고 프랑스는 사라졌다. 현실로 돌아온 그녀는
예전처럼 침묵을 지키며 그런 경험을 두 번 다시 하고 싶지 않다고 언
니를 통해 전해 왔다.[50] 케타민은 그녀에게 환상을 보여주며 그녀의 입
을 열게 했지만 잠시뿐이었다.

케타민은 수면내시경에 사용하는 미다졸람, 프로포폴과 함께 3대 수
면마취제다. 마약이라기보다는 치료에 쓰는 향정신성 약물이다. 일반
적으로 마취제는 혈압을 낮추거나 심장박동 수를 떨어뜨려 출혈로 인
해 혈압이 떨어진 외상 환자에게 쓰기 어려운 단점이 있다. 하지만 케
타민은 심혈관계를 자극하고 혈압을 상승시키며 심장박동 수를 증가
시키는 장점이 있어, 베트남전쟁에서 미군에게 처음 사용되었다. 진통

효과도 커서 만성질환 환자에게도 간헐적으로 쓴다.

케타민은 용량에 따라 완전히 의식을 잃지 않기도 한다. 어느 정도 말도 하는 해리성 마취를 겪게 된다. 다운 계열인 동시에 환각제인 것이다. 유체 이탈 같은 것을 겪는데, 내 몸에서 영혼이 빠져나와 내 몸과 내 주변 사물을 보게 되는 것이다. 일종의 환각이다. LSD와 마찬가지로 그러한 환각이 유쾌할 수도 있고 불쾌할 수도 있다.

너도 한번 해볼래?

당신 눈앞에 몇 개의 선이 있다. 기준선과 기준선과 길이가 똑같은 C, C보다 짧은 A와 긴 B가 있다. 실험실에 당신을 포함해 여섯 명의 참가자가 원탁에 앉았다. 실험자가 첫 번째 사람에게 묻는다.

"자, 기준선과 같은 건 무엇인가요?"

"네, A입니다."

그 장면을 지켜보던 당신은 고개를 갸우뚱할 것이다. 누가 봐도 A는 기준선보다 짧았기 때문이다. 두 번째 사람도 같은 질문에 A라고 대답했다. 세 번째 사람도 A, 네 번째 사람도 A, 다섯 번째 사람도 A. 그리고 실험자가 마지막으로 당신에게 묻는다.

"자, 길이가 같은 선은 몇 번인가요?"

식은땀이 난다. 아무리 봐도 정답은 C인데 다섯 명이 똑같이 A라고

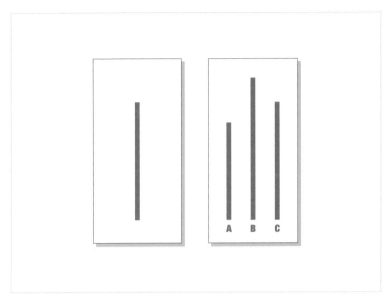

그림 23 동조실험

대답했다. '내 눈이 잘못되었나?', '이거 누가 짜고 하는 건가?' 온갖 생각이 든다. 앞에서 모두 A라고 대답했던 다섯 명의 사람들이 당신을 쳐다본다. 이제 당신이 대답할 차례다.

무려 36.8%가 틀린 답이라는 것을 알면서도 앞사람들이 대답한 것처럼 틀린 답인 A를 말했다(혼자 있을 때는 99%가 맞게 대답했다). 여기서 끝이 아니다. 실험이 반복될수록 다른 사람들과 같은 대답을 할 확률이 높아졌다. 실험은 계속 반복되어 18회 연속 시행 끝에 76.4%가 한 번 이상 틀린 답을 말했다. 끝까지 소신 있게 정답 C를 말한 사람은 겨우 23.6%에 불과했다. 1955년 솔로몬 애시Solomon Asch가 실시한 동조실험이다.[51] 물론 앞에 오답을 말한 사람들은 틀린 답을 말하기로 미리 약속되어 있었다. 이들에 의해 동조 압력 또는 또래 압박_{peer pressure}이 가해진 것이다.

한국의 남자들은 군대에서 한 가지를 배워 나온다. 담배다. 담배를 피웠던 이들은 골초가 되고, 담배를 피우지 않았던 이들도 담배를 피우기 시작한다.

"담배 한 대 하러 가자."

담배를 피우면서 이런저런 수다를 떨며 같이 어울린다. 군대에서 담배는 사회생활에서 하는 회식이나 술자리와 비슷하다. 회식이나 술자리에서 중요한 이야기를 할 것 같고, 왠지 안 가면 나만 소외될 것 같다. 회식은 '우리끼리만' 하는 통과의례이자 그 집단에 속해서 같이 어울릴 수 있는 좋은 기회다. 성인마저 그러한데 부모보다 친구가 더 중요한 10대라면⋯. 거기에다가 10대에게는 사회가 정한 규칙이나 규범을 어기는 것이 쿨하고 멋져 보이기까지 한다. 어울려 노는 자리에서 친구들 모두 마리화나를 피우다가 자신이 빨던 것을 당신에게 건넨다.

"한번 해볼래?"

친구들의 눈이 모두 당신을 향한다. 안 한다고 하면 무리에서 소외되거나 겁쟁이로 보일 것 같다. 피우고 싶지 않지만, 몸에 나쁜 것 같지만 친구들이 다 하니까 괜찮을 것 같다는 생각도 든다. 친구들이 망설이는 자신을 계속 쳐다본다. 호기심에, 어울리기 위해, 겁쟁이가 되지 않기 위해 그냥 눈 딱 감고 한번 해본다. 주위가 핑 돌며 머리가 띵하고 기침이 나온다. 친구들이 그런 자신을 보며 웃고 또 박수를 친다. "어때? 할 만하지?", "오, 용감한데" 하면서 팔짱을 끼거나 어깨동무를 한다. 왠지 같이 마리화나를 피우면서 더 *끈끈해진* 것 같고, 우리들만의 비밀을 공유한 것 같다.

마치 담배나 술을 하듯 그렇게 마약을 시작한다. 친구들이 하니까, 호기심에서, 다들 하는데 괜찮은 것 같아서, 왠지 멋있어 보여서. 대검찰청이 2023년 발간한 「마약류 범죄백서」를 보면, 2022년 기준 마약을 하게 되는 원인으로 중독과 기타를 제외하면 호기심과 유혹이 가장 많았다. 마약을 처음 하는 사람들은 중독되지 않았기에 대부분 호기심이나 유혹, 우연에 의해 마약을 하는 것이다. 예상외로 치료(3.5%)나 강압(0.1%) 때문에 마약을 하는 경우는 거의 없었다. 다른 조사에서도 호기심이 66.7%, 다른 사람의 권유가 60.6%(복수 응답 포함)에 달했다. 처음 마약을 구하게 된 경로도 친구나 지인이 76.7%로 대다수를 차지했다.[52]

"혼자 뭐 좋은 거 먹냐? 같이 먹자."

학교나 직장에서 혼자 먹고 있으면 누구라도 호기심을 보인다. 친한 사람이 먹고 있으면 더 그렇다.

"오늘처럼 기분이 엉망일 때 딱이야."[53]

"기분도 좋아지고 마음도 편해져."[54]

"피곤하거나 졸릴 때 먹으면 끝내줘."

다들 그렇게 친구 따라 강남 간다.

'나만 하는 것도 아닌데 뭘.'

'다들 하니까 괜찮겠지.'

'친구가 하니까.'

나도 모르게 범죄

영화에서 사람을 납치할 때 입에 뭔가를 적신 것을 댄다. 그러면 발버둥 치던 사람은 얼마 못 가 정신을 잃고 쓰러진다. 마취제의 일종인 클로로포름인데, 영화에서나 그렇지 현실에서는 잘 안 된다. 약이 피부로 흡수되는 것이 아니라서 숨을 들이마셔야 효과가 나타난다. 하지만 사람은 1분 이상 숨을 참을 수 있다. 게다가 사람 얼굴을 천과 손바닥 전체로 덮으면 숨 쉬기가 어렵기 때문에 클로로포름을 들이마시기도 어렵다. 실제로 1973년 8월 8일 도쿄의 그랜드팰리스 호텔에서 당시 야당 지도자였던 김대중 대통령이 납치될 때 범인들이 마취제를 적신 천으로 입을 막았지만 잘 듣지 않았다.[55]

몰래 음료수나 술에 약을 타면 어떨까? 주로 수면제인 졸피뎀이나, 신경안정제인 디아제팜과 로라제팜 등이 사용된다. 하지만 수면제가 아닌 신경안정제로 의식을 잃게 하려면 고용량을 써야 한다. 그래서 환각 및 마취제로 사용하는 케타민을 악용하기도 한다. 이런 약은 알약이기에 가루를 내서 음료수나 술에 타야 한다. 알약 특유의 쓴맛도 있기 때문에 피해자가 먹다가 이상함을 느낄 수도 있다.

이때 나타난 것이 GHB, 속칭 '물뽕'이다. 이 마약은 액체로 경구 투여가 가능한 데다 무색무취여서 물이나 술, 음료수 등에 쉽게 몰래 탈 수 있다. 그래서 '퐁당', '몰래뽕'이라고도 한다. 투여 후 즉시 효과가 나타나는 것이 아니라 10~15분 정도 지나 서서히 효과가 나타나기 때

그림 24　　GHB(속칭 물뽕), 무색 무취의 액체라 몰래 타서 몰래 먹일 수 있다.

문에 의심도 받지 않는다. 또한 약을 복용한 사람은 자신이 의식을 잃었다고 생각하지만 실제로 말도 하고 걸을 수도 있다. 의식은 있지만 나중에 기억을 상실할 뿐이다.[56] 술을 마시고 필름이 끊긴 것과 비슷하다. 하지만 판단력과 자유의지가 사라져 누가 시키면 시키는 대로 한다.

　이 약은 여성을 성폭행하는 데 악용되기도 한다. 상대의 판단력과 기억을 잃게 하려는 목적으로 쓰는 '데이트강간약'이 바로 GHB, 물뽕인 것이다. 수면제인 졸피뎀의 경우 알약을 갈아서 몰래 술에 타는 데 성공하더라도 시간이 지나면 피해자가 의식을 잃고 쓰러지기 때문에, 나중에 CCTV를 보면 이상하다는 것을 확인할 수 있다. 하지만 물뽕의 경우에는 피해자가 제 발로 걸을 수 있으며 상대의 말에 복종까지 한다. CCTV로 당시 상황을 확인해도 강제로 끌고 가는 장면이 나오지 않는다. 피해자가 신고하더라도 경찰에서 '혐의 없음'으로 결론이 나는 경우가 많은 것도 이 때문이다.

　물뽕이 완전범죄에 악용되기 좋은 한 가지 특성이 더 있다. 마리화나나 필로폰, 코카인 등 각종 신경안정제의 경우 소변에서 1주일까지 검출된다. 한 달에 1cm 자라는 머리카락에서는 1년까지 투약 사실을 확인할 수 있다. 머리카락을 밀거나 염색해도 체모에서 마약이 검출되기에 투약 사실을 감추기가 매우 어렵다. 실제로 "결단코 마약을 하지 않았다"라고 주장했던 한 남성 가수는 여러 차례 머리를 탈색하고 염색까지 하며 마약을 복용한 사실을 숨기려 했다. 그렇지만 몸에 있던 팔과 다리의 털 60개를 뽑아서 검사하자 필로폰 양성 반응이 나와 거짓말이 들통났다.[57] 하지만 물뽕은 12~24시간 이내에 소변으로 빠져나가기 때문에 즉시 검사하지 않으면 약물 투여 여부를 확인할 방법이 없다. 물뽕이 소름 끼치도록 무서운 이유다.

실제로 '버닝썬' 클럽에서 직원들이 여자들에게 물뽕을 타서 먹인 후 성 접대와 성폭행을 시도했다는 내부자 증언이 다수 나와 충격을 주었다. 영업 직원인 클럽 MD(속칭 삐끼)가 단순한 부킹을 넘어 여성에게 물뽕을 몰래 술에 타서 먹인 다음 약효가 나타나면 클럽 바로 위에 있는 호텔 방까지 데려갔다는 것이다. 한 손님은 클럽 MD가 이렇게 여성들을 '작업'해 주면 100만 원에서 150만 원의 팁을 주었다고 증언하기도 했다.[58]

일부러 마약을 주기도 한다. 이번에는 의식을 잃게 만드는 것이 목적이 아니라 상대를 중독에 빠뜨리는 것이 목적이다. 적게는 한 번에서 많아도 세 번만 하면 모두 마약에 빠져든다. 그때부터는 마약을 무기 삼아 상대를 마음껏 조종할 수 있다.

"(파티에서 마약을) 뿌리는 경우도 많고, 약을 가지고 있다가 중독시켜서 나중에 찾아오게끔 하기 위해서 공짜로 뿌려요, 많이."[59]

"처음에는 그냥 줘요. 중독돼야 하니까. '그냥 한번 해볼래? 괜찮아.' 이거 딱 세 번만 하면 중독돼요. … 딜러가 저한테 그러더라고요. '돈 많이 벌고 싶으면 옆 사람 펜타닐 하게 하고, 인생 망치고 싶으면 네가 펜타닐 해라.'"[60]

첫 달은 무료로 이용하고 다음 달부터는 유료로 바뀌는 각종 플랫폼 서비스와 비슷하다. 둘의 공통점은 부담없이 사용하게 만든 후, 중독시켜 끊을 수 없게 만드는 것이다. 거래의 상대가 여자인 경우 약을 주는 대가로 몸을 요구하기도 한다.

"저는 여자다 보니까, 그분은 남자고, 어쩌면 성관계를 원하잖아요. 그래서 공짜로 약을 준 것 같아요."[61]

최근에는 대치동 '마약 음료' 사건처럼 몰래 마약을 먹인 다음, 마약을 했으니 신고하겠다고 협박해 돈을 뜯는 경우마저 있었다. 마약 관련 범죄 중에서 최악의 경우는 여자를 납치해서 몸을 팔게 하고 마약에 중독시키는 것이다.

"알선책이 건달을 시켜 나이트에서 여성을 납치하거나 술에 몰래 마약을 타 끌고 왔어요. 한 명을 데려오면 200~300만 원을 받아요. … 업주가 언니들에게 향정신성 약을 한 주먹씩 먹였습니다. 이걸 먹으면 비틀비틀하고 정신을 못 차리거든요. 넋이 나가죠. 그렇게 몇 년 지내면 나갈 계획은커녕 자포자기하고 짐승처럼 사는 거예요."[62]

동유럽 등에서 지금도 일어나고 있는 범죄다. '모델을 시켜주겠다'는 식으로 꾀어 인신매매한 후 매춘을 시킨다. 마약에 중독시켜 더 많은 손님을 받게 하고, 피해 여성이 그만두고 도망가려고 해도 마약에 중독되어 벗어날 수 없게 만든다. 실제로 이런 충격적인 일이 한국에서도 일어났다. 그것도 가출 청소년에게.

집을 나온 10대에게 가장 먼저 필요한 것은 돈이다. 돈이 있어야 먹고 잘 수 있다. 어른이라면 공장이나 원양어선 등 숙식을 제공하는 일자리라도 구할 수 있고, 편의점 아르바이트 등을 하며 모텔이나 찜질방에서 생활할 수 있다. 하지만 만 18세 미만은 보호자의 동의 없이 아르바이트를 할 수 없고, 만 15세 미만은 동의와 상관없이 그 어떤 일도 할 수 없다. 가출할 때 들고 나온 돈은 얼마 안 돼서 금세 떨어지고 만다. 돈이 없는 자에게 이 세상은 지옥이다. 법을 어기지 않고 할 수 있는 것은 노숙밖에 없다. 스스로 몸을 지키기 힘든 미성년자, 특히 여자아이들의 경우에는 단순 폭행뿐만 아니라 성폭력까지 더해져 이런 노숙 생활이 매우 위험하다.

가출한 아이들끼리 모인 '가출 패밀리', 즉 '가출팸'에 속해도 다를 바가 없다. 법적으로 일을 할 수 없기에 그들이 돈을 벌기 위해서 할 수 있는 일이라고는 불법 행위밖에 없다. 가출 소녀를 무료로 먹여주고 재워주는 곳은 유흥업소나 '조건 만남'과 같은 성매매 업소뿐이다. 가출한 아이들끼리 서로 위로와 의지가 된다고 생각하는 것은 착각이다. 처음에는 잘 대해줄지 몰라도 결국 가출팸은 여자아이들에게 매춘을 강요하거나, 아예 브로커에게 유흥업소 접대부로 팔아버린다. 소녀가 저항하거나 도망갈 수도 있으니 협박과 감금까지 한다. 심지어 "피로감을 줄이고 아예 완벽한 노예로 만들기 위해 마약까지 투여한다". 생지옥이었다. "10대 소녀들이 마약을 투여한 상태에서 몸이 완전히 망가지는 것도 모른 채 낮에는 성매매, 밤에는 유흥업소 접객 행위를 했다." 소녀들은 벗어나고 싶더라도 "마약을 얻기 위해서 더욱 충실히 그들의 착취에 응했다".[63]

2장

중독:
어느덧 빠져들다

"몇 번이라도 좋다."

프리드리히 니체
Friedrich Wilhelm Nietzsche

중독의 조건

"여보, 어때? 괜찮아?"

나는 펜타닐을 맞고 있던 아내에게 물었다.

"괜찮아. 저번보다 훨씬 나은데."

마흔이라는 늦은 나이에 둘째를 출산하면서, 아내는 무통주사를 맞았다. 망고 크기의 통에 달린 무통주사는 기본적으로 진통제가 일정량 서서히 들어가고, 가운데 100원 동전 크기의 버튼이 있어 너무 아파 환자가 버튼을 누르면 추가로 약이 투여된다. 물론 아프다고 계속 눌러도 계속 나오지는 않고, 기계마다 다르지만 대략 15~20분마다 한 번씩 추가로 들어간다. 첫 출산 때 아내는 극심한 진통에다 통증 때문에 힘을 제대로 줄 수 없어 분만시간이 길어졌다. 제왕절개를 할까 말까 망설이던 차에 간신히 첫째를 낳았다.

둘째를 출산할 때는 처음부터 무통주사를 달았다. 진통이 오고 하나,

둘, 셋 하고 힘을 주자 아이가 단번에 쏙 나왔다. 아내도 나도 둘째가 쉽게 나와서 놀랐다. 원래 둘째를 낳는 게 첫째보다 쉽기는 하다. 하지만 무통주사의 힘이 컸다. 통증이 적어서 힘을 제대로 줄 수 있었다. 그리고 그 무통주사에는 모르핀보다 100배 효과가 큰 펜타닐이나, 펜타닐과 유사한 성분의 레미펜타닐remifentanil이 들어 있다. 아내는 가장 강력한 진통제인 펜타닐을 맞았지만 '약간 좋은 정도'였다고만 했다. 출산 이후로는 펜타닐을 완전히 잊었다. 이는 다른 임산부들도 마찬가지다. 무통주사로 펜타닐을 맞고 펜타닐에 중독된 환자는 아무리 찾아봐도 없다.

그런데 알코올성 췌장염 진단을 받은 김영수(가명) 씨(1부 1장 '몸이 아파서' 참고)는 왜 펜타닐보다 훨씬 약한 페치딘을 맞고도 마약성 진통제에 중독되었을까? 알코올성 췌장염 환자의 특징이 있다. 알코올중독이다. 급성 췌장염에 걸리면 너무 고통스럽기 때문에 짧게는 며칠, 길게는 몇 달 동안 금주를 한다. 하지만 그것도 잠시. 얼마 안 가 다시 술을 먹고 췌장염에 걸려서 온다. 췌장염이 모두 술 때문에 생기는 것은 아니지만, 대략 급성 췌장염의 30%, 만성 췌장염의 80%가 술 때문이다. 김영수 씨는 마약성 진통제인 페치딘 중독 이전에 심각한 알코올중독이었다. 알코올이나 흡연에 중독성 행동이 있는 환자는 약물중독에도 취약하다고 알려져 있다.[1]

앞서 말했지만, 다운 계열인 모르핀과 헤로인은 통증을 조절해 주는 역할에 더해 만족감, 더 나아가 쾌감을 일으킨다. 하지만 한 번도 투여한 적이 없는 정상인에게 치료 용량을 투여하면 오히려 오심, 구토, 불쾌감을 일으키기도 한다. 실제로 펜타닐이 들어 있는 무통주사를 맞고 심한 구역질을 느낀 환자도 있었다. 반대로 근심이나 통증을 호소하는 환자에게 투여하면 정신 상태가 평온해지고, 통증도 해소되며, 황홀감을 느낀다. 모르핀이 통증뿐만 아니라 질병에 대한 근심이나 불안감을 감소시키기 때문이다. 이 때문에 정신적 고통이 큰 환자에게는 쾌감이 잘 나타난다.[2] 알코올중독자이자 마약성 진통제 중독자인 만성 췌장염 환자 김영수 씨가 페치딘이 들어가자 "으어어어어" 하고 괴상한 신음 소리를 내며 몸을 부들부들 떤 것처럼 말이다.

게다가 만성 통증과 우울증은 떼려야 뗄 수가 없다. 만성 통증을 호소하는 환자의 15~100%까지 우울증을 호소하고, 우울증 환자의 5~85%가 신체 통증을 호소한다.[3] 결국 몸이 계속 아프면 마음도 아프게 되고, 마음이 계속 아프면 몸도 아프게 된다. 그러다 보니 마약성 진통제에 쉽게 빠진다. 마약성 진통제가 몸뿐만 아니라 마음도 안 아프게 해주기 때문이다.

통증 외에 충동적인 성격이나 행동 등도 마약중독 가능성을 높인다. 특히 10대나 20대 초반의 젊은 나이, 가난한 환경, 심한 우울증이나 불안, 스트레스가 많은 상황, 약물 남용 경험 또는 가족력, 충동적이거나 위험을 무릅쓰는 성향, 흡연 등이 마약성 진통제 중독 가능성을 높이는 요인들로 알려져 있다.[4] 아주 오래전부터 내려오는 중독의 사다리가 있다. '술-섹스-도박-마약'이다. 나중에 설명할 관문이론과 유사한데, 결국 충동과 중독 성향이 있는 이들이 중독에 더 쉽게 빠지는 것이다.

술을 먹고 운전하면 안 된다는 것을 누구나 안다. 끊임없이 처벌하고 교육해도 음주운전과 이로 인한 사고는 줄어들지 않고 있다. 술을 먹으면 이성적인 사고가 어려워지고, 충동적이 되며, 위험을 과소평가한다. 그래서 만취하면 해서는 안 되는 운전을 하고, 시비가 붙어 싸움을 하고, 도박을 할 가능성이 높아진다. 마약 또한 마찬가지다. 술을 마시기 전에는 누군가 마약을 권해도 거절할 가능성이 높다. 하지만 클럽에서 술에 잔뜩 취해 흥분한 상태라면 술 한 모금과 함께 약을 털어 넣고 꿀꺽 삼키게 될지도 모른다.

그럼 누가 주로 마약을 할까? 우리가 뉴스에서 주로 접하는 마약 사범은 연예인이나 재벌 2세다. 하지만 대검찰청 「마약류 범죄백서」(2022)를 보면 마약 사범이 대부분 무직자나 농업인임을 알 수 있다. 2022년 기준으로 전체 1만 8,395명 가운데 무직자가 31.5%에 이른다. 회사원이 6.2%이고, 예술/연예계 종사자는 0.4%에 지나지 않는다. 언론 보도로 인해 연예인이나 재벌 2세가 많은 것 같지만 실제로는 몇 되지 않는다. 현실에서는 가난한 사람이 마약을 더 많이 한다. 가난은 만성 통증처럼 마약에 중독될 확률을 높인다. 여러 연구에서 가난과 마약은 밀접한 상관관계를 가지는 것으로 밝혀졌다.[5]

한국에서도 마약 투약자의 대부분은 비정규직이거나 무직이다. 정규직은 30.9%에 불과하다. 마약 투약자 중 가족으로부터 경제적 도움을 받는 비율은 54.4%에 이른다. 게다가 지난 한 달간 수입이 50만 원 미만인 비율은 절반이 넘는 52.2%에 달한다.[6] 가난이 영향을 미치는 것은 마약만이 아니다. 가난한 사람이 더 아프고 알코올 등에도 더 취약하다. 가난하면 치료를 받지 못해 더 아프고, 아프니까 일을 할 수 없어 더 가난해진다. 뭐가 먼저인지 알 수 없는 악순환이다. 마약도 마찬가지다. 가난해서 마약을 하고, 마약을 하니 가난해진다.

🔹 마약이 옆에 있다

차고 넘치는 게 프로포폴이었다. 나는 대학병원에서 수련 중이었고 마침 마취과를 돌고 있었다. 창고 서랍은 각종 약으로 가득 채워져 있었다. 몇 개가 부족해도 아무도 몰랐을 것이다. 보통 약이 든 앰풀은 2~5㎖로 어른 새끼손가락보다 가늘었다. 하지만 그 약의 앰풀은 꽤 큰 편인 12㎖로 어른 엄지손가락만 했다. 거기에다가 투명한 다른 약물에 비해 새하얀 색이 유난히 눈길을 끌었다. 마취과 의사들이 전신마취를 할 때 대략 8~10㎖ 정도를 사용했고, 나머지는 주사기에 담긴 채 그대로 의료폐기물 통으로 버려졌다. 그때 수술방에 수십 개씩 있었고 마구 버려지던 하얀 액체가 당시 연예인 사이에서 한창 문제가 된 프로포폴이었다는 것을 나중에 알았다. 내가 인턴을 하던 2011년에 프로포폴이 향정신성 의약품으로 지정되었다. 엄격한 감시와 감독이 필요했지만 누가 한 주먹 가져가도 모를 만큼 관리가 제대로 이루어지지 않았다.

프로포폴은 마취통증의학과, 성형외과, 소화기내과에서 가장 많이 사용한다. 전신 마취를 할 때나 간단한 시술, 내시경을 할 때 프로포폴을 많이 사용하기 때문이다. 프로포폴은 효과가 즉시 나타나고, 약을 중단하면 바로 깨며, 미다졸람에 비해 뒤끝이 없어서 마취가 끝나면 사람들이 개운해한다. 마취과 의사 207명을 대상으로 한 설문조사에서,

진정 마취 시 어떤 약을 쓰느냐는 질문에 프로포폴(157명)이라는 응답이 가장 많았다. 다음이 미다졸람(126명), 케타민(71명) 순이었다.[7] 이렇게 널리 쓰이는 프로포폴도 마약이나 진정제, 마취제와 마찬가지로 호흡 억제 시 문제가 될 수 있다. 호흡 억제가 발생하면 미다졸람의 경우 플루마제닐이라는 치료제가 있지만 프로포폴의 경우에는 치료제가 없다.

프로포폴과 관련한 사망에 대해 국립과학수사연구원이 2000~2011년까지 12년에 걸쳐 36명을 대상으로 조사[8]를 진행했다. 이 중 환자가 16명으로, 내과에서 수면내시경을 받다 무호흡 등으로 사망한 경우가 8명으로 가장 많았다. 나머지 20명에는 간호사와 간호조무사 9명, 의사 4명, 병원 거주인 2명이 포함되어 있었다. 모두 마음만 먹으면 언제든지 프로포폴을 쉽게 구할 수 있는 이들이었다. 사망한 간호사 및 간호조무사, 병원 거주인 또한 내과, 성형외과, 피부과 등에 근무했기에 약에 대한 접근성이 매우 높았다.

미국에서는 강력한 마약 및 마취 약제를 사용하는 마취통증의학과 의사의 약물 관련 사망이 내과 의사보다 3배나 높은 것으로 보고되고 있다.[9] 또한 일반인에 비해 의사는 마약이나 신경안정제인 벤조디아제핀benzodiazepine과 같은 약제를 5배 더 사용하는 것으로 보고되고 있다.[10] 드러나지 않는 약물 남용 가능성을 고려한다면 실제로 의사의 약물 오남용은 이보다 훨씬 높을 것이다. 의사 중에서도 마취제의 부작용과 위험을 가장 잘 알고 있는 마취통증의학과 의사가 마약과 마취제에 의해 사망할 가능성이 제일 높았다.[11] 의사, 그중에서도 마취과 의사마저 이런데 보통 사람은 어떨까?

우리 형은 군대에 가기 전에 잠시 순대 공장에서 일한 적이 있다. 거의 매주 손에 순대를 들고 퇴근했다. 순대 공장에서 일하는 사람이 그 누구보다 순대를 많이 먹을 것이다. 심지어 직원에게는 물건을 싸게 판다. 현대자동차에 다니면 근속 연수와 직급에 따라 차 가격의 10~30%를 할인해 준다. 2022년 4분기 현대차의 영업이익률이 8.7%인 점을 감안하면 직원에게 원가보다 헐값에 차를 주는 것이다. 현대차 직원은 차를 사서 그 즉시 중고로 되팔아도 이득이 남는다.

마약도 마찬가지다. 아프리카의 뿔 지역인 소말리아와 에티오피아에서 '검은 대륙의 마약'이라고 불리는 카트를 제일 많이 씹는 사람은 바로 카트를 재배하거나 카트 농장에서 일하는 사람이다. 카트는 업 계열인 암페타민과 구조적으로 비슷해 배도 고프지 않고 집중력도 올린다. 눈앞에 널린 게 카트인 데다 몇 개 씹으면 잠도 안 오고, 배도 안 고프고, 피곤하지도 않으니 마치 야구 선수가 껌을 씹는 것처럼 일하면서 카트를 씹는다. 이는 카트, 아편, 코카인, 메스암페타민뿐 아니라 거의 모든 마약과 향정신성 약물도 마찬가지다. 마약의 원료(카트, 양귀비, 코카인)를 다루든, 합성하든(모르핀, 코카인, 필로폰 등) 그것을 생산하고 유통하고 판매하는 사람들이 마약을 할 가능성이 제일 높다. 마약에 대한 접근성은 마약을 하게 되는 가장 중요한 요인이다. 마약에 대한 접근성은 마약의 생산과 유통, 판매에만 국한되지 않는다.

사람은 모방을 통해 학습한다. 이는 갓 태어난 아이부터 의사까지 마찬가지다. 아이가 '엄마'를 가장 먼저 말하게 되는 것도 엄마가 아이를 볼 때마다 "엄마"라고 말하기 때문이다. 어른인 우리가 어디서 뭔가를 배울 때도 강사가 매번 하는 말은 이렇다.

"잘 보고 따라 하세요."

의사도 마찬가지다. 단순한 상처 봉합부터 고난도의 심장 이식 수술까지 다를 바가 없다.

"보고, 하고, 가르쳐라."

이처럼 아이든 어른이든 의사든 '모방'을 통해서 배운다. 아이를 키우는 부모라면 이 모방이 얼마나 중요한지 잘 안다. 축구 선수 차범근의 아들인 차두리는 축구를 하고, 야구 선수 이종범의 아들인 이정후는 야구를 한다. 손흥민의 아버지 손웅정도 축구 선수였다. 아이는 부모를 닮고 부모에게 배운다. 마약까지도.

미국의 어느 배우도 마찬가지다. 그의 아버지는 영화감독이었고 어머니는 영화배우였다. 그런 그가 영화배우가 된 것은 너무나 자연스러운 일이었다. 다섯 살 때 그는 아버지가 제작한 〈파운드Pound〉라는 영화에 출연하게 되었다. 그의 말에 따르면 "집에는 술과 코카인이 널려 있었다."[12] 그런 환경에서 자란 그는 아버지의 권유로 여섯 살 때 포도주를 마시고 마리화나를 피웠다. 중독은 피할 수 없었다. 여덟 살 때부터 마약에 빠졌다. 다행히 그는 운이 좋았다. 마약중독이었지만 재능이 있어 연기는 계속할 수 있었다.

그는 1987년 스물두 살에 영화 〈회색 도시Less than Zero〉에 출연해 부유한 청년이 마약과 술에 취해 노숙자가 된 후 심부전으로 죽어가는 역을 맡아 큰 호평을 받았다. 그는 나중에 "촬영 초기에는 약을 하지 않아 과장된 연기를 해야 했습니다. 나중에 약에 취하면서 영화 막바지에는 오히려 연기 때보다 평소 제 모습이 더 심하게 나타났죠"라고 밝혔다. 그가 영화 〈회색 도시〉에서 호평을 받은 이유를 알 수 있는 대목이다.

그는 배우로는 성공했지만 20대와 30대의 대부분을 술과 마리화나, 코카인, 헤로인 등에 취해 보냈다. 지금까지 살아 있는 게 신기할 정도인 그 남자는 바로 〈아이언맨Iron Man〉의 로버트 다우니 주니어다. 아버지가 마약을 하니 아들도 자연스럽게 마약을 따라 하게 된 것이다. 안타깝게도 로버트 다우니 주니어의 아들인 인디오 팔코너 다우니Indio Falconer Downey마저 스무 살의 나이에 코카인을 소지한 혐의로 체포되었다. 가족, 친척, 친구 누구든지 간에 가까운 사람이 마약을 하면 자연스럽게 마약에 노출되어 마약을 할 확률이 높아진다. 결국 마약을 만들든 마약을 하든, 주위에 마약이 있으면 마약을 하기 쉬워진다.

생활 습관이 마약 선택에 영향을 미치기도 한다. 담배를 피우는 사람은 담배를 피우지 않는 사람에 비해 대마초에 대한 거부감이 훨씬 적다. 주사는 아무래도 거부감이 들고 무섭다. 하지만 의사나 간호사는 주사에 익숙하다. 그래서 의료진은 다른 직업군에 비해 주사제인 프로포폴이나 모르핀 등을 사용할 가능성이 높다. 담배도 안 하고 주사도 접할 일이 없는 사람에게는 알약이 익숙하다. 그래서 거의 대부분의 마약이 알약 형태로 나온다. 누구나 평생 한 번은 알약을 복용한 적이 있기 때문이다.

저주의 시작

🔖 천국의 세계, 도파민 홍수

너무 피곤하다. 쉬고 싶다. 눕는다. 하지만 심심하다. 뭔가 짜릿하고 자극적인 것이 필요하다. 그렇다고 운동을 하거나 어디를 가는 것도 힘들고 피곤하다. 힘들지 않으면서도 재미있고 즐거운 것이 없을까? 그런 나에게 아내는 '심심병'에 걸렸다고 놀린다. 나는 결국 침대에 누워 스마트폰을 뒤진다. 뉴스부터 유튜브까지. 처음에는 재미있지만 다 거기서 거기다. 금방 싫증이 난다. 피곤한데 심심하다.

"나는 무미건조한 일상을 혐오하네. 나는 정신적인 흥분과 열망을 원한다고. … 어떻게 이보다 더 지루하고 무미건조할 수 있지?"[13]

이렇게 말하며 코카인 7% 수용액을 자기 팔에 주사한 사람은 우리가 다 아는 셜록 홈스Sherlock Holmes다. 그는 범죄가 일어나거나 사건이 발생하면 지칠 줄 모르고 추리에 몰두했다. 그러나 일이 없으면 안락의자에 축 늘어져 말도 하지 않고 권태에 빠져 하루에 세 번 코카인을 주입했다.

마약은 자극적이다. 코카인, 히로뽕의 업 계열 약을 투약하면 힘이 넘쳐난다. 두려움도 없어지고 내가 무적이 된 것 같다. 심지어 하늘을 나는 것만 같은 느낌이 든다. 나중에 나온 히로뽕은 코카인보다 훨씬 강력하다. 코카인의 반감기는 0.5~1.5시간인 데 비해 메스암페타민의 반감기는 10~12시간이다. 지속 시간이 코카인보다 10배나 길다. 심지어 효과도 더 좋다.

"필로폰을 투약하니까 하늘 색깔이 너무 선명해지는 거 있죠. 투약하기 전 세상 사물의 채도가 40% 정도라면 투약하고 나서는 70%로 바뀌는 느낌이에요. 영적인 깨달음이나 창작의 희열이 이런 느낌 아닐까요?"[14]

"일시적으로 피로가 회복되고, 투약 전에 일상화됐던 나태함이나 암담했던 기분은 사라지고 의욕이 충만해진다."[15]

"잠도 안 오고, 피곤한 줄도 모르고, 길바닥의 작은 돌멩이 하나가 커다란 바위로 보일 만큼 눈이 밝아지더랍니다."[16]

"말로는 표현할 수 없는 최고의 짜릿함."[17]

히로뽕을 하면 속된 말로 하나에 꽂히게 된다. 살아오면서 가장 강한 집중력을 내뿜고, 시공간을 초월한다. 성관계를 할 때 나오는 쾌락의 도파민이 100이면 히로뽕을 할 때는 1,000이 넘게 나온다고 한다. 인체가 만드는 최고의 마약인 엔도르핀 또한 30~100배가 쏟아진다고 한다.[18] 실제로 마약중독자 중 한 명이 이런 말을 남겼다.

"선생님, 뽕을 하면 손만 닿아도 섹스 때의 오르가슴을 느낄 수 있어요. … 섹스를 할 때의 오르가슴이 1이라면 히로뽕을 할 때는 100이에요."

그럼 히로뽕을 하고 섹스를 하면 어떨까? 약만 있으면 몇 시간이고 하렘의 술탄도 누리지 못한 세계를 느낄 수 있다. 그래서 '섹스파티'에서 주로 히로뽕을 사용한다. 약만 있으면 며칠이고 할 수 있다.

"그 짓을 할 때는 죽어도 여한이 없겠다."[19]

몸을 미친 듯이 흔드는 클럽에서는 환각제인 LSD나 엑스터시가 주로 사용된다. 작은 종이로 입에 녹여 먹는 LSD나 알약 형태인 엑스터시는 술과 함께 간단히 복용하기 좋다. 클럽의 시끄러운 소리와 화려한 조명이 환각의 효과를 갑절로 증폭시킨다. 음악과 환각이라면 마리화나도 있지만, 마리화나는 아무래도 몸이 늘어질 뿐 아니라 손에 들고 피우면서 격렬한 춤을 추기에는 불편하다. 지치지 않는 코카인도 밤새 놀기에 좋아 클럽과 나름 잘 어울린다.

당신의 눈은 이제 현미경이 되었다가 망원경이 된다. 당신의 청각은 어마어마한 굉음 속에서도 바닥에 먼지가 떨어지는 소리까지 들을 수 있다. 소리가 무지개처럼 각양각색의 색채로 들리는 동시에 보인다. 살바도르 달리Salvador Dalí의 작품, 아니 영화 〈인셉션Inception〉에서 주인공 레오나르도 디카프리오가 꿈의 세계를 건설하는 장면이 실제로 당신 눈앞에서 펼쳐진다.

"천장의 그림들이 무시무시한 생기를 띠게 된다. 모텔 벽을 장식한 조잡한 싸구려 벽지가 화려한 파노라마처럼 변하고, 눈부신 몸을 지닌 님프들이 하늘보다 더 깊고 더 투명한 눈으로 당신을 지켜본다."[20] 영감이 솟아난다. 어떤 이가 "10분 동안 내가 작곡한 30여 곡의 오페라 중 한 곡만으로도 6개월간 당신들을 풍요롭게 할 수 있었을 것이다"[21]라고 말한 건 과장이 아니다. 다만 그는 대마초를 피웠기에 혼자만 들을 수 있었고, 약에 취해 악보를 기록할 수 없었다. 수많은 뮤지션이 마리화나와 LSD를 하고, 스티브 잡스가 LSD를 통해 영감을 얻을 수 있었던 이유가 바로 여기에 있다.

너무 흥분하는 것도 싫고 예상할 수 없는 환각도 싫다면 다운 계열의 아편이나 모르핀, 헤로인이 있다. 그 어떤 육체적 고통이나 정신적 슬픔도 잊을 수 있다. 웃음이 저절로 나온다.

"정말 나는 행복해! 이게 천복이야! 환희를 맛보고 있어. 나는 희열의 심연 속으로 빠져들고 있어!"[22]

"이 하이High(마약 후 각성한 상태) 이후 내 생에 그렇게 기운차고 즐거웠던 경험은 없었다."[23]

한 잔(1회 투약할 수 있는 약물의 양을 뜻하는 은어)만 하면 누구나 쉽게 쾌락의 극치에 이른다. 누군가는 이 세계를 "인공 낙원"이라고 하고, 또 누군가는 자신을 "천국을 엿본 사람"[24]이라고 말하는 건 다 이유가 있다.

"그것은 예수님을 팔에 쏘는 것과 같았습니다. 머릿속에서 하얀빛이 폭발하고, 그 후로 당신은 구름 위를 둥둥 떠다니게 됩니다."[25]

마약은 우리 몸의 신경전달물질에 영향을 미쳐 효과를 나타내는 것으로 추정된다. 사실 그 누구도 마약이 우리 몸에서 정확히 어떻게 작용하는지 완벽하게 알지 못한다. 앞서 말했듯이 '쾌락의 도파민-흥분의 노르에피네프린-행복의 세로토닌-진통과 환희의 엔도르핀' 중에서 중독과 관련해 가장 중요한 것은 바로 쾌락의 도파민이다. 엔도르핀의 경우 출산이나 극심한 외상 시에 분비되어 사람이 고통을 느끼지 못한다. 심지어 출산 시에는 행복감마저 느낀다. 하지만 다시 엔도르핀을 느끼기 위해 또 아이를 낳거나 일부러 다치는 이가 없는 것으로 봐서 엔도르핀은 의존이나 중독과는 관련이 없거나 적은 것으로 보인다.

마약은 도파민의 분비를 촉진하거나, 밖으로 나온 도파민이 안으로 들어가 버리는 것을 막거나(재흡수 억제), 아니면 아예 도파민과 같은 역할을 한다. 도파민은 단순히 쾌락을 주는 것 외에도 특정 행동을 반복하는 동기 부여에도 영향을 주는 것으로 알려져 있다. 쉽게 말해 도파민은 쾌락을 주는 동시에 사람이 같은 행동을 반복하게 한다. 그래서 히로뽕의 경우 '첫 뽕'이 제일 중요하다. 흔히 '꽂힌다'고 하거나 '필feel'이라고 하는데, 처음 필로폰을 하고 섹스를 했다면 다음에도 계속 섹스를 하게 되고, 오락을 했다면 계속 오락을 하게 되고, 혼자 방에 있었다면 그다음부터 계속 혼자 방에 있게 된다.

우리 몸, 정확히는 뇌에서 소량의 도파민이 나온다. 섹스를 하거나, 상을 받거나, 게임에서 이기거나, 로또에 당첨되면 도파민이 증가한다. 우리 몸은 쾌락을 느끼게 되고, 도파민을 분비하는 행동을 계속 반복한다. 그래서 도파민이 나오는 정도를 중독 가능성을 측정하는 지표로 사용[26]하기도 한다. 그래서 각종 중독 하면 도파민이고, 도파민 하면 마약, 그중에서도 필로폰, 그러니까 히로뽕이다. 상자 속 쥐를 대상으로 한 실험에서 도파민을 초콜릿은 55%, 섹스는 100%, 니코틴은 150%, 코카인은 225%, 메스암페타민, 즉 히로뽕은 1,000% 증가시키는 것으로 나타났다.[27]

마약을 하면, 정상적인 방법으로는 나올 수 없는 도파민이 한꺼번에 폭발하듯이 터져 나온다. 도파민이 쏟아지면, 태어나서 단 한 번도 경험하지 못한 쾌감을 맛본다. 많은 이들이 천국을 느꼈다고 한다. 하지만 그것이 처음이자 마지막이다.

"처음 할 때는 그 첫 번째가 최고의 순간이라는 것을 모릅니다. 첫 경험 후 당신은 그 첫 번째를 영원히 쫓게 됩니다."[28]

🔲 마약의 엘리트 코스, 관문이론

"선생님, 대마초는 담배보다 중독성과 의존성이 없고 효과도 더 좋은데 피워도 되는 기 아닌가요?"

짧은 목에 쇠줄 같은 굵은 금목걸이를 한 50대 후반의 김대성(가명)씨가 나에게 물었다. 그는 나에게 금연 치료를 받고 있었는데, 과거에 대마초와 히로뽕까지 한 적이 있었으나 이제는 다 끊고 금연까지 시도하는 중이었다.

"처음에 시작한 게 뭐였나요?"

"떨(쩔), 그러니까 대마요."

"그죠? 아시겠지만, 모두 다 대마로 시작해요. 물론 죽을 때까지 대마만 할 수도 있죠. 근데 그다음 뭐 하셨어요?"

"뽕이요."

"그렇게 잘 아시는 분이 왜 이러실까?"

그는 무안해했지만 여전히 대마가 아쉬운 듯 머리를 긁적였다. 최근 남성 톱스타 배우가 대마초와 프로포폴을 했다고 뉴스[29]에 나왔을 때, 많은 의사들이 우려한 것은 '그것만 했을까?'였다. 앞에서도 설명했듯 이 마약의 효과는 업, 다운, 환각 계열로 이해하기 쉽지만, 마약중독을 이해할 때는 소프트 드러그와 하드 드러그로 구분하는 것이 도움이 된다. 소프트 드러그는 말 그대로 부드러운 마약으로, 상대적으로 효과가 덜하고 중독과 금단 증상도 약하다. 마리화나가 대표적이다. 반대로 하드 드러그는 강력한 효과와 함께 중독과 금단 증상이 심하다. 코카인과 헤로인이 대표적이었는데, 합성마약인 히로뽕에 이어 펜타닐이 가세했다. 중독성은 환각 계열(대마초, LSD, 엑스터시)이 약하고 업 계열과 다운 계열이 강한 편이다. 처음부터 코카인이나 헤로인 같은 강한 마약을 하기에는 낯설고 무섭고 불안하다. 코로 뭔가를 들이마시는 것이 어색하다. 자기 몸에 주사를 놓는 것은 더더욱 그렇다. 앞서 언급했지만, 담배를 피운다면 마리화나가 제일 쉽다. 흡연자는 비흡연자에 비해 1년 동안 대마초를 피울 확률이 무려 10배, 매일 대마초를 피울 확률이 무려 25배 높다.[30] 그렇게 몇 번 마리화나를 피우다 보면 마약을 한다는 불안감도 서서히 줄어든다.

"대마를 경험하고 나니 마약에 대한 두려움이 차츰 사라지더군요. 그래서 필로폰의 유혹이 왔을 때 별 망설임 없이 투약하게 되었습니다."[31] 아편에서 모르핀으로, 모르핀에서 헤로인으로 점점 강해지듯이 대마초도 마찬가지다. 점점 THC 성분이 높은 대마초를 찾게 된다. 보통의 대마는 위드weed라고 하고 THC 성분이 높은 양질의 대마는 쿠시kush라고 한다(어떤 래퍼 가수는 자신의 이름을 '쿠시'라고 지었는데, 결국 그는 코카인 등의 마약을 투약하다 잡혔다[32]). 오늘날에는 순수 마리화나로는 부족해 화학 성분이 첨가된 마리화나나 아예 액상 대마로 넘어간다. 마약에 빠지면 마리화나에 머물지 않고 더 강한 알약[33]을 찾게 되는 것이 당연한 수순이다. "사실 대마를 경험하고 나니 좀 더 강도 높은 자극을 원하게 되었던 것이지요."[34]

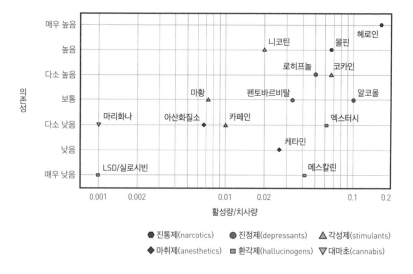

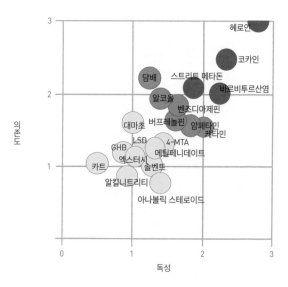

그림 25 소프트 드러그(노란색)와 하드 드러그(빨간색)

다 같이 마리화나를 피우고 있는데 친구 중 한 명이 호주머니에서 코카인을 꺼내며 의기양양하게 말할지도 모른다.

"야, 좋은 게 있다."

"이게 진짜 약이지."

더 센 약을 하면 진짜 중독될까 봐 걱정스러운 마음에 자신은 끝까지 안 한다고 할지 모른다. 하지만 처음에 마약을 할 때도 그랬다. 친구들이 하면 나도 안 할 수가 없다. 다들 담배를 피우는데 나만 안 피울 수 없고, 다들 술을 마시는데 나만 안 마실 수 없다. 다들 마리화나를 하는데, 다들 코카인을 하는데 나만 빠질 수 없다. 술을 안 마시는 사람은 있어도 한 가지 술만 마시는 사람은 없다. 마약도 마찬가지다.

시작이 반이다. 마약을 처음 하기가 어렵지 한번 하면 다른 마약을 하기는 쉽다. 거기에다가 마약까지 한 상태에서는 새로운 약에 대한 두려움과 경계심보다 호기심이 더 앞선다. 선뜻 새로운 마약에 손을 댄다. 당연히 더 강하고 센 약으로.

미국의 경우를 보면 마리화나에서 시작해 결국 코카인과 헤로인으로 간다. 실제 설문조사에서도 평생 한 가지 약만 사용한 경우는 10명 중 4명에 불과한 것으로 나타났다. 과반(56.7%)의 사람들이 두 가지 이상의 약을 경험했다.[35] 다른 약을 사용했다는 것이 밝혀지면 문제가 더 커질 수 있으므로 한 가지 약만 복용했다고 축소해서 보고할 수 있는 점을 고려하면 두 가지 이상의 마약을 한 경우는 조사보다 더 많을 것이다.

10대 때 처음 마시는 술은 대부분 소주 아니면 맥주, 그것도 아니면 막걸리다. 그러다 아버지가 장식장에 보관해 둔 비싼 위스키나 처음 보는 술을 접하게 되면 다들 호기심에 한 번씩 맛을 본다. 거기에다가 끊임없이 새로운 술이 등장한다. 우리나라만 해도 오래전 막걸리와 소주에서 1970년대 맥주, 1990년대 위스키, 2000년대 와인, 최근에는 사케까지. 마약도 마찬가지다. 전통을 자랑하는 마리화나와 아편에서 19세기와 20세기 초 모르핀과 헤로인과 코카인, 20세기 중순 메스암페타민(필로폰), 1970년대 LSD와 엑스터시, 1990년 후반 마약성 진통제인 옥시콘틴과 최근의 펜타닐까지. 마약에도 유행이 있고 신제품도 나온다.

클럽에서는 주로 업 계열이나 환각 계열의 약을 한다. 업 계열은 무한 에너지를 주고, 환각 계열은 조명과 음악을 업그레이드해 준다. 그러면 업 계열과 환각 계열을 같이 하면 어떨까? 환상적인 조합이다. 업 계열의 약을 써서 계속 흥분 상태가 유지되면 며칠 동안 잠도 안 자고 먹지도 않는다. 그러다 어느 순간 몸이 버티지 못하고 피로가 산더미처럼 몰려온다. 하지만 업 계열의 특징인 흥분으로 인해 자려고 해도 잠이 오지 않고 푹 쉴 수도 없다. 그럴 때는 다운 계열의 프로포폴이나 졸피뎀, 모르핀이나 헤로인으로 휴식을 취하며 나름 균형을 맞춘다. 그러다 너무 가라앉아 몸을 움직일 힘이 없을 때는 업 계열의 코카인이나 필로폰으로 활력을 불어넣는다. 다만 중간은 없다. 바닥에서 하늘로, 하늘에서 바닥으로 극과 극으로 이동한다. 아예 처음부터 업 계열인 코카인과 다운 계열인 헤로인을 섞은 스피드볼Speedball도 있다.

비교적 가벼운 약인 마리화나나 프로포폴 같은 향정신성 약물이 위험한 이유는 이처럼 더 강하고 위험한 약으로 가는 첫걸음이기 때문이다. 이런 현상을 설명하는 것이 바로 관문이론이다. 과거 한국에서는 본드에서 가스로, 가스에서 알약(러미라Romilar)으로, 알약에서 대마로, 대마에서 필로폰으로 이어지는 마약중독을 '엘리트 코스'[36]라고 했다. 미국에서는 대마로 시작해 LSD, 엑스터시, 코카인을 거쳐 헤로인, 펜타닐까지 가는 게 기본 코스다.

대마초로 시작한 남성 록 가수는 히로뽕을[37], 가수 지망생 여성은 대마초와 LSD와 필로폰을[38], 인플루언서 여성은 대마초와 필로폰을[39], 프로포폴을 한 여성 방송인은 수면제인 졸피뎀에 이어 결국 하드 드러그인 필로폰까지 했다.[40] 최근에 조사 중인 남성 톱스타 배우는 대마(다운+환각, 소프트), 프로포폴(다운, 소프트), 케타민(환각+다운, 미디엄), 졸피뎀(다운, 미디엄), 미다졸람(다운, 소프트), 알프라졸람alprazolam(다운, 소프트)에 이어 코카인(업, 하드)까지 한 것으로 밝혀졌다.[41] 놀 때는 업 계열의 코카인과 환각 계열의 대마나 케타민을 하다가 쉬고 싶을 때는 다운 계열인 프로포폴과 졸피뎀, 미다졸람, 알프라졸람을 했을 것으로 추정된다. 앞에서 언급한 미국 영화배우의 경우 마리화나로 시작해 코카인, 엑스터시, 헤로인까지 했다.[42]

2004년 한 여배우의 변호인이 대마초를 법으로 금지하는 것은 헌법에 위배된다며 헌법 소원을 냈다.[43] 대마초의 환각 효과가 크지 않고 인체 유해성도 없는데 엄벌하는 것은 헌법이 보장한 행복추구권에 위배되며, 몸에 더 해로운 술과 담배와 비교해 봤을 때 헌법상의 비례 및 평등 원칙에도 어긋난다고 주장했다. 2005년 11월 25일 헌법재판소는 여배우의 기대와는 달리 만장일치로 대마초 처벌은 합헌이라는 결정을 내렸다(당시 그 여배우는 이미 1983년과 1986년에 필로폰 투약으로 벌금형을, 1989년에는 대마초 흡연으로 전국에 지명 수배까지 되고 나서 징역 8개월을, 1994년 또다시 대마초 흡연으로 4개월 도피 후 자수해 벌금형을 받았고, 2004년에는 대마초 흡연으로 이미 마약류 전과 5범인 상태에서 재판을 받던 중이었다).

대마 합법화는 오래전부터 논의되어 왔다. 미국의 경우, 대마 합법화에 대한 찬성이 1969년 12%에서 시작하여 꾸준히 증가했다. 또한 마리화나가 미국에서 널리 퍼지자 일부에서 합법화를 주장하기 시작했다. 시장경제 신봉자로 유명한 밀턴 프리드먼Milton Friedman이 가장 대표적인 인물이다. 그는 미국의 '마약과의 전쟁'에 대해 "우리가 지고 있는 전쟁The War We Are Losing"[44]이라며 마리화나 합법화를 주장했다. 마리화나에 대한 규제가 오히려 마약을 큰 이윤이 남는 불법 사업으로 만들어 범죄 단체가 새로 등장하거나 기존 단체가 세력을 키울 수 있게 한다고 했다. 마리화나를 비롯한 마약 규제는 수요를 전혀 줄이지 못하고 오히려 세금만 낭비하는 정책이기에 마리화나를 합법화하고 세금을 부과하여 적절히 통제하자고 주장했다.

이는 마약 사용자를 단순히 '범죄자'로 보고 '처벌'하자는 시각과 마약 사용자를 중독이라는 질병이 있는 '환자'로 보고 '치료'하자는 시각과도 다른 제3의 접근 방식이다. 기존의 '범죄자'와 '환자', '처벌'과 '치료'라는 두 시각은 서로 완전히 달라 보이지만 공통점이 있다. 나쁜 마약의 사용을 막고 마약이 이 땅에서 사라지는 것을 목표로 하는 일종의 '이상주의' 접근이다.

이와는 달리 '마약 합법화'를 주장하는 시각은 마약이 사라지는 것은 불가능하기에 오히려 이를 인정하고 '해악 감소harm reduction'를 목표로 하는 '현실주의' 접근이다. 히로뽕이나 헤로인처럼 주사를 쓰는 마약중독자들에게 안전한 마약 사용을 위해 주사기를 나눠주며 인간면역결핍 바이러스HIV와 C형 간염의 전파를 막으려는 노력 등이 바로 이런 현실주의자들에게서 나온 정책이다. 이런 '해악 감소'를 주장하는 사람들의 의견이 가장 잘 나타나는 쟁점이 바로 매춘이다. 그들은 매춘이 불법이기 때문에 성매매 여성이 폭력 등의 위험에 처하게 된다고 본다. 오히려 매춘을 인정하고 주기적인 성병 검사 등으로 더 안전을 기해야 하며, 각종 규제와 단속을 하는 데 사회적 에너지와 비용을 낭비하는 대신 오히려 매춘을 합법화해 세금을 걷어 해를 최소화하자고 주장한다. 이것이 바로 네덜란드가 마약과 매춘을 합법화한 이유다. 소위 '마약의 비범죄화' 또는 '네덜란드 모델'이라고 한다.

결국 마리화나에 대한 찬성 의견이 높아지자 2013년 버락 오바마Barack Obama 대통령은 마리화나에 대해 각 주의 법률을 따르라고 지시했다. 이에 마리화나를 합법화한 주에서는 마리화나를 해도 더 이상 처벌을 받지 않는다.[45] 이에 2014년 콜로라도를 시작으로 23개 주에서 마리화나를 합법화했으며 다른 주 또한 논의 중에 있다. 하지만 미국 마약단속국에서는 여전히 마리화나를 마약 1등급으로 분류해 오락적 사용은 물론이고 의학적 사용마저 금지하고 있다.

대마초를 가지고만 있어도 징역 5년, 대마초를 키우면 징역 최대 15년을 선고하던 태국[46] 또한 2022년 6월에 마리화나를 합법화했다. 한때 헤로인을 생산하던 태국은 1976년 쿠데타로 정권을 잡은 군부가 미국과 손잡고 독재 정책을 실시하면서 동시에 강력한 마약 억제 정책을 실시해 성공하는 듯 보였다. 하지만 1992년 이후 내전에 휩쓸리면서 가난한 지역에서 아편 대신 메스암페타민을 생산하기 시작했다. 이에 정부는 다시 강력한 마약 억제 정책을 실시했지만 태국 내 교도소의 4분의 3이 마약 범죄자로 가득 차면서[47] 한계에 부딪쳤다. 2014년 정권을 장악한 진군부 보수 세력은 마리화나를 경작하게 해 태국의 빈곤층 및 북동부 농촌 지역 주민의 수익을 올려 지지를 얻는 동시에 관광 산업이 활성화될 것을 기대하며 2022년 6월 마리화나를 아시아 최초로 합법화했다. 차기 총리를 노리는 아누틴 차른비라쿨Anutin Charnvirakul 보건복지부 장관이 마리화나 합법화에 대한 심도 깊은 토론 대신 인기를 위해 졸속으로 합법화를 추진한 것이다.

미국 또한 오바마 대통령이 마리화나에 대해 각 주의 법률을 따르라고 지시하여 사실상 대마 합법화를 용인한 2013년은 절묘하게도 마리화나 합법화에 대한 찬성이 처음으로 절반이 넘어가는 해였다(2012년 48%, 2013년 58%[48]). 마리화나 합법화에 따른 장단점을 깊이 따지기보다 여론에 떠밀려 허용했다는 느낌을 지을 수가 없다. 정치인이 표와 인기를 위해서 국민을 위험에 처하게 한 것이다.

두 나라 모두 대마 합법화의 후유증은 곧바로 나타났다. 태국의 경우 법상으로는 첫째, 테트라하이드로칸나비놀THC(대마초의 성분 중 향정신성 화학작용을 일으키는 주성분) 함량 비율이 0.2%를 초과할 수 없고, 둘째, 온라인 판매도 불법이며, 셋째, 20세 미만에게 판매할 수 없다.[49] 하지만 현실에서는 지켜지지 않았다. THC 함량이 0.2%보다 높은 대마초는 물론이고(사실 그것을 일일이 검사한다는 것부터가 불가능했다), 대마 성분이 함유된 음식도 팔았으며, 온라인 판매가 불법임에도 불구하고 1시간 안에 집 앞에 배달되었다. 심지어 불법 무허가 판매는 물론이었다. 거기에다가 대마 사용 후 정신적 부작용을 호소하며 응급실에 오는 환자가 지난해 3%에서 올해 17%까지 치솟았으며, 청소년들의 대마 소비가 2배로 늘었다고 한다.[50]

2021년 마리화나 판매소 60개 곳을 허가한 뉴욕주의 경우, 2년 만에 마리화나 불법 판매소가 우후죽순처럼 증가해 무려 1,400곳이 성업 중이다. 거기에다가 불법 판매소는 비교적 중독성이나 의존성이 약한 마리화나만 파는 것이 아니었다. 펜타닐, 헤로인 등 하드 드러그까지 돈이 되는 모든 종류의 마약을 몰래 팔았다. 마리화나를 합법화하며 단속과 규제에 드는 비용을 줄이고 오히려 세금까지 걷어 일석이조를 거두려던 당국의 정책이 정반대로 흘러간 것이다. 다음 장에 나오지만, 마약을 하는 사람들은 처음에는 마약의 투여량과 횟수를 스스로 조절할 수 있다고 생각한다. 이를 '조절 망상delusion of control'이라고 한다. 미국의 정치인과 정책 결정권자들 또한 마리화나의 양성화를 통해 마약을 통제할 수 있다는 착각에 빠져 치명적인 실수를 한 것이다. 합법화되어 '누구나 가볍고 쉽게' 시작할 수 있게 된 마리화나는 2년도 지나지 않아 사람들의 '삶을 파괴'하기 시작했다.

"나는 마리화나에서 출발해 더 강한 마약인 코카인과 헤로인, 펜타닐까지 중독되었습니다. 그리고 제 삶은 계속 나빠졌습니다."[51]

늪에 빠지다 : 착각, 의존성, 내성, 금단

치료하기 힘든 두 종류의 환자가 있다. 첫째는 "내 몸은 내가 제일 잘 안다", "내가 알아서 한다"라며 의사가 하는 말은 듣지 않고 이것저것 해달라며 일방적으로 요청하는 환자다. 이런 환자는 수십 년간 함께한 내 몸을 의사가 나보다 더 잘 알 수 없다며 약을 마음대로 복용한다. 향정신성 약물이나 다이어트 약에 중독된 환자기 이러한 부류에 속한다. 앞서 언급했듯이 다이어트 약을 복용하면 처음 2~3개월 사이에는 살이 쭉 빠진다. 하지만 그 이후로는 정체기에 빠진다. 그러면 환자가 임의로 약을 두 알, 세 알까지 먹는다. 수면제인 졸피뎀의 경우는 더 심하다. 잠이 안 온다고 한 번에 열 알씩 먹는 환자도 있었다.

둘째는 자신이 아픈 것을 인정하지 않는 사람이다. 당연히 치료의 필요성을 느끼지 못한다. 가족이나 보호자가 억지로 데려온다고 한들 제대로 진료가 이루어질 수 없다. 이를 두고 통상 병식病識이 없다고 한다. 이런 사람들 중에는 정신과 환자가 많다. 그러면 이 두 가지 성향이 모두 나타나는 사람은 누굴까? 바로 중독 환자다.

"나는 언제든지 끊을 수 있다."

"나는 중독이 아니다."

"내가 조절할 수 있다."

"어찌 됐든 자기 '의지'에 달린 문제 아닙니까?"[52]

"마약을 하고 있는 동안에는 스스로 끊을 수 있으리라 믿어 의심치 않았습니다."[53]

처음에는 마음만 먹으면 당장이라도 그만둘 수 있다고 착각한다. 심지어 가족 또한 자식이 결심만 하면 의지만으로 약을 중단할 수 있다고 생각한다. 다리가 부러진 사람에게는 '의지'로 뛰라고 하지 않는다. 하지만 눈에 보이지 않는 정신에 문제가 있으면 '의지', '결심', '마음'만으로 나을 수 있다고 여긴다. 업 계열의 코카인이나 메스암페타민 중독자들이 특히 그렇다. 이들은 초기에는 주말에만 하는 등 절제하는 모습을 보이기도 한다.

"저는 항상 에너지남이었어요. 저한테 활력을 줄 만한 건 뭐든 찾아다녔죠. 코카인이 그랬고, 술도 저한테 그런 도구였어요. 처음 손을 댔을 때부터 저한테 엄청난 황홀감과 큰 에너지를 줬죠. 저는 제 자신이 코카인을 재미로 하면서 문제를 일으키지 않을 수 있는 그런 사람이라고 생각했어요. 그땐 정말 그렇게 믿었죠."[54]

담배를 끊기로 결심한 사람 100명 중 4명만이 순수한 자기 의지로 금연에 성공한다. 의사가 담배를 끊어야 한다고 설명해도 겨우 4명이 더 금연에 성공할 뿐이다. 3개월간 매일 하루에 두 번씩 약을 먹으면 얼마나 끊을 수 있을까? 4명 중에 1명만이 금연에 성공한다. 심근경색이나 암에 걸린 사람마저도 약을 먹어야 2명 중 1명이 겨우 끊는다. 담배보다 더 강력한 의존성과 금단 증상이 있는 마약은 자기 의지만으로 얼마나 끊을 수 있을까?

"마약 의존자 대부분은 본인이 원할 때만 조금씩, 잠깐 슬쩍 약을 하면서 자신을 통제할 수 있다고 착각한다."[55] 하지만 30년간 마약중독자를 치료해 온 조성남 강남을지병원장의 말은 다르다. "의지의 문제만은 아닙니다. 마약류 의존자 대부분이 말기 암 환자 같은 상태에서 병원 문을 두드립니다. 중독이 그래서 무서운 겁니다."[56]

안타깝지만 많은 약물중독자들이 스스로 중독을 깨닫거나 인정하지 않는다. 보건복지부 국립정신건강센터가 2021년 시행한 조사에 따르면, 의료기관과 재활기관에서 마약 치료를 받거나 심지어 법으로 치료 보호를 받는 사람조차도 10명 중 3명은 자신이 중독임을 인정하지 않았다.[57] 미국의 경우 최근 1년간 특수 시설에서 치료를 받지 않은 12세 이상의 물질 사용 장애 환자 중 97.5%가 치료의 필요성을 느끼지 못했다. 1.9%는 치료가 필요하다고 느끼면서도 노력하지 않았고, 0.5%만이 치료가 필요하다고 느끼고 치료를 받았다.[58] 대부분의 마약 사용자들은 자신이 중독임을 인정하지 않는다.

정말 의지만으로는 마약을 끊을 수 없는 걸까? 치킨은 언제 가장 맛있을까? 맨 처음 다리 하나를 들고 "와사삭" 베어 물 때가 가장 맛있다. 운 좋게 두 번째 다리를 먹게 되더라도 이상하게 그 첫입의 감동은 느껴지지 않는다. 계속 먹다 보면 그렇게 맛있던 치킨이 어느 순간 느끼하고 물리기 시작한다. 다른 음식도 마찬가지다.

같은 자극이 계속 주어지면 자극에 익숙해져서 우리 몸은 어느 순간 더 이상 반응하지 않게 된다. 이를 '감각 순응sensory adaptation'이라고 한다. 아무리 맛있는 음식이라도 계속 먹을 수는 없다. 먹으면 먹을수록 맛이 없어진다. 그래서 로마인은 음식을 씹다가 삼키지 않고 뱉었다. 계속 삼키다 보면 배가 불러 더 이상 먹을 수 없으니까. 심지어 먹은 걸 게워내고 다른 음식을 맛보기도 했다. 하지만 많이 먹다 토하면 어느 순간부터 먹는 것이 즐거움이 아니라 고통이 된다. 이는 생물과 사람은 물론이고 경제에도 똑같이 적용된다. 특정 재화를 소비함으로써 얻는 만족감은 재화 소비가 증가할수록 감소한다. '한계효용 체감의 법칙'이다.

그런데 약 중에서 마약만이 가지고 있는 특징이 있다. 일반적으로 약은 투여량과 효능이 비례하다가 일정량을 넘으면 아무리 많은 양을 투여해도 효과가 커지지 않고 부작용만 늘어난다. 이를 '천장 효과ceiling effect'라고 한다. 열이 심하게 나도 해열제를 2배, 3배로 투여하지 않는 이유가 바로 여기에 있다. 부작용만 늘지 효과는 커지지 않기 때문이다. 그런데 마약은 이 '천장 효과'가 없거나 약하다. 진통제로 쓰는 모르핀의 경우 1회 투여량이 $10mg$이지만 말기 암 환자에게는 한 번에 $50 \sim 100mg$을 투여하기도 한다. 투여량만큼 효과가 커지기 때문이다.

신경의 기본적인 특징인 '감각 순응'과 마약의 특징인 '천장 효과가 없거나 약함'에 더해 더 심각한 문제가 있다. 마약은 눈에 보이지 않는 뇌와 신경의 구조를 망가뜨린다. 기본적으로 마약은 감정이나 동기와 관련되어 있는 '변연계', 그리고 기억력과 사고력과 충동을 조절하는 뇌에서 가장 중요한 역할을 하는 '전두엽'에 손상을 가한다. 그래서 마약을 하면 불쾌감, 우울증이 찾아오고 충동 조절이 안 되며 판단력이 저하된다.[59] 마약을 장기간 사용할 경우 영구적인 손상을 입을 수 있으며, 특히 뇌가 완성되지 않은 청소년기에 마약을 할 경우 뇌 손상은 더욱 커질 수밖에 없다.

또한 마약은 다양한 신경전달물질에도 영향을 미친다. 쾌락의 도파민, 흥분의 노르에피네프린, 행복의 세로토닌, 진통과 환희의 엔도르핀 중, 중독에서 가장 중요한 것은 바로 쾌락의 도파민이라고 한 바 있다. 쾌락의 도파민은 평소 우리 몸에서 조금씩 흘러나온다. 그러다 마약을 하면 마치 둑이 터져 홍수가 난 것처럼 도파민이 분출된다. 많은 이들이 환희, 희열, 천국을 경험하게 되는 것은 바로 도파민 때문이다. 문제는 천국을 경험한 후에 발생한다. 두 번째부터는 같은 천국을 경험할 수 없다. 평소에 저장되어 있던 도파민을 한순간에 다 써버렸기 때문이다. 평생 모은 돈을 하루 만에 다 쓴 것과 같다. 둑이 터져 홍수처럼 쓸고 지나가 버리자 이제는 넘쳐났던 물(도파민)이 매우 귀해진다. 하지만 황홀했던 순간이 각인된 우리 몸은 더 많은 물(도파민)을 갈망하게 된다. 거기에다가 앞서 말한 것처럼 도파민은 특정 행동을 반복하게 한다. 다시 그 환희를, 그 희열을, 그 천국을 경험하고 싶다. 또 마약을 한다. 하지만 마약을 하더라도 그동안 저장된 물(도파민)을 다 썼기 때문에 예전과 같이 물이 흘러나오지 않는다. 첫 쾌감에 못 미치기에 더 많은 양을 투여하고 횟수를 늘린다.

단순히 저장된 도파민이 사라진 것만이 문제가 아니다. 신경세포 사이에서 도파민을 비롯한 신경전달물질이 나오면 그 물질을 담아서 세포 안으로 퍼 가는 수용체가 있다. 물(도파민)을 퍼 담는 양동이(수용체)다. 홍수에 그 양동이마저 떠내려가 사라져 버린다. 과도한 도파민 방출로 신경세포의 수용체가 줄어든 것이다. 결국 마약 때문에 도파민이 부족해지고 그 도파민을 받아들이는 수용체마저 감소한다.[60] 신경 전반에 치명적인 변화가 일어나는 것이다.

"처음에는 하루, 다음은 반나절, 그다음은 3시간이었다."

약의 지속 시간이 점점 짧아질 뿐 아니라 같은 양으로는 이전과 같은 쾌락을 느낄 수 없다. '내성'이 생긴 것이다.

"아무것도 안 한다는 건 없어요. 이전 것보다 더 강한 걸 할 때 끊어지는 거야. 점점 더 강한 걸로."[61]

하지만 이것이 끝이 아니다.

"선생님, 마약(히로뽕)을 하면 다른 모든 게 시시해져요."

실제로 마약중독자에게 들은 말이다.

"이제 그들에게 실제 삶은 너무 슬프고 무미건조한 것이 되었고, 자신들이 꿈꾸는 천국에 들어가기 위해 기꺼이 몸을 던졌다."[62]

"이건 끊을 수 있는 게 아냐. 내가 적나라하게 설명해 줄게. 히로뽕을 하고 성관계를 하면 9시간도 할 수 있어. 신이 된 것 같은 기분이 들어. 만약 상대방이랑 약을 같이 하면 그냥 모텔에 2~3일 동안 처박혀 그 짓만 하는 거야. 그걸 경험하면 어떻게 되겠어? 약 없이 성관계를 하면 그땐 진짜 아무것도 느낄 수가 없어. 이것 하나야. 이것 때문에 끊지를 못해. 약을 하다가 안 하면 성생활을 할 수가 없어. 아무것도 느낄 수가 없는데…."[63]

어느 순간부터는 쾌락을 느낄 수 없는 것이 문제가 아니다. 마약을 하기 전에 졸졸졸 조금씩 계속 흘러나오던 도파민이 완전히 끊겨 말라버린다. 설령 도파민이 나와도 도파민을 퍼 오는 수용체가 사라져 버렸다. 둑이 터져 물난리가 난 후 물이 사라지고 물을 담을 양동이마저 없어진 상태다. 처음 마약을 했을 때의 쾌락을 느끼기는커녕 이제 심한 갈증에 시달린다. 너무나 고통스럽다. 엄청난 부자가 돈을 흥청망청 쓰다가 어느 순간 빈털터리가 되었을 때 느끼는 좌절과 고통과도 비교할 수 없다. 마약으로 20대 청춘으로 돌아갔다가 한순간에 80대 노인이 된 것 같다.

약의 효과가 강하면 강할수록 금단 증상이 심하다. 즉 코카인보다 히로뽕이, 모르핀보다 헤로인이 더 그렇다는 말이다. 업 계열인 코카인이 보통 상태에서 사람을 흥분시켜 쾌락을 느끼게 한다면, 다운 계열인 헤로인은 보통 상태에서 고통 등을 억제해 쾌락을 느끼게 한다. 코카인을 끊으면 몸이 피곤하고(그동안 계속 몸이 흥분해 있었다), 잠이 쏟아지며(그동안 잠을 안 잤다), 식욕이 폭발한다(그동안 밥도 안 먹었다). 하지만 헤로인을 끊으면 오랫동안 약이 억제한 고통과 통증이 치밀어 올라와 매우 큰 고통을 느끼게 된다. 그래서 업 계열의 약을 하지 않으면 보통으로 돌아가지만, 다운 계열의 약을 중단하면 즉시 고통과 불쾌감을 느끼게 된다. 하지만 업 계열의 약도 앞서 말한 신경구조의 파괴로 얼마 못 가 심한 금단 증상을 일으킨다.

"헤로인을 하면 어머니의 품같이 따뜻하고, 헤로인을 하지 않으면 알코올중독자 아버지의 주먹처럼 아프다."[64]

처음에는 호기심으로 시작하고, 즐거움을 위해서 하다가, 결국 아프지 않으려고 한다. 마약이 아니면 그 무엇으로도 안 된다. 이제 삶에서 마약보다 중요한 것은 없다. 내성에 이어 금단 증상과 의존성마저 생겼다. 마약이 없으면 고통스럽다 못해 너무 아프다. 앞서 히로뽕을 하다 경찰에 온 50대 남자가 온몸에 식은땀을 흘리며 몸에 벌레가 기어다닌다고 한 것은 전형적인 금단 증상인 '콜드 터키cold turkey'와 '코카인 버그cocaine bug' 또는 '메스 버그meth bug'다.

"뼈에 소름이 돋아Goose-pimple bone." 마약을 하던 비틀스The Beatles의 존 레넌이 아이를 가지기 위해 마약을 끊을 때의 고통을 노래한 〈콜드 터키〉의 한 구절이다. 마약을 하지 않으면 안색이 파랗게 되고 온몸이 떨리며 소름이 끼치며 닭살이 돋는다. 이를 영어권에서는 냉동 칠면조의 피부와 같다고 해서 '콜드 터키'라고 한다. 금단 증상을 뜻하기도 하며, 단번에 약을 끊으려는 시도를 의미하기도 한다. 금단 증상은 단순히 식은땀과 소름에 그치지 않는다. 눈에 보이지 않는 수천만 마리의 개미가 내 몸을 기어다니는 것 같다. 피부 속에서 뭔가가 꿈틀거린다. 아무리 긁어도 계속 가렵다. 코카인이나 메스암페타민으로 인한 환각 증상으로 코카인 버그 또는 메스 버그라고 한다. 온몸을 긁기에 피부가 성한 날이 없다.

"나도 모르는 사이에 긁었던 것 같다. 이렇게 흉터가 많은 것도 이번에 알았다."

재활 중독 치료를 받고 있던 사람의 증언이다. 잠을 잘 수도 없다. 눈만 뜨고 있어도 눈앞에 뭔가가 아른거리고, 보이지 않는 뭔가가 자꾸 소리를 낸다. 나를 비난하고 모함하는 것 같다. 초조, 불안에 빠지고 심하면 망상에 사로잡힌다. 말 그대로 미쳐버리게 된다. 온몸이 불에 타들어 가는 것 같다. 너무 아프다. 차라리 안 아프게 죽여달라고 하거나, 그것도 아니면 약을 달라고 사정하게 된다.

무너지는 세상

"밥은 챙겨 드세요?"

건강검진에서 매일 술을 드신다고 체크하신 분이 오면 내가 제일 먼저 묻는 말이다. 알코올중독이 심해지면 밥도 안 먹고 술만 먹기 때문이다. 안 먹고 안 자는 것이 바로 중독 현상이다. 도박, 게임, 알코올, 마약 모두 마찬가지다.

앞서 말했듯이 마약은 행복의 세로토닌, 흥분의 노르에피네프린, 쾌락의 도파민, 진통과 환희의 엔도르핀 등의 신경전달물질을 교란시킨다. 신경전달물질이 과도하게 분비되었다가 아예 결핍되기도 하고, 이런 신경전달물질을 받아들이는 수용체에도 변화가 일어난다. 결국 뇌와 신경에 손상이 생겨 환각이 일어난다. 실제로 자극이 없지만 마치 있는 것과 같은 느낌이 든다. 너무나 생생하고 실제 같아서 환각과 실제를 구분하기 힘들다. 마약마다 정도의 차이는 있지만 나중에는 대부분 환각을 겪는다. 심지어 약을 끊고 난 후에도 환각에 시달린다. 환각 중에서 가장 대표적인 것이 온몸에 뭔가가 기어다니는 환촉(코카인 버그 또는 메스 버그)이다. 환각을 겪으면 극도로 예민해지고 신경질적으로 변할 수밖에 없다. 남들에게는 보이지 않는 뭔가가 자신에게 보이고, 남들에게는 들리지 않는 소리가 자신에게 들리며, 뭔가가 자신을 끊임없이 만지고 건드리는 느낌이 든다. 이렇게 되면 뭔가가 나를 괴롭히거나 죽이려 한다거나, 또한 누군가가 자신의 마약 투약 사실을 신고했다고 생각하는 등 다양한 피해 망상이나 관계 망상에 빠진다. 마약 투약자들끼리 '쭈라'라고 부르는 증상인 정신착란을 겪는 것이다. 심각한 정도의 불안이나 긴장, 폭력성에 이어 자연히 우울증이 따라온다. 집중력이나 기억력이 정상일 리가 없다. 다른 사람들과 정상적인 관계를 맺을 수도 없고 일상적인 생활도 불가능해진다. 정신이 황폐해진 상태에서 일상생활이 제대로 될 리가 없다. 그런데 중독이 되면 밥도 먹지 않고 약만 한다.

"1~2주일 동안 밥 한 숟가락 먹지 않은 적이 수도 없이 많아요. 밥 대신, 물 대신 필로폰을 맞았지요."[65] 거기에다가 잠도 안 잔다. 하지만 정신과 몸이 흥분하다 보니 에너지 소모가 극심하다. 아무리 마약이라도 에너지 자체를 만들어 내지는 못한다. 입으로 들어오는 게 없으니 신체는 몸에 있는 지방과 근육에 있는 단백질을 녹여서 에너지를 짜낸다. 마약에 중독되면 그 어떤 다이어트보다 살이 쭉쭉 빠지며 만성적인 영양실조 상태가 된다. 머리카락이 빠지고 피부가 거칠어진다. 여자라면 생리가 끊긴다. 충혈된 퀭한 눈과 거칠어진 피부, 빼빼 마른 몸이 마약 의존자의 전형적인 특징이다.

그러다 몸이 한계에 달하면 졸음이 몰려오고 미친 듯이 허기가 진다. 폭식을 하고 잠을 몰아 잔다. 몸이 어느 정도 회복되면 또다시 약을 하며 먹지 않고 자지 않는다. 급가속과 급브레이크를 사정없이 밟는 것이다. 젊을 때는 버틸 수 있지만 나이가 들면 급속도로 몸이 망가지기 시작한다. 장기간에 걸친 영양실조로 근육마저 사라져 일은커녕 걷기조

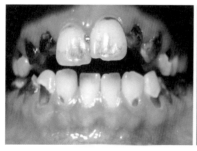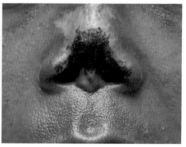

그림 26   메스 마우스와 코카인 코

차 힘들다. 더욱이 신경계 손상으로 인해 심한 진전, 즉 몸이 벌벌 떨리는 증상이 나타난다.

약을 하는 동안 이를 제대로 닦을 리가 없다. 충치를 피할 수 없다. 반복되는 구토와 구역으로 인해 이가 위산에 녹아내린다. 게다가 업 계열 약은 사람을 흥분시키기에 입 안이 바짝 마른다. 치아가 성할 리 없다. 최악은 메스암페타민(필로폰, 히로뽕)이다. 이 마약을 하면 이를 심하게 갈아서 이와 잇몸을 더욱 상하게 한다. 메스암페타민 중독자에게는 심한 충치 외에도 잇몸이 괴사하는 '메스 마우스meth mouth'라는 특이한 증상이 나타난다.

메스암페타민이 이와 잇몸을 썩게 한다면, 코카인은 코를 썩게 한다. 음식을 먹다가 사레가 들려 코로 뭔가가 들어가면 엄청난 통증과 함께 기침이 나온다. 코카인은 주로 코로 흡입하기에 통증을 피할 수 없다. 하지만 코카인은 일종의 국소 마취제로 통증을 느끼지 못하게 한다. 거기에다가 코카인은 혈관을 수축시켜 코의 혈류 공급을 막는다. 피가 가지 않으니 혈액을 공급받지 못하는 세포가 죽는다. 코가 괴사한다. 코가 괴사하면 인체는 엄청난 통증을 느끼지만, 코카인 자체가 마취제라서 통증을 줄여준다. 코가 아파서 코카인을 더 하게 되고, 코카인을 더 해서 코가 괴사해 녹아내리게 된다. 이렇게 코카인으로 인해 괴사한 코를 '코카인 코cocaine nose'라고 한다. 강력한 혈관 수축제인 코카인은 코의 혈관뿐만 아니라 심장에 피를 공급하는 관상동맥을 수축시켜 심근경색을 유발한다. 코카인을 복용하면 1시간 내에 심장마비를 일으킬 확률이 24배나 증가하는 것으로 알려져 있다.[66] 미국에서 젊은 성인 남자의 급사 원인 중 하나가 바로 코카인인 이유다.

마약을 하다 보면 강력한 효과를 위해 결국 모두 주사기로 넘어온다. 주사로 투여하려면 주로 가루로 된 마약을 액체에 녹여서 투여해야 하는데 물에 잘 녹지 않고 산에 잘 녹아 레몬 등의 즙을 이용해 용해한다. 당연히 위생적일 수가 없고 각종 불순물이 첨가된다. 이 때문에 정맥에 바늘 자국과 함께 염증(정맥혈관염)이 생겨 혈관이 딱딱해진다. 그래서 어느 순간부터는 약을 투입할 수 없다. 결국 마약중독자들은 온몸에 있는 혈관이란 혈관은 모두 찾게 된다.

그림 27　각종 불순물이 섞인 비위생적인 마약

또한 주로 주사기를 사용하는 헤로인과 필로폰의 경우, 주사기 하나를 여러 명이 돌려가며 쓰는 경우가 많아 이로 인한 감염이 심각하다. 더군다나 주사기 안에 든 마약을 한 방울이라도 남기지 않기 위해, 일단 마약을 주입한 후 주사기를 뒤로 당겨 주사기 안에 피를 채운 다음 마약과 섞어서 다시 투여한다. 피가 주사기 실린더 안에 남아 있다가 다른 사람의 몸에 들어가기 때문에 마약중독자들은 HIV와 C형 간염에 많이 걸린다. 유엔 자료에 따르면 주사를 통한 마약 투약자 1,200만 명 중 C형 간염 감염자는 600만 명[67]으로 절반에 이른다. 이는 한국에서도 비슷하다. 마약 치료를 받는 사람 중 C형 간염에 걸린 사람이 44%[68]에 달한다. 일반인에게서 C형 간염 유병률이 0.6~0.8%[69]임을 고려하면 무려 60배 이상 높은 것이다.

또한 전 세계 마약 투약자 1,200만 명 중 160만 명이 HIV에 감염된 것으로 추정된다.[70] 최근 국내에서 마약파티를 벌인 60명을 잡고 보니 모두 HIV에 감염되어 있었다는 끔찍한 뉴스[71]도 있었다[C형 간염 감염자(50%)와 HIV(13%) 감염자의 비율이 차이나는데, 통상 C형 간염 감염률(5~10%)이 HIV 감염률(0.3%)보다 훨씬 높기 때문이다].

기존의 모르핀보다 100배가량 강력한 마약인 펜타닐의 경우는 좀 특별하다. 각종 영상에서 펜타닐 중독자들이 마치 좀비처럼 기괴하게 걷는 모습을 보았을 것이다. 유튜브 〈닥터 프렌즈〉에서는 이에 대해 호흡 저하로 인한 저산소증으로 뇌 손상을 입었다고 설명했다. 좀 더 설명하자면, 펜타닐을 남용하면 부작용으로 호흡 저하가 발생한다. 마약 중독자의 경우 펜타닐을 과도하게 사용한다. 이로 인해 호흡이 저하되

그림 28 　미국 필라델피아 켄싱턴의 좀비 거리

어 몸에 산소가 부족해진다. 몸에 산소가 부족해지고 이산화탄소가 증가하면 인체는 극도의 통증을 느끼게 된다. 잠시 책을 덮고 숨을 참아보면 그 고통을 알 수 있다. 그런데 펜타닐은 호흡 곤란을 일으키는 동시에 호흡 곤란으로 인한 고통을 없애준다. 결국 만성적인 산소 부족으로 인해, 우리 몸에서 산소에 가장 예민한 부분인 뇌가 서서히 괴사한다. 뇌가 파괴되자 정상적인 걸음걸이가 불가능해져 마치 좀비처럼 걷게 된다.

　펜타닐의 부작용 중 하나인 근육 강직 또한 빼놓을 수 없다. 그리고 정신과 약의 대표적인 부작용 중의 하나로, 우리 몸에서 골격근의 긴장과 운동을 담당하는 신경로인 추체외로에 장애가 생기는 '추체외로 증후군'이 발생했을 가능성도 있다. 추체외로에 문제가 생기면 경직, 진전 등의 각종 운동 장애가 생기기 때문이다. 거기에다가 펜타닐 중독자는 이미 각종 마약을 이전부터 복용해 왔기에 여러 가지 약이 복합적으로 작용한 결과일 수도 있다. 펜타닐 중독자가 좀비처럼 걷는 이유는 아직 정확히 모른다. 하지만 마약을 하면 몸이 망가지는 것은 확실하다.

🔖 가족이 가장 먼저 안다

처음에는 어딘가 나사 하나가 풀려 삐걱거리는 모습이다. 옆에서 보면 일에 집중하지 못하고 이딘기에 정신이 팔려 있는 것 같다. 사람들이 "어디 아픈가?"라는 말부터 "좀 이상해졌다"라는 말까지 하기 시작한다. 마약을 하기 때문이다. 마약에 빠져 지내다 보면 정상적인 직장 생활을 하기가 어렵다. 회사에서 갑자기 버럭 소리를 지르거나, 문제가 되는 행동을 해서 결국 자의든 타의든 일을 그만두게 된다. 마약 의존자가 대부분 무직인 이유다.

마약중독자의 행동 변화를 가장 먼저 알아채는 사람은 가족이다. 아들이나 딸이 어딘가 이상하다. 계속 돈을 달라길래 왜 그러느냐고 묻다가 혹시 하는 생각이 들었을지도 모른다. 아니면 집을 청소하다가 쓰레기통에서 이상한 것을 발견했을 수도 있다.

"어떻게 내 딸(아들)이 마약을 할 수 있어!"

도저히 믿을 수 없는 사실에 분노가 치밀어 오른다. 부모가 자식에게 받을 수 있는 충격 중 두 번째로 큰 충격이다(첫 번째는 죽음이다). 마약을 들킨 자녀는 두 손을 싹싹 빌며 다시는 안 하겠다고 다짐한다. 그냥 호기심에서, 친구가 권해서 한번 해보았을 뿐 절대 중독이 아니라고 한다. 부모 입장에서는 경찰에 신고할 수도 없고, 누군가에게 털어놓고 상담하기도 어렵다. 마약은 범죄이기 때문이다. 어쩔 수 없이 자식의 말을 믿기로 한다. 아니, 믿을 수밖에 없다. 내 손으로 내 자식을 신고해서 감옥에 보낼 수는 없지 않은가?

부모로서는 온갖 생각을 다 한다. 언제부터 마약을 하게 되었을까? 무엇이 힘들었을까? 마약만 한 것일까? 혹시 끔찍한 일까지 저지른 것은 아닐까? 내가 부모로서 잘못한 것은 아닐까? 나 때문인 걸까? 안타깝게도 부모와 자식 간의 약속은 마약 앞에서 무용지물이 된다. 부모로서는 미치고 환장할 지경이다.

"왜 반성을 안 하지? 내가 그렇게 말했는데, 나와 그렇게 약속했는데."

모든 것을 잃어버리게 하는 그 악마 같은 것을 왜 못 끊는지 도무지 이해할 수 없다. 부모는 마약에 대해 잘 모르기 때문이다. 강제로 방에 가둬두면 얼마 지나지 않아 금단 증상으로 눈이 붉어진 아이가 핏대를 세우며 돈을 달라고, 약을 달라고, 밖으로 내보내 달라고 고통스럽게 소리친다. 품 안의 사랑스럽던 아이는 이제 내가 알지 못하는 괴물이 되었다. 아이는 감옥 아니면 치료 센터를 들락거릴 것이다.

심지어 '자식이 마약을 한다'는 소문이 직장과 이웃에 퍼져 나간다. 아이는 약을 끊지 못하고, 결국 부모마저 자식을 포기하게 된다. 마약 중독자는 몸도 잃고, 돈도 잃고, 사람도 잃는다. 자신이 마약을 한다는 소문을 듣고 접근해 오는 사람은 오직 마약 하는 사람뿐이다.

"제가 하루 종일 만나는 사람들의 90%가 중독자들이었지요."[72]

마약으로 인해 나와 내 세상이 무너져 버린 것이다. 천사의 탈을 쓰고 천국을 보여주던 마약은 나중에서야 본모습을 드러내고 사람을 지옥으로 이끈다. 마약중독자의 최종 목적지는 정해져 있다.

🔹 이제는 돈이 없다

무언가를 하는 데는 돈과 시간이 필요하다. 시간은 하루 24시간으로 정해져 있지만 돈은 정해져 있지 않다. 그래서 주로 시간보다는 돈 문제가 생긴다. 마약도 마찬가지다. 마약을 하면 중독도 문제지만 충동적으로 변해 돈을 마구 쓰기 시작한다. 쇼핑, 도박, 섹스까지. 직장에서는 이미 문제가 생기기 시작했거나, 자의든 타의든 퇴직한 상태라 어느 순간부터 돈이 나올 데가 없다. 마약에 중독되어 내성까지 생기면, 망가지는 몸이나 끊기는 인간관계보다 더 큰 문제가 생긴다. 마약을 하는 데 드는 돈이다.

"1회분이 0.03g(10만 원) 정도 되는데 한창 많이 할 때는 하루 동안 네 번에 걸쳐 0.84g을 투여한 적도 있었다."[73] 제대로 된 일을 할 수 없는 상태여서 수입도 거의 없다. 가진 모든 것을 판다. 차도 팔고 집도 판다. 그래도 부족하다. 가족과 친구에게 돈을 빌린다. 그것도 한두 번이지 몇 번 반복되면 아무도 나에게 돈을 빌려주지 않는다. 사채를 써도 얼마 못 가 한계에 달한다.

여자라면 상당수가 매춘을 택한다. 영국 국무부는 길거리 매춘 종사자의 95%가 마약중독자인 것으로 추산하고 있다.[74] 몸을 팔아 돈을 버는 건 매우 위험한 일이다. 매춘 자체가 불법이어서 신고가 어렵기 때문에 상대 남자가 돈을 주지 않거나 여자에게 각종 폭력을 행사한다. 심지어 강도로 변하기도 한다. 19세기 영국의 연쇄 살인범 잭 더 리퍼

Jack the Ripper가 희생자로 고른 것은 다섯 명의 매춘부였다. 20세기 미국의 연쇄 살인범 게리 리지웨이Gary Ridgway는 49명의 여성을 죽였는데 대부분 매춘부였다. 연쇄 살인범 유영철의 경우에도 피해자의 상당수가 매춘부였다. 그런데 매춘부인 여자가 마약까지 한다면? 가장 쉬운 범죄 대상이 된다.

당신은 지금 마약에 중독된 상태다. 거기에다가 저번에 겪은 금단 증상은 태어나서 겪은 모든 경험 중에서 가장 끔찍했다. 그런데 약을 구하지 못했다. 죽음보다 끔찍한 그 녀석이 찾아왔다. 손이 태풍 속의 나무처럼 벌벌 떨리며 온몸의 모든 구멍에서 체액이 쏟아진다. 콧물, 눈물, 땀, 심지어 구토와 설사까지. 더군다나 배수구로 물이 내려가는 것처럼 눈앞의 세상이 돌아간다. 가슴이 쿵쾅대며 언제라도 세상이 무너질 것같이 불안하다. 1분 1초가 고통스럽다. 마약이 급하다. 지금 당장 마약을 하지 않으면 죽을 것 같다. 살기 위해서는 무슨 짓이라도 해야 한다. 돈이 되는 모든 것을 판다. 그러다 더 이상 팔 것이 없으면 닥치는 대로 손에 뭔가를 들고 거리로 뛰쳐나간다. 내가 살기 위해서, 마약을 구하기 위해서 도둑질은 물론이고 강도나 살인도 서슴지 않는다. 미국에서 경찰에게 체포되는 사람의 4분의 1(26%)은 마약 때문이다.[75] 남자는 강도 짓을 하고, 여자는 몸을 판다. 금단 증상을 한 번이라도 겪은 마약중독자는 금단이라는 지옥의 문이 열리기 전에 약이 떨어질까 두려워 무슨 짓을 해서라도 미리 약을 구한다.

실제로 외국의 저소득층 마약중독자들은 마약을 사기 위해 흔히 범죄를 저지른다. 처음에는 가족의 돈과 물건으로 시작해 결국 남의 돈과 물건으로 이어진다. 미국과 유럽의 상점 절도, 주거침입 강도, 자동차 절도, 강도의 절대 다수가 마약 구입비를 마련하기 위해서[76] 벌어진 사건이었다. 미국 내 교도소 재소자의 3분의 1이 마약을 구하거나 마약 살 돈을 벌기 위해 범죄를 저지른 것으로 조사된 바 있다. 특히 재소자 6명 중 1명은 마약을 구하거나 돈을 벌기 위해 폭력적인 범죄를 저질렀다.[77]

"저는 도둑질, 강도, 매춘 외에도 마약을 하기 위해 모든 일을 했습니다. 또한 저는 도둑을 맞고, 강도를 당하기도 했으며, 영양실조에 걸렸고, 강간도 당했습니다. … 이대로 살다가는 저는 죽을 것입니다."[78]

치안이 좋은 한국에서는 상황이 다르다. 가뜩이나 좁은 땅에, 전 세계에서 CCTV가 가장 많은 나라에서 도둑이나 강도는 얼마 못 가 잡힌다. 더군다나 대부분 모든 것이 카드나 전자 결제로 이루어져 현금을 들고 다니는 사람도 거의 없다. 이런 상황에서 어떻게든 마약 할 돈을 구해야 한다. 그리고 손쉽게 돈 버는 방법이 바로 옆에 있다. 친구와 가족이 모두 떠나버리고 당신에게 남은 사람은 같은 마약중독자나 마약 딜러뿐이다.

"마약 하는 사람이 어느 순간엔가 주변을 둘러보면 95% 이상이 범죄에 관련된 사람만 남아 있어."[79] 마약중독자인 당신에게 누군가가 마약을 조금만 구해달라고 부탁한다. 그러면 당신은 약간의 수고비를 받고 마약을 판다. 처음부터 마약을 팔 생각은 없었을지도 모른다. 하지만 당장 급한 당신에게 마약 할 돈을 마련할 방법은 마약을 사고파는 것밖에 없다.

"형님, 약 좀 구해주십시오. … 100만 원을 주기에 30만 원은 내가 가지고, 판매상에 가서 약을 사다 줬지. 약을 줄 때도 내 몫으로 조금 덜고 주고, 내가 조금 떼어먹고 연결해 주기도 하고. 그렇게 시작하면 그게 알선이거든. 거기서 더 발전하면 판매가 되는 거야. 이게 모든 약쟁이가 겪는 일이야. 95%는 그렇게 갈 수밖에 없어."[80]

단순 투약에서 시작해 중독에 이르고 나중에는 결국 알선과 판매로 이어진다. 이제 마약중독자는 마약에 몸과 영혼을 빼앗긴 '피해자'에서 다른 이에게 마약을 퍼뜨리는 '가해자'로 변한다. 마약중독자(하선)에서 마약 판매상(상선)으로, 환자에서 범죄자로 탈바꿈하는 것이다.

"알선으로 나서면 한 번에 몇십만 원은 생기니까. 막일로 한 달 내내 일해서 150만 원 벌 생각을 안 하지."[81]

"약 파는 오빠한테 싸게 많이 떼다가 친구들한테 비싸게 팔아서 몇 천만 원을 벌기도 했어요."[82]

교도소에 있는 마약 사범을 대상으로 한 설문조사에서 27.5%(51명 중 14명)가 출소 후 취업이 안 되면 생계를 위해 '마약을 팔아서라도 생계비를 마련하겠다'고 답했다.[83] 설문조사에서도 이럴진대 실제로 사회에 나가 일이 없으면 다수가 마약을 팔아서라도 생계를 유지하거나 마약을 할 것이다. 마약 할 돈을 벌기 위해 범죄를 저지르다 잡히든, 마약을 하다가 잡히든 마약중독자는 적어도 한 번은 구치소나 감옥을 가게 된다. 감옥, 일명 큰집은 범죄자들의 학교다. 마약 사범에게는 더더욱 그렇다.

3장

결말:
지옥에서 끝나다

"당신이 코로 흡입하든, 복용하든,
항문에 밀어 넣든 결과는 동일하다.
바로 중독이다."

윌리엄 S. 버로스
William S. Burroughs

감옥, 마약 사관학교

마약은 범죄다. 하지만 마약을 하다 걸렸다고 해서 모두 감옥에 가는 것은 아니다. 치료 센터로 보내거나, 범죄 행위라는 사실만 주지시키고 처벌은 하지 않는 기소유예 등도 흔하다. 마약으로 재판까지 가는 사람은 대략 3분의 1 정도다. 2022년 한국의 마약류 사범은 1만 9,872명이었고, 이 중에 5,963명이 형사 재판을 받았다. 같은 해 마약으로 1심 재판에서 유죄 판결을 받은 4,618명 중 실형을 살게 된 사람은 2,253명이었다. 나머지는 집행유예(43%)나 벌금형(4.1%)을 선고받았다.[1]

해마다 차이는 있지만, 유죄가 확정되면 절반가량이 교도소에 들어가서 형을 산다. 징역형을 받은 사람 중에서는 1~3년이 55%로 제일 많고, 그다음은 1년 미만이 21%로 많다. 아무래도 재범 이상이 많아 징역을 사는 비율이 높다. 초범은 대개 집행유예로 풀려날 가능성이 높다. 한국에서 마약으로 교도소에 들어가면 영화에서 보는 것처럼 "어떻게 들어왔니?" 같은 자기소개를 할 필요가 없다. 교도소에서는 판매자와 투약자 구분 없이 마약 사범끼리 '향방'(마약 사범 수용 감방)에서 같이 생활하기 때문이다. 말하지 않아도 다들 약 때문에 온 것을 안다.

많은 마약 사범이 자신은 억울하다고 생각한다. 마약을 한다고 남에게 해를 입힌 것도 아니고 내가 내 돈으로 내 몸에 약을 주입한 것인데, 그것이 설령 해가 된다고 해도 건강에 나쁜 담배나 술과 뭐가 다르냐고 항변한다. 대표적인 이가 『브람스를 좋아하세요…Aimez-vous Brahms...』라는 소설을 쓴 프랑스 여류 소설가 프랑수아즈 사강Françoise Sagan이다. 그녀는 "(타인에게 해만 끼치지 않는다면) 나는 나를 파괴할 권리가 있다J'ai bien le droit de me détruire"라는 주장을 펼치기도 했다. 앞에서 말했듯이 상당수의 마약 투여자는 자신이 마약은 했지만 마약중독자는 아니라고 주장한다.

마약 수사는 한 명을 잡는 것보다 그 한 명을 통해 판매책과 유통책을 모조리 검거하는 것을 목표로 한다. 또한 단순 투약자는 5년 이하의 징역 또는 5,000만 원 이하의 벌금[2]에 처하지만 유통, 매매, 밀수를 한 자는 5년 이상 또는 무기징역[3]으로 훨씬 더 엄격하게 처벌한다. 따라서 검거된 마약 판매 사범은 자신의 형량을 낮추기 위해 수사에 최대한 협조해 줄줄이 분다. 일명 '내린다'고 한다. 마약 판매 사범의 진술이라는 확실한 물증이 있는 상황에서 잡혀 온 마약 투약자는 자신이 마약을 한 것이 잘못이라고 생각하지 않는다. 오히려 판매 사범이 자기만 살려고 모두 진술하는 바람에 자신이 억울하게 잡혀 왔다고 여긴다. 거기에다가 나 말고 수많은 사람이 마약을 하는데 나만 처벌을 받는 건 불공평하다고 생각한다.

마약 투약자나 중독자는 재판을 받을 때 무조건 다시는 약을 안 하겠다고 한다. 아무리 중독자라도 나가서 즉시 약을 하겠다고 판사 앞에서 말할 사람은 아무도 없다. 다시는 약을 안 하겠다는 말은 대개 사건에서 빨리 벗어나려고 하는 거짓말이다.[4] 실제로 정신의료기관의 치료를 받는 이유 중 하나는 재판에서 좋은 판결을 받기 위해서였다.[5] 감옥에서는 마약을 할 수 없다. 먹을 것이 없어 배가 고픈데 음식 이야기를 하면 입에 잠시 침이 고이듯, 감옥에 갇혀 마약을 하지 못하는 상황에서 마약 이야기를 하면 잠시 소량의 도파민이 분비된다.

"교도소엔 약이 없으니 모여서 말로 약을 하는 거야. 약 얘기를 하며 서로 자극을 줘서 도파민이 조금 올라오는 그 기분을 느끼는 거야. … 약을 한 것과 비슷한 효과가 난다."[6]

그렇게 버티는 것이다. '향방(마약 사범 수용 감방)'에서 다양한 마약 이야기를 하면서 사람들은 마약에 대해 새로운 세계를 알게 된다. 재판에서 다시는 안 하겠다고 했지만, 실제로 학교(감옥)에서 다채로운 체험과 정보를 나누면서, 출소해서는 마약을 하되 다시는 발각되지 않도록 각별히 유의하게 된다.[7] 새로운 종류의 마약, 최신 경향, 약을 할 때 주의할 점, 더 싸게 더 많은 양을 구입하는 방법, 법망을 피해 가는 방법은 물론이고 잡혔을 때 형량을 더 적게 받는 방법까지 마약에 대한 모든 정보를 공유한다.

마약을 하는 사람은 늘 조심해야 한다. 마약을 판다는 핑계로 경찰이 함정 수사를 펼치고 있을 수도 있다. 거기에다가 약은 직접 하기 전까지 진짜인지 가짜인지 알 수 없기에 가짜 약이나 낮은 품질의 약을 파는 놈들도 있다. 가짜 약, 일명 '똥술'을 판다고 어디에 신고할 수도 없다. 불순물이라도 섞여 있으면 감염이 되거나, 과도한 용량일 경우 즉시 사망할 수도 있다. 또한 약을 사러 갔다가 약을 사기는커녕 강도를 당해 돈만 털릴 위험도 있다. 역설적이게도 마약을 하는 사람들 사이에서 제일 중요한 게 상대방에 대한 신뢰다. 마약을 하는 이들은 감방에서 오랜 시간 함께 생활하면서 서로 간에 믿음을 쌓으며 동료이자 친구가 된다.

"약을 처음 시작했을 때는 온갖 수소문 끝에 알게 된 판매자에게 시세보다 비싼 가격에 샀는데, 구치소를 다녀온 뒤에는 밖에서 다시 만난 감방 동료들이 공짜로 약을 많이 줬고 구입할 때도 훨씬 값이 싸졌어요."[8] 그렇게 감방에서 알선자, 판매책 등의 연락처를 빼곡히 노트에 적어서 출소하게 된다. 영업비밀을 손에 넣게 된 것이다. 그리고 출소하면 먼저 나와 있던 감방 동료가 고생했다고 바로 작대기(히로뽕이 담긴 주사기) 하나를 주기도 한다. 이른바, '출소뽕'[9]이다. 범죄자들이 감방을 학교라고 부르는 데는 다 이유가 있다. 특히 정보와 인맥이 중요한 마약 사범들은 교정 시설을 마약 사관학교라고 부른다. "수감되었을 당시만 하더라도 그저 억울하다는 생각뿐이었습니다. 출감하면 '크게 한탕 해야지' 하는 생각만 하고 있었지요."[10]

환각에서 살인까지

2016년 8월 21일, 대전 유성구의 한 아파트에 살던 19세 A 씨는 미래가 유망한 학생이었다. 미국인 아버지와 한국인 어머니 사이에서 태어난 A 씨는 국내 외국인학교를 우수한 성적으로 졸업한 뒤 미국 명문대 입학 허가를 받고 보름 뒤 출국을 앞두고 있었다(한국은 3월에 새 학년이 시작되지만 미국은 9월에 새 학년이 시작된다). 하루는 이모가 집에 놀러 왔는데, 진짜 이모가 아니라 자신을 죽이려고 이모로 위장한 가짜였다. 더군다나 집에 함께 있던 엄마와 아빠도 이모와 같은 가짜였다. 이에 그는 자신을 지키려고 부엌에서 식칼을 꺼내 먼저 이모(60)부터 수차례 찔렀다. 이를 말리던 엄마(52)에게도 칼을 휘둘렀다. 두려움에 떨던 아버지는 방으로 피신해 문을 걸어 잠그고 경찰에 신고했다. 심지어 A 씨는 신고를 받고 출동한 경찰에게마저 복부와 다리를 걸어차는 등의 폭행을 가했다. 끝내 A 씨는 경찰에 잡혀 재판을 받게 되었다. 하지만 믿을 수 없는 판결이 떨어졌다. 모친을 죽인 존속 살해와 이모를 죽인 살인, 거기에다가 경찰에게 폭행을 가한 공무집행방해 모두에 대해 법원이 무죄를 선고한 것이다. A 씨가 유일하게 유죄로 선고받은 것은 마약관리법 위반이었다.

A 씨는 "집안 전체에서 여러 목소리가 들렸고, 그 목소리가 나를 조종하고 있다는 생각이 들었다. 어머니와 이모를 찌르는 순간이 기억은 나는데 로봇으로 생각돼 깜짝 놀라 뒤로 물러났다. 그런데 이후 저절

로 내 몸이 어머니와 이모를 찔렀다"[11]라고 진술했다. 그가 어머니와 이모를 죽이게 된 것은 친구와 모텔에서 한 LSD 때문이었다. 미국으로 유학을 가기로 결정되어 마음이 들떴던 A 씨는 모텔에서 친구가 좋은 거라고 건넨 LSD를 했다. 그것도 사건 당일이 아니라 10일 전에 딱 두 번 한 것이 전부였다. 그리고 A 씨는 운이 매우 나빴다.

환각제로 인한 환각은 사람에 따라 극과 극의 체험을 한다. 지독히 불쾌한 경험을 하는 경우도 흔하다. 앞서 언급했듯이 경험하기 전까지는 어떤 환각을 겪게 될지 알 수 없다. LSD는 대략 6~12시간 정도 지속된다. 일부 사람에게서는 환각이 며칠씩 지속되기도 한다. 심지어 약을 끊고 1년이 지났는데도 갑자기 환각이 생기는 플래시백 증상이 나타나기도 한다. 하필이면 이모가 찾아왔을 때 A 씨에게 플래시백 증상이 나타났다. 가짜 이모와 가짜 부모가 자신을 해치려 한다는 피해망상에 사로잡힌 A 씨는 자신을 지키기 위해 칼을 휘둘렀고 결국 이모와 엄마를 살해했다.

이에 변호인은 A 씨가 범행 당시 환각 상태에 빠져 선악을 합리적으로 판단하지 못하고 자신의 행위를 통제할 수 없는 심신상실 상태에 있었다고 주장했다. 법원도 이를 인정해 마약 투약 혐의에 대해서만 징역 2년과 치료 감호를 선고했다.

도쿄 지하철 독가스(사린 가스) 사건의 주모자인 옴진리교의 교주 아사하라 쇼코麻原彰晃도 상당량의 LSD를 투여하며 환각과 과대망상증에 빠져 있었던 것으로 알려져 있다. LSD에 의한 환각과 과대망상으로 인해 벌어진 테러 때문에 14명이 사망하고 6,300명이 다쳤다. 이 외에

그림 29 LSD에 빠져 있던 옴진리교 교주 아사하라 쇼코. 도쿄 지하철 테러를 일으켜 일본 사회를 충격과 공포에 빠뜨렸다.

도 마약을 투여해 환각을 겪거나 극도로 흥분한 상태에서 교통사고를 내거나, 다른 이를 폭행하거나 살해하는 경우가 심심치 않게 발생한다. 모두 마약 때문이다.

마약도 권장량이 있나요?

술병을 보자. 술병에 붙은 스티커에는 알코올 농도부터 첨가물과 비율까지 빽빽하게 적혀 있다. 아예 재료의 원산지까지 표기되어 있다. 하지만 마약은 다르다. 성분이나 원산지가 적힌 마약은 단 하나도 없다. 또한 마약의 특성상 단속과 검거 등으로 인해 원산지와 유통업자, 판매자가 수시로 바뀐다. 그러다 보니 마약의 농도나 품질이 일정하지 못하다. 코카인 같은 경우 연도에 따라 순도가 최저 36%에서 63%까지 변한다.[12] 소주로 치면 도수가 14도에서 25도까지 들쑥날쑥한 것이다. 또한 마약을 합성·제조하는 과정에서 어떤 불순물이 얼마나 들어갔는지 아무도 모른다.

필로폰이나 코카인은 1회 투여량이 30mg, 그러니까 0.03g이다. 커피에 넣는 3g짜리 각설탕 한 개는 필로폰이나 코카인을 100번 투여할 수 있는 용량이다. 앞서 말했듯이 마약은 하다 보면 내성이 생겨 같은 효과를 내려면 더 많은 약을 투여해야 한다. 한 필로폰 중독자는 1회 용량 0.03g의 7배인 0.21g을 한 번에 투여하기도 했다. 나의 경우 말기 암 환자에게 통증 조절을 위해 1회 용량이 10mg인 모르핀을 50mg에서 100mg까지 주기도 했다.

당신은 마약중독자다. 내성으로 인해 어지간한 양으로는 효과가 나타나지 않는다. 환청과 환시를 겪고 있어 눈앞이 흐릿흐릿하고, 손은 마구 떨린다. 거기에다가 지금 당장 약을 하지 않으면 죽을 것 같다. 마약을 조금이라도 더 싸게 사기 위해 1회 분량인 0.03g이 아니라 1g 단위로 샀기 때문에 이를 소량으로 나눠야 한다. 쉽지 않다. 당장 급한 마음에 저울 따위는 쓰지 않고 어림짐작으로 대충 약을 투여한다. 적게 투여했는지, 약의 순도가 달라졌는지 효과가 전혀 나타나지 않는다. 이번에는 2배, 아니 3배로 투여한다. 마약을 하다 보면 시간 개념이 없어진다. 방금 전에 했는지, 하루 전에 했는지 기억이 잘 나지 않는다. 하고, 또 하고, 또 한다. 술을 마시다 보면 어느 순간부터 얼마나 마셨는지 모르고 계속 마시는 것처럼 그렇게 마약을 계속하게 되는 것이다. 그 결과가 과다 복용이나 약물 부작용으로 인한 사망이다.

원래 약이란 게 용량이 늘어날수록 위험성이 높아진다. 용량과는 별도로 부작용이 발생하기도 한다. 모르핀이나 헤로인이나 펜타닐이라면 호흡 저하, 코카인이라면 심근경색일 가능성이 높다. 보통 사람이라면 숨이 막히는 극심한 고통을 느끼고 즉시 119에 신고했을 것이다. 하지만 당신은 마약을 하고 있어서 별다른 통증을 느끼지 못한다. 게다가 당신은 마약을 하고 있기에 정작 아파도 119에 신고하기가 어렵다. 옆에 누군가가 있다면 즉시 119에 신고하고 도움을 청하겠지만 오랜 마약중독자의 경우 대부분 혼자서 약을 한다. 운 좋게 누군가 있어도 어차피 같은 마약중독자다. 마약으로 자신만의 세계에 빠져 옆에서 다른 누군가가 죽어가는 것도 모른다. 마약은 둘이 하다 하나가 죽어도 모른다. 그렇게 약을 하다 자신이 죽어가는 줄도 모르고 목숨을 잃는다.

팝의 여왕 휘트니 휴스턴Whitney Houston은 2012년 만 48세의 나이로 베벌리힐스에 있는 호텔 욕조 안에서 사망한 채 발견되었다. 그녀의 몸에서 마리화나, 신경안정제인 알프라졸람(상품명: 자낙스Xanax), 근육이완제인 시클로벤자프린cyclobenzaprine(상품명: 플렉세릴Flexeril), 알레르기 약이자 수면 보조제로 사용하는 디펜히드라민diphenhydramine(상품명: 베나드릴Benadryl), 코카인 등이 검출되었다. 로스앤젤레스 군 검시관은 공식 사인을 코카인으로 인한 심근경색과 익사로 발표했다.[13] 그리고 3년 후인 2015년 그녀의 유일한 친혈육인 외동딸 또한 마약 과다복용으로 욕조에서 의식불명 상태로 발견되었고, 심한 뇌 손상으로 치료를 받다 결국 사망했다. 팝의 황제 마이클 잭슨Michael Jackson 또한 평소 많은 양의 신경안정제와 프로포폴을 맞고 있었던 것으로 추정된다. 사망 당일에도 수면을 위해 신경안정제인 로라제팜을 맞았지만 잠이 오지 않자 프로포폴을 더 맞았고, 그때 발생한 급성 호흡 마비로 사망했다.

마약과 관련해 가장 불행한 이는 영화 〈오즈의 마법사The Wizard of Oz〉의 주인공 도로시 역의 주디 갈런드Judy Garland다. 12세에 영화 〈피그스킨 퍼레이드Pigskin Parade〉에 출연한 그녀는 16세가 되던 1939년에 주인공 역할을 맡은 〈오즈의 마법사〉가 대히트를 치면서 일약 스타덤에 올랐다. 하지만 그것이 불행한 삶의 시작이었다. 당시 그녀의 어머니와 영화 제작사인 메트로 골드윈 메이어MGM는 그녀가 뚱뚱하다며 굶기고 담배를 피우게 하는 등 학대하는 것으로도 모자라 그녀에게 각성제인 암페타민을 먹여가며 밤새 촬영했다. 휴식 시간에는 당시 수면제로 사용하던 바비튜레이트barbiturate를 먹여 억지로 재웠다. 자지 못하게 각성제를 먹였다가 다시 재우려고 수면제를 먹이는 말도 안 되는 상황이 벌어진 것이다. 그뿐만이 아니었다. 10대 때 그녀는 영화 제작사 메트로 골드윈 메이어의 고위 간부에게 성 접대까지 한 것으로 밝혀져 충격을 주었다.[14]

〈오즈의 마법사〉에 이어 〈뉘른베르크 재판Judgement at Nuremberg〉 등으로 이어지는 가수와 배우로서의 그녀의 삶은 더없이 화려했다. 하지만 동시에, 어렸을 때부터 겪은 성 접대와 약물중독에 의한 신경쇠약, 자살 시도 등으로 그녀의 삶은 황폐하기 그지없었다. 〈오즈의 마법사〉에서 도로시는 토네이도에 휩쓸린 후 다시 집으로 돌아올 수 있었다. 하지만 주디 갈런드에게는 자신이 부른 노래 제목인 '무지개 너

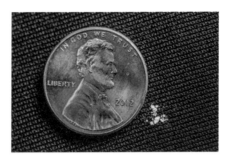

그림 30　미국 1센트 동전(지름 19.05mm)과 펜타닐 치사량(2mg) 비교

머'Over the rainbow'의 그곳이 없었다. 다섯 번의 결혼과 네 번의 이혼 끝에 1969년 6월 22일 런던의 허름한 자택에서 47세의 나이로 사망한 채 발견되었다. 사인은 약물 과다. 그녀가 10대 때부터 중독되었던 수면제인 바비튜레이트 과다 복용이 원인이었다.[15]

　이미 약에 내성이 생긴 사람은 과도한 용량을 투여하고 있어서, 사망 후 체내에서 검출된 약의 농도가 매우 높게 나온다. 그렇기에 마약을 하다 사망한 경우에는 과도한 용량으로 인한 사망인지, 언제든지 갑작스럽게 발생할 수 있는 약의 부작용으로 인한 사망인지를 감별하기가 쉽지 않다. 거기에다가 실수로 약을 과도하게 투여했는지, 고의로 약을 과도하게 투여했는지도 알기 어렵다. 완전범죄를 위해 중독자에게 마약을 과량 투여해 살해하는 장면을 영화에서 가끔 볼 수 있다.

　최근에 등장한 펜타닐은 다른 마약에 비해 더 치명적이다. 앞서 말한 코카인과 필로폰의 1회 투여량은 30mg, 모르핀은 10mg이다. 펜타닐의 1회 투여량은 다른 마약의 수백분의 1에 해당하는 0.05~0.1mg이다. 치사량은 2mg이다. 모르핀 1회 투여량의 5분의 1, 필로폰 1회 투여량의

15분의 1만 투여해도 사망한다. 2021년 미국에서 약물 과다 복용으로 사망한 10만 7,622명 중 무려 3분의 2가 펜타닐과 관련되어 있는 이유가 바로 이 때문이다. 그런데 과연 마약 및 향정신성 약물 과용으로 인한 사망은 단순 실수였을까?

마지막으로 딱 한 번

사람이 자살하는 이유는 크게 네 가지다.

  1. 빈곤, 빚, 사업 실패 같은 경제적 문제

  2. 장애, 발병, 지병 등의 신체적 문제

  3. 우울증, 외로움, 정신질환, 약물중독 및 남용 등의 심리적 문제

  4. 이혼, 결별, 불화 등의 가족이나 관계 문제[16]

자살 사망자의 90%가 정신질환을 한 가지 이상 가지고 있다. 자살자의 50%가 자살 시도 당시 술에 취한 상태였다는 보고도 있다. 알코올중독자 5명 중 1명(18%)이 자살로 사망한다.[17] 알코올중독자가 이럴진대 알코올보다 더 심한 마약중독자의 경우는 정확한 연구조차 없다. 거기에다가 대다수의 마약중독자는 자살하는 네 가지 이유를 모두 가지고 있다. 가난하고, 몸이 아프고, 약물중독으로 인해 인간관계마저 단절되어 있다. 그 결과 마약중독자의 상당수가 자살로 생을 마감

한다. 살아 있는 마약 치료자 540명을 대상으로 한 설문조사에서 10명 중 4명이 확실한 자살 행동을 했고, 10명 중 6명은 치밀한 자살 계획을 세운 것으로 나타났다.[18] 마약을 하다 우연히 거울에 비친 자신의 모습을 보았는지도 모른다. 얼굴이 초췌하다 못해 해골만 남고, 피부는 마구 긁은 데다 더러운 주사기를 사용해 혈관염이 생겨 성한 곳이 없다. 눈은 충혈되어 피눈물이 나올 것 같다. 한때 젊음을 뿜어냈던 젊은이는 사라지고 이제 죽음의 기운을 풍기는 마약쟁이가 있다.

거울 속 자신의 모습에서 눈을 돌려 주위를 살펴본다. 쓰레기가 가득한 허름한 모텔이거나 더러운 화장실, 그것도 아니면 길거리다. 옆에는 아무도 없다. 산송장이나 다름없는 자신뿐. 꿈과 희망과 미래가 있던 그런 시절이 있었던 것 같기도 한데 희미하다. 확실한 건 바로 눈앞에 있는 악취를 내뿜는 쓰레기와, 쓰레기 같은 현재의 자신뿐이다. 언제까지 이렇게 살 수는 없다는 생각이 문득 든다. 하지만 자신에게 남아 있는 것은 걷기조차 힘든 병든 몸과, 짙은 안개가 자욱한 것 같은 흐릿한 정신뿐이다. 비참한 현실을 잊기 위해 선택할 수 있는 것은 마약이다. 약만 하면 언제 그랬냐는 듯이 모든 것을 잊을 수 있다.

"… 모든 걸 잃어버렸다는 상실감과 좌절감, 그리고 이를 악물고 약물의 유혹을 이겨가는 데서 오는 극도의 스트레스와 우울증. 절망의 찌꺼기들을 잠시나마 녹여버리고 싶었습니다. 그래서 다시 필로폰을…."[19] 그러다 문득 결심했을지도 모른다. 앞으로 다시는 마약을 하지 않기로. 아니다. 마지막으로 딱 한 번만 마약을 하기로 한다. 평소의 5배, 10배로.

일반적인 상식과 달리, 자살하는 경우에는 보통 유서를 남기지 않는다. 미국의 경우 자살자 5~6명 중에서 1명 정도만이 유서를 남긴다고 조사되었다. 우리나라 경찰 수사 기록 분석에 따르면 자살자 10명 중 7명(69%)이 유서를 남기지 않는다. 또 자살을 계획적으로 시도하지 않고 충동적으로 시도한다. 자살 시도로 병원 응급실에 실려 온 환자 중 면담이 가능했던 사람들을 대상으로 한 질문에서 전체 응답자의 56.2%가 충동적으로 자살을 시도했다고 답했다.[20] 스스로 목숨을 끊으려고 하는 사람들이 주로 선택하는 방법은 음독이다. 한국에서는 그 비율이 무려 60%가 넘는다. 음독한 남자 3명 중 2명이 약을 먹고 1명은 농약을 먹는다. 여자는 8명 중 7명이 약을 먹고 1명은 농약을 먹는다.[21] 미국도 한국과 다르지 않아서, 자살을 시도한 사람의 53.2%가 약을 먹는다.[22]

사람들은 자살하기 위해서 자신이 다니던 병원에서 처방을 받은 수면제나 신경안정제, 정신과 약을 다량 복용한다. 하지만 사람들의 생각과는 달리 극소수의 약이나 독극물을 제외하고는 약을 먹어도 쉽게 죽지 않는다. 특히 신경안정제나 수면제로 널리 쓰이는 벤조디아제핀계 약은 아무리 많이 먹어도 거의 죽지 않는다.[23] 미국의 한 논문[24]에 따르면 음독 치사율은 겨우 1.5%다. 100명 중 1~2명이 목숨을 잃는 것이다. 이 통계는 자살 시도로 응급실을 내원했던 사람들 중에서 사망자를 집계한 것으로, 약을 먹고도 응급실에 오지 않는 경우를 포함하면 실제 치사율은 더 낮을 것으로 추정된다.

하지만 신경안정제 대신 마약을 선택할 경우 죽을 가능성은 비약적으로 높아진다. 펜타닐 같은 경우는 말할 것도 없다. 그러니까 마약 과다 투여로 인한 사망 중 일부는 실수가 아니라 고의로 과량을 투여해 자살한 것이다. 어차피 가족도 다 떠나갔고 아무도 나를 신경 쓰지 않기에 유서조차 남기지 않는다. 따라서 마약으로 자살한 사람의 상당수가 단순 약물 과다 투여로 인한 사망으로 판정된다.

마약을 시작하게 되면 삶이 송두리째 추락한다. 얼마 안 가 돈이 바닥나고, 살이 빠지다 못해 근육까지 사라지고, 친구는 물론이고 가족마저 모두 떠나간다. 감옥, 치료 시설, 재발을 반복한다. 떨어지고 떨어져서 더 이상 추락할 수 없는 곳까지 떨어진다. 결국 마약의 끝은 감옥, 응급실, 약물 과용으로 인한 사망, 그것도 아니면 자살이다.

마약은 저주받은 마법이다. 몸이나 마음이 아파서, 혹은 호기심이나 유혹 등의 이유로 시작해 잠시 천국을 경험할지 모른다. 하지만 그 끝은 언제나 헤어 나올 수 없는 지옥이다.

4장

희망은 있는가?

"다른 길은 없다.
다른 방법도 없다.
오늘 끊지 않으면 안 된다."

조너선 라슨
Jonathan Larson

범죄자와 환자 사이

내가 SNS에 마약에 대한 글을 처음 올렸을 때 사람들의 반응이 뜨거웠다. "덕분에 마약에 대해서 잘 알고 갑니다", "전혀 알지 못했던 내용이네요", "연예인이 마약을 하면 손가락질만 하곤 했는데 조금이나마 그 이유를 알게 되는 것 같습니다." 그 댓글들이 지금의 이 책을 쓰게 만들었다.

그중에는 미국에서 중독 치료를 전문으로 하는 정신과 의사가 남긴 댓글도 있었다. "사람들에게 경각심을 가지게 하려는 취지의 글이라는 것을 충분히 공감합니다. 다만 마약중독자들이 치료를 받고 나을 수 있다는 점을 강조해 주셨으면 좋겠습니다." 그분이 우려하는 바를 충분히 이해할 수 있었다. 기존에 마약을 한 사람이나 마약중독자, 약을 끊기 위해 노력하는 사람은 내 책을 읽고 좌절할 수 있다. 또한 독자들이 마약을 한 사람이나 마약중독자를 이해하기보다는 그들에게 사회적인 낙인을 찍을 가능성이 커진다.

계속 이야기하지만, 마약을 일단 한 번이라도 하면 끊기가 매우 어렵다. 마약의 끝은 감옥, 병원, 약물 과다 사용으로 인한 사망, 자살 넷 중 하나다. 이 책을 읽은 사람은 마약에 대한 호기심보다는 경계심을 갖게 되고, 우연히 마약을 접하더라도 두려움과 거부감으로 "NO"라고 말할 것이다. 그게 내가 이 글을 쓴 가장 큰 이유다. 마약에 대한 올바른 지식과 정보를 전달하는 동시에, 호기심으로 마약을 시작하는 것을 막기 위해서다. 다만 일반인이 마약 하는 사람을 '범죄자'나 '잠재적 범죄자'로 낙인찍거나, 약을 못 끊을 것이라고 예단할 수 있다. 사람들의 이러한 시선은 마약을 끊으려고 노력하는 사람들을 힘들게 할 수도 있다.

반대로 마약 하는 사람을 범죄자로 보지 않고 환자로 본다면 이들이 더 쉽게 치료를 받아 약을 끊는 데 도움이 될 수 있다(계속 말하지만, 마약을 끊는 것은 단순히 의지로 해결되는 문제가 아니다. 적극적인 치료가 필요하다). 다만 일반인에게는 마약에 대한 경계심이 낮아질 수 있다. 마약을 하는 사람들도 '나는 범죄를 저지른 게 아니라 아플 뿐이야'라고 생각하며 치료 의지가 약해지거나 자신의 잘못을 인정하지 않을 수 있다.

마약을 하는 사람은 범죄자인 동시에 환자다. 절대로 마약을 해서는 안 되지만, 만약 마약을 하고 있다면 치료를 받아야 한다. 다리가 부러지면 우리는 수술을 받거나 깁스를 한다. 아무런 치료도 없이 단순히 의지만으로 걸을 수 있는 게 아니다. 나중에 깁스를 푼다고 해도 바로 예전처럼 뛸 수는 없다. 뼈뿐만 아니라 근육이 약해진 상태에서 잘못하다가 넘어지면 간신히 붙은 뼈가 다시 부러질 수 있다. 예전처럼 완벽하게 걸으려면 천천히 힘을 주는 것부터 시작해 6개월에서 1년 정도의 재활 치료가 필요하다. 마약 또한 마찬가지다. 단순히 의지만으로 끊을 수 없다. 전문적인 의학적 치료가 필요하다. 증상이 심할 경우 2~3주 정도의 입원 치료가 필요하고 이어지는 외래 치료는 필수다. 약을 끊고 1년 정도 지나면 손상된 뇌와 신경 구조가 어느 정도 회복된다. 가족과의 관계, 경제적인 문제 등을 회복하기 위해 각종 재활 치료가 필요하다. 이런 재활 치료가 없으면 또 넘어져 다칠 수 있다. 의학적인 치료와 함께 재활이 필수다.

절망의 끝, 희망의 시작

담배를 피우는 사람들은 언제 금연을 결심할까? 주로 50대에 몸이 아프거나 심각한 질환에 걸렸을 때다. 그러면 마약 하는 이들은 언제 약을 끊을 결심을 할까? 보건복지부 국립정신건강센터 조사에 따르면, 새 삶을 꾸려야겠다는 생각(앞으로 더 이상 이렇게 살 수 없어서)이 들 때가 36.9%(복수 응답 포함)로 가장 많았다. 그다음으로 정신이 이상해졌거나 몸이 너무 망가진 것 같아서가 29%, 징역형을 피하기 위해서(교도소가 지겨워서)가 18.8%였다.[1]

담배를 끊을 수 있을까? 끊을 수는 있다. 하지만 어렵다. 담배는 평생 참는 것이라고 금연에 성공한 사람들은 말한다. 담배를 끊고 잘 지내다가도 술을 마시거나, 스트레스를 받거나, 담배를 피우는 사람들과 어울리면 '딱 한 번은 괜찮겠지'라는 생각에 나도 모르게 손이 간다. 뇌에는 '술=담배'로 입력되어 있기 때문에, 술을 마시면 자연스럽게 담배가 생각난다. 스트레스를 받을 때도 '옛날'로 돌아가고 싶어진다.

마약은 담배보다 더 심하다. 욕구와 갈망이 수시로 치솟는다(이를 '똥 마렵다'고 한다). 마약의 쾌감은 워낙 강렬해 단 한 번으로도 영원히 잊을 수 없는 기억이 된다. 게다가 고통스러운 금단 증상까지 있다. 그렇기에 약을 끊는 것이 쉽지 않다. 국내 마약류 사범의 재범률은 매년 35~40%에 달하고, 마약 사범의 재복역률은 45.8%로 범죄자 평균 재복역률(26.6%)의 2배에 이른다.[2] 마약 범죄는 다른 범죄에 비해 빠른 시간 안에 다시 범해지는 특성을 보인다.[3] 그만큼 마약을 끊기가 쉽지 않다. 많은 연예인이 자신의 모든 것을 잃을 것을 알면서도 마약을 한다. 심지어 구속되고 풀려나서도 마약을 끊지 못한다.

작곡가이자 가수인 한 남성 연예인의 경우 최근 마약 투약 혐의 외에도 이미 마약류 전과가 무려 3회나 더 있었다.[4] 앞서 언급한 바 있는 한 여배우 또한 1983년, 1986년 필로폰 투약과 1989년, 1994년, 2004년 세 차례 대마초 흡연으로 총 다섯 번의 전과가 있었다. 유력 정치인의 장남은 필로폰 투약 혐의로 체포됐다가 풀려난 지 5일 만에 다시 마약을 했다. 경찰의 조사를 받고 있는 중에도 참지 못하고 마약을 한 것이다. 마약을 하지 않는 사람은 알 수 없겠지만, 경찰 조사가 끝나자마자 당장 마약을 해야 할 정도로 중독은 무섭다.

마약성 진통제나 헤로인, 펜타닐의 경우 날록손naloxone, 부프레노르핀buprenorphine, 메타돈 같은 치료제가 있다. 하지만 한국에서 가장 많이 하는 히로뽕의 경우에는 마땅한 치료제가 없다. 알코올이나 헤로인, 펜타닐 같은 다운 계열의 중독자는 말 그대로 '다운'되어 있기 때문에 그래도 치료가 쉬운 편이다. 하지만 히로뽕 환자는 심각한 환각과 누군가가 나를 해치려 한다는 피해망상, 세상의 것들이 나와 밀접한 연관이 있다는 관계망상까지 있어 위험하고 공격적인 행동을 보인다. 이 때문에 환자는 물론이고 치료하는 의료진도 매우 힘들다. 한국에서 가장 많은 마약중독 환자를 치료하고 있는 인천참사랑병원의 천영훈 원장은 한 인터뷰에서 "정신분열병 환자 열 명 몫을 알코올중독 환자 한 명이 하고, 알코올중독 환자 열 명 몫을 성격장애 환자 한 명이 하며, 성격장애 환자 열 명 몫을 마약중독 환자 한 명이 한다"[5]며 마약중독자가 정신병원에서도 가장 까다롭고 치료하기 어렵다고 밝혔다.

히로뽕 중독 환자가 병원에 입원하면 최대한 수액을 많이 맞으며 몸에 있는 메스암페타민의 농도를 낮추는 해독 치료를 시작한다. 불면, 우울, 금단 등의 다양한 증상이 나타날 때마다 이에 맞춰 신경안정제 등을 이용해 증상을 완화한다. 그러면서 다양한 동기 강화 및 인지 행동 치료를 시행한다.

치료를 받은 중독자들은 대부분 약을 끊을 결심을 하는데 100명 중 92명이 약을 끊는다. 다만 오래가지 않는다. 1년 이상 단약에 성공하는 사람은 겨우 36.9%다.[6] 이것조차도 전문적인 치료를 받았을 때다. 다시 약을 하고 재발해서 치료를 받는다. 어떤 이는 죽어서야 약을 끊을 수 있다고도 말한다. 치료나 도움 없이 혼자만의 의지로 끊는 것은 사실상 "전무하다."[7]

강한 의지로 어렵게 치료를 받아 약을 끊고 금단 증상에서 벗어나도 더 큰 문제가 남아 있다. 바로 일상생활이다. 몸은 예전 같지 않고, 인간관계는 파탄이 나 있다. 힘들게 마약을 참고 있더라도 약과 관련된 사람을 만나거나, 약을 했던 상황에 처하거나, 약을 주로 한 장소에 가면 갈망이 요동치기 시작한다. 이전에 마약을 했던 모든 상황, 즉 스트레스를 받거나, 기분이 좋거나, 섹스를 하거나, 몸이 아프거나, 술을 마시거나, 클럽에 가거나, 특정 친구를 만나는 것이 모두 마약에 대한 욕구를 끓어오르게 한다. 약을 끊으려면 약과 관련된 모든 상황과 장소와 사람을 끊어야 한다. 하지만 마약중독자에게 남은 사람이라고는 마약과 관련된 자들뿐이다. 더욱이 금단 증상과 우울감에 지루함까지 괴롭힌다. 제대로 된 직장이나 모아 둔 돈도 있을 리 만무하다. 새로 시작하려는 삶조차 쉽지 않다.

"출소하면 제일 어려운 점이 경제력이야…"[8]

마약 때문에 가족이나 친구들과 관계가 파탄 나서 도움받을 사람도 없고, 몸도 좋지 않아 제대로 된 일을 하기도 힘들다. 비참하다. 눈앞의 현실을 잊기 위해 가장 손쉬운, 옛날 방법을 찾는다. 바로 약이다. 나는 인터뷰 중에 천영훈 원장님에게 물어보았다.

"같은 의사지만 저는 이렇게 힘든 일을 못 할 것 같습니다. 원장님은 어떻게 이런 환자들을 보시나요?"

"짧게는 1주에서 길게는 2~3주만 치료를 받으면 확실히 호전됩니다. 정말 드라마틱하게 한 사람의 삶이 완전히 변합니다. 그 기쁨에 힘들지만 계속 이 일을 합니다."

마약은 의지로만 끊기는 불가능하다. 마약을 하다가 갑자기 중단하면, 극심한 금단 증상을 겪는다. 마치 나 혼자만 북극과 사막에 동시에 있는 것 같다. 어마어마한 추위와 더위를 동시에 느낀다. 금단 증상으로 온몸에 닭살이 돋으며, 식은땀이 나고, 구토와 함께 설사까지 한다. 몸에서 물이란 물은 다 빠져나온다. 지옥에서 굶주림과 갈증으로 고통받는 아귀와 같다. 단순히 몸만이 아니다. 남들에게는 보이지 않는 수천, 수만 개의 벌레가 내 피부를, 내 몸속을 기어다닌다. 아무리 긁어도 긁어도 더 심해질 뿐이다. 아무도 없는데 목소리가 들릴 뿐 아니라, 지나가는 사람 모두가 나에게 욕을 하고, 나를 해치려고 한다.

집이 불에 타고 있을 때 필요한 것은 불을 끌 소방차이듯, 온몸이 불에 타는 것과 같은 고통을 겪을 때 필요한 것은 치료다. 이런 상황에서는 "정신 차려", "마음을 독하게 먹어"와 같은 말이 통할 리가 없다. 병원에 입원한 후 몸에 수액을 부어, 혈중 마약의 농도를 낮추는 동시에 환청, 초조, 불안과 같은 정신병적 증상을 줄이기 위해 신경안정제 등을 사용한다. 그렇게 짧게는 일주일에서 길게는 2~3주만 지나면, 불길이 사그라든다. 첫 번째 단계인 해독detoxicatioin 치료 단계다.

온몸을 태우던 불길이 꺼졌으면, 그다음은 재활(재건)이다. 무너진 건물을 하루 만에 다시 세울 수 없는 것처럼, 마약 사용으로 인해 파괴된 뇌 구조가 회복되려면 시간이 걸린다. 하지만 많은 중독자가 해독 과정이 끝나면 치료가 되었다고 생각한다. 중독 환자들의 상당수가 자신이 중독이라는 것을 인정하지 않으며, 계속 치료받는 것을 꺼려 한다. 또한 자신이 마약을 할 수밖에 없었던 각종 이유를 들어가며 합리화한다.

그렇기에 또다시 약에 빠져든다. 따라서 해독 단계 후에는 치료의 필요성과 함께 치료를 계속 받을 수 있도록 동기 강화 치료가 필요하다. 마약으로 인한 육체적·정신적 피해, 사회적 피해를 인식하여 단약하려는 의지를 키워야 한다.

다음은 기본으로 돌아가야 한다. 일상적인 생활, 규칙적으로 먹고 자고 씻고, 법과 질서를 지키는 가장 기본적인 것부터 다시 모든 것을 시작해야 한다. 기존에 마약을 하던 사람들과의 일체의 연락을 끊고, 새로운 인간관계를 맺어야 한다. 또한 술을 마시거나, 스트레스를 받으면 옛날 생각이 난다. 꾸준히 병원에서 주기적으로 외래 치료를 받는 동시에 다양한 방면에서 장기적으로 재활 상담치료가 필요하다. 같은 문제를 안고 있는 사람들과 어려움을 공유하고 서로의 고통에 공감하며 함께 극복해 나가야 한다.

다리가 부러진 환자가 수술을 받고 나자마자 예전처럼 바로 뛰는 것은 불가능하다. 수술 후에는 제대로 설 수조차 없다. 가장 먼저 옆 사람의 부축을 받고 두 발로 서는 것부터 시작해야 한다. 다리에 근육이 없기에 서 있기조차 쉽지 않다. 긴 시간의 재활이 필요하다. 뼈가 부러지든, 아킬레스건이 파열되든 예전처럼 완벽하게 회복하기 위해서는 6개월에서 1년 정도의 시간이 필요하다.

우리 몸은 스스로 회복하는 자생력이 있다. 1년, 1년만 약을 하지 않아도 몸은 물론이고 뇌, 그중에서도 중독과 관련된 도파민 활성도가 회복된다. 다만 많은 이들의 도움이 필요하다. 맨 처음 금단 증상을 겪을 때부터 완벽하게 일상으로 돌아올 때까지, 환자 본인의 의지는 물론이고 수많은 전문가와 사회의 도움이 필요하다. 혼자서는 절대 마약을 끊을 수 없다.

여기 한 사람이 있다. 그는 17세에 신경안정제와 수면제로 사용되는 향정신성 약물인 세코날Seconal에 중독되었다. 세코날은 당시 유행하던 대마초에 이어 자연스럽게 필로폰으로 이어졌다. 마약 하는 것을 숨기고 결혼했고, 성인 디스코 바와 룸살롱, 가라오케 등 유흥 사업도 성공해 30대에는 부의 상징으로 여겨졌던 압구정 한양아파트에서 신혼 생활을 시작했다. 물질적으로 부족한 것은 전혀 없었다. 단, 딱 하나 채워지지 않는 것이 있었다. 필로폰이었다.

초기에는 일주일에 한두 번 정도로 잘 조절하면서 할 수 있었다. "마음만 먹으면 충분히 끊고 조절할 수 있다"라고 생각했다. 하지만 그건 착각이었다. 마약이 천사의 탈을 벗고, 악마의 본모습을 드러내기 시작했다. 일주일에 한 번은 매일이 되었고, 어느 순간 하루에도 대여섯 차례 필로폰을 투약했다. 사업은 사장인 자신이 없어도 순풍에 돛을 단 듯 잘 굴러갔다. 마약을 하다 보면 충동적이 된다. 그는 사업장 대신 도박장을 찾기 시작했다. 카지노, 경마, 경정 가리지 않고 모두 했다.

그러던 어느 날 "뚜벅뚜벅" 구두 소리가 들렸다. 아내 옆에 한 남성이 보였다. 아내가 바람을 피우는 것이었다. 그가 흉기를 들자 그 남성은 침대 밑으로 들어가 숨었다. 쫓아갔지만 그 남성은 어느 순간 사라지고 없었다. 모두 환청이자 환시였다. 마약으로 인한 환각 때문에 피해망상에 사로잡혔던 것이다.

약을 끊길 바라는 아내가 7번, 자신이 1번, 함께 마약 하던 후배가 그의 증상이 너무 심각해서 1번, 총 9번을 신고했다. 10년의 세월을 감옥에서 보냈다. 100억 원의 재산은 도박과 약값으로 모두 사라졌지만, 그는 약에서 헤어 나올 수가 없었다. 나이가 들어 중년이 된 아내가 그에게 말했다.

"여보. 이제 마약, 도박은 조금만 하고 나 맛있는 것 좀 사주면 안 돼?"

흘려들었던 그 말이 도박장에서 배팅하는데 떠올랐다. 도박장에서 자리를 박차고 나와 아내와 함께 한밤중에 중국집으로 향했다. 새우를 좋아하던 아내였지만, 돈이 없어 자장면밖에 사줄 수 없었다. 자장면을 먹던 아내가 펑펑 울기 시작했다. 그는 정신이 들었다. 그의 앞에는 한때 모델을 하던 젊은 아내 대신 기초생활수급자가 된 중년의 아내가 있었고, 중학교 때부터 편의점에서 아르바이트를 하는 자식들이 있었다. 더는 인생을 낭비할 수 없었다.

그는 1999년 국립법무병원(옛 공주치료감호소)에서 본격적인 치료를 시작했고, 10년의 세월 동안 노력해 2009년 마지막 출소 이후 간신히 단약에 성공했다. 그는 주차 관리 요원과 대리 기사로 하루 4시간만 자고 일하며 10년간 돈을 모았다. 그리고 국립법무병원 조성남 원장님의 지원과 일본 다르크 센터장인 마쓰우라, 마사르 씨의 도움으로 2019년 4월 20일 경기도 남양주시에 약물중독재활센터인 경기도 다르크Drug Addiction Rehabilitation Center, DARC를 열었다. 오랜 시간 마약을 했던 그는 누구보다도 마약의 폐해와 단약의 어려움을 잘 알고 있었기에 마약으로 힘들어하는 사람들을 돕고 싶었다. 그래서 마약을 끊을 수 있는 방법을 공유하고자 기관을 직접 설립한 것이다. 그렇게 그는 마약중독자에서 마약 치료사로 새롭게 태어났다.

마약은 사람의 삶과 가정을 망쳐놓는다. 하지만 약을 끊으면, 삶이 바뀐다. 가정도 회복된다. 절망의 끝은 희망의 시작이다. 마약, 함께 노력하면 끊을 수 있다. 그리고 마약을 끊은 당신은 중독에 빠진 누구가에게 큰 힘이 될 수 있다.

마약중독 시에는 짧게는 1~3주 입원 치료를 한다. 각종 환청, 피해망상과 같은 정신적 증상과 함께 심각한 영양결핍 등의 신체적 문제가 있기에 단순히 의지만으로는 절대로 약을 끊을 수가 없다. 입원 치료부터가 시작이다.

마약중독자는 국가의 전액 지원하에 전국 21개 '마약류 중독자 치료보호 지정 병원'에서 한 달간 입원, 1년간 외래 치료 서비스를 받을 수 있다. 본인이 원하면 언제든지 치료를 받을 수 있다. 병원은 경찰에 신고하지 않고 오로지 치료만 한다. "100%, 아니 1,000% 비밀을 보장"한다.

한국마약퇴치운동본부 상담전화
1899-0893
전화 한 통으로 삶을 바꿀 수 있다.

2부

마약 파는 사회

I부에서는 몸속에 들어온 마약이 한 인간을 어떻게 파괴하는지 살펴보았다면, II부에서는 마약이 사람의 몸에 들어오기 전까지의 전 과정을 살펴볼 것이다. 저 멀리 콜롬비아 농부는 커피 대신 코카를, 동남아시아 농부는 쌀 대신 양귀비와 메스암페타민을, 아프가니스탄 농부는 밀 대신 양귀비를 재배한다. 커피가 농부의 손에서 우리의 코와 입을 통해 들어오기까지 수십 단계를 거치는 것처럼 마약 또한 그렇다. 하나의 상품인 마약은 철저히 분업화된 시스템을 거쳐 생산된 후 각국 정부의 감시를 피해 국경을 넘어 소비자의 몸 안으로 들어간다. 수천 킬로미터에 이르는 마약의 길은 멀고도 험하다. 복잡하게 얽히고설킨 마약이라는 미궁에서 길을 잃지 않고 빠져나올 수 있기를.

1장

최고의
고부가가치 사업

"돈에 대한 욕심은 모든 악의 근원이다.
그러나 돈이 없는 것 또한 마찬가지다."

새뮤얼 버틀러
Samuel Butler

검은 황금과 하얀 황금

이것을 몸에 지니고 있으면 각종 질병에 탁월한 효과를 발휘한다[1]고 당시 의사들이 말했다. 게다가 이 열매는 페스트뿐 아니라 기침, 호흡 곤란 등 다양한 증상을 호전시켜 주는 것으로 알려졌다. 심지어 강력한 최음 효과가 있어, 클레오파트라Cleopatra가 이것을 사용하지 않았다면 율리우스 카이사르Julius Caesar를 그렇게까지 마음대로 주무르지는 못했을 것이라는 말[2]까지 있었다. 또한 이 약은 음식의 부패를 막고, 술과 음식의 풍미를 더하는 신비의 묘약이었다. 그러다 보니 가격이 어마어마하게 비쌌다. 작은 콩 하나가 금화 한 닢과 맞먹었다. 그것은 바로 육두구肉荳蔲였다.

4대 향신료 중 후추와 계피는 오늘날 가정집에 있을 정도로 흔하지만 정향과 육두구는 여전히 낯설다. 16세기 당시 육두구 500g으로 황소 일곱 마리를 살 수 있었다.[3] 부유한 귀족들은 언제든지 신선한 고기를 먹을 수 있었기에 굳이 값비싼 향신료를 오래된 고기에 뿌릴 필요

그림 31　검은 황금인 향료: ① 육두구, ② 정향, ③ 후추, ④ 계피

가 없었다. 귀족들에게 향신료는 '이 비싼 향신료를 아낌없이 뿌려 먹을 정도'라는 것을 보여주는 '과시적 소비' 수단에 불과했다. 향신료는 효과나 성능과 관계없이 비싸면 비쌀수록 더 좋았다. 후추가 구찌나 루이비통 가방이라면, 육두구는 에르메스 버킨백이었다. 후추를 포함한 향료는 인도네시아의 섬에서만 자랐고, '꿈의 향료'인 육두구의 원산지는 인도네시아의 수많은 섬 중에서도 가장 깊숙이 위치한 말루쿠제도였다. 이 제도는 일명 '향료 제도the Spice Islands'라고 불렀다.

　각종 향료는 인도네시아 섬의 현지인들에게서 인도양을 횡단하는 이슬람 상인의 손으로 넘어갔다. 이슬람 상인들은 말루쿠제도에서 싱가포르가 위치한 믈라카해협이나 자바섬과 수마트라섬 사이의 순다해협을 거쳐 인도양을 지났다. 그리고 아덴만이나 페르시아만을 통해 향료를 지중해로 운반한 후 베네치아를 거쳐 유럽으로 향했다. 중동의 이

콜럼버스의 탐험로
바스쿠 다가마의 탐험로
마젤란의 탐험로
신항로의 발견 이전의 이슬람,
이탈리아 상인의 동방 무역로

북아메리카

아스테카 문명
(1521년 멸망)

마야 문명

남아메리카

잉카 문명
(1533년 멸망)

대서양

유럽

아프리카

고아

아시아

태평양

인도양

향신료의 주산지
오세아니아

태평양

그림 32　새로운 향료 유통을 위한 대항해 시대, 그 당시 최고의 고부가가치 사업이었다.

슬람 세력과 지중해의 베네치아가 번창할 수 있었던 계기가 바로 이 향료 무역이었다. 이 당시 향료를 '검은 황금'이라고 불렀다.

　하지만 12~13세기 기독교 세력과 이슬람 세력이 십자군으로 싸우기 시작하면서 향료를 운반하던 상선을 운항하기가 어려워졌다. 기독교 세력은 이슬람 국가의 상선을, 이슬람 세력은 기독교 국가의 상선을 마구잡이로 공격했다. 이로 인해 향료 공급이 부족해지면서 가격이 폭등했다. 거기에다가 세력을 키운 오스만제국이 콘스탄티노플까지 함락한 후 향신료 무역의 핵심 통로인 중동과 동지중해를 장악해 향료 무역을 독점했다. 언제나 독점은 가격뿐만 아니라 공급량까지 일방적으로 조절할 수 있어서 막대한 수익을 남긴다. 역시나 향료 무역을 독점한 오스만제국은 향료에 어마어마한 관세를 부과하기 시작했다. 이에 유럽 국가들이 오스만제국을 우회하는 새로운 무역 항로 개척에 나섰다. 그것이 바로 15~16세기 대항해시대의 시작이었다. 포르투갈의 선봉장인 바스쿠 다가마Vasco da Gama는 지중해와 중동 대신 아프리카 최남단인 희망봉을 돌아서 인도로 가는 데 성공했다. 크리스토퍼 콜럼버스Christopher Columbus는 끝내 인도로 가지 못했지만 대신 아메리카 대륙을 발견했다. 오늘날 무역에 사용하는 일반적인 컨테이너선은 5~7만 t급으로 에펠탑보다 더 길다. 하지만 그 당시 유럽의 개척자들은 '한강 유람선' 크기(약 280t급)의 배⁴를 타고 대서양과 태평양을 건너야 했다.

포르투갈에서 희망봉을 돌아 인도까지는 뱃길로 대략 2만 km다. 오늘날 컨테이너선으로 두 달이면 왕복한다. 바람에 의지하는 당시 범선으로는 바람과 해류의 영향으로 20개월 정도 걸렸다. 요즘은 지도에 GPS, 위성전화까지 있지만 당시만 해도 어설픈 지도와 나침반과 별빛에 의지해 망망대해를 가로질러야 했다. 일기예보 따위는 없었다. 갑작스러운 폭풍 등으로 배가 침몰하는 건 흔한 일이었다. 항구를 떠난 배가 아무런 소식 없이 영원히 사라지는 일도 잦았다. 장기간의 선상 생활로 각종 전염병이 창궐했고, 신선한 채소나 과일이 부족해 괴혈병 등의 비타민 결핍증과 각종 영양실조가 만연했다. 배는 작은데 이익을 최대한 내기 위해 화물을 가득 채웠기 때문에 개인 공간은 늘 부족해 항상 숨이 막혔다. 해적과 적국의 배도 함선이든 상선이든 관계없이 만만하면 언제든 공격했다. 우리도 적국의 배를 기회만 되면 노릴 수 있었다. 이 당시의 상선은 말이 무역선이지 무장선인 동시에 해적선이었다.

항해 사고, 해상 전투, 각종 질병에 더해 무자비한 선장과 간부들의 폭력, 그에 반대하는 선원들의 반란까지 항해를 위해서는 그야말로 목숨을 걸어야 했다. 세계 일주에 성공한 페르디난드 마젤란Ferdinand Magellan이 1519년 9월 20일 다섯 척의 배를 이끌고 항해를 떠났지만 270명 중 겨우 18명만이 일주에 성공했다. 하지만 정작 페르디난드 마젤란 본인은 일주에 성공하지 못하고 항해 도중 필리핀 막탄섬에서 사망했다. 100년 후인 1600~1635년 사이 포르투갈 리스본 항구에서 출발한 912척의 배 중 60척이 다양한 이유로 귀향했고(6.6%), 84척이 가는 도중 실종되었다(9.2%). 목적지에 무사히 도착한 배는 768척이었다(84.2%).[5] 긴 항해는 운이 좋아야 무료했고 운이 나쁘면 끔찍했다. 각종 사고와 죽음이 즐비한 바닷길이었다. 스릴 넘치는 모험이 그려진 소설 『보물섬Treasure Island』이나 영화 〈캐리비안의 해적Pirates of the Caribbean〉은 환상에 불과했다. 그런데 왜 수많은 이들이 모험에 나섰을까? 미지의 세계에 대한 동경 때문에? 탐험가 정신에서?

이유는 단 하나였다. 수익 때문이었다. 1497년 7월 8일 바스쿠 다가마는 170명의 선원과 네 척의 함선으로 포르투갈 수도인 리스본의 벨렝 항구를 출발했다. 그리고 10개월 후인 1498년 5월 20일 인도의 캘리컷 항구에 도착했다. 포르투갈에서 싣고 온 물건을 팔려고 했으나 조악한 품질에 인도 현지인들은 전혀 관심을 갖지 않았다. 일행은 얼마 안 되는 향신료를 구입해 같은 해 8월 귀국길에 나섰다. 갈 때는 인도양을 건너는 데 23일이 걸렸지만 올 때는 바람과 해류의 영향으로 무려 132일이 걸렸다. 인도양을 건너는 동안 선원들의 반이 사망했다. 결국 인도를 떠난 지 11개월 후인 1499년 7월 일부 선원이 리스본에 도착했고, 바스쿠 다가마는 9월에야 귀국할 수 있었다. 바스쿠 다가마의 4만 *km*가 넘는 항해는 26개월이 걸렸고, 떠날 때 네 척 중 두 척만이 돌아왔으며, 170명 중 55명만이 생존해 귀국했다. 바스쿠 다가마의 친형마저 항해 중에 사망했다. 향신료 산지인 말루쿠제도까지 간 것도 아니고 겨우 인도의 캘리컷 항구에 도착했을 뿐인데 말이다.

끔찍한 대항해가 끝나자, 형마저 잃은 바스쿠 다가마는 다시 2차 항해에 나섰다. 당시 인도에서 산 얼마 되지 않는 향신료를 팔아서 60배가 넘는 수익을 올렸기 때문이다. 스파이스 로드, 일명 향료길은 성공만 한다면 어마어마한 이익을 보장하기에 예로부터 수많은 이들이 모험에 나섰다. 바스쿠 다가마, 크리스토퍼 콜럼버스, 페르디난드 마젤란 등 개인만이 아니었다. 네덜란드와 영국의 동인도회사에 이어 각국 정부까지 발 벗고 나서서 나중에는 전쟁까지 벌이는 지경이 되었다.

그런데 오늘날 과거의 '검은 황금'인 향신료보다 수익성이 더 높아서 피를 부르고 심지어 전쟁까지 일으키는 상품이 있다. 바로 '하얀 황금'인 마약이다. 아프가니스탄에서 생산되는 아편과 헤로인은 과거의 비단길이나 향료길처럼 중동을 지나 터키를 통과해 유럽으로 들어간다. 그리고 헤로인과 함께 마약의 양대 산맥인 코카인이 있다. 전 세계 코카인은 콜롬비아(61%), 페루(26%), 볼리비아(13%)[6] 이렇게 단 3개국에서 생산되어 브라질이나 멕시코를 거쳐 미국과 유럽으로 향한다. 페루와 볼리비아 코카인은 브라질에 모여 아프리카를 거쳐 유럽으로 향하고, 콜롬비아 코카인은 멕시코를 관통하는 육로나 배와 비행기를 통해 카리브해 섬들을 거쳐 미국으로 간다. 그럼 가장 먼저 코카인이 태어나는 곳으로 가보자. 콜롬비아 농부들은 어디서, 어떻게 그리고 왜 코카 농사를 짓는 것일까?

커피와 코카의 나라, 콜롬비아

겨울에 서리가 내릴 정도로 추워서도 안 되고, 여름에 너무 더워도 안 되며, 그러면서도 최저 온도는 20℃를 넘어야 한다. 비가 자주 내리면서 동시에 배수가 잘되는 약산성 토양에서 잘 자란다. 이런 조건을 충족하는 지역은 남위 25도에서 북위 25도 지역의 열대나 아열대지역 중에서도 1,000~2,000m 높이의 고산지대뿐이다. 이를 '커피 벨트the Coffee Belt'라고 한다.

콜롬비아에서 가장 유명한 수출 항목 중 하나는 커피다. 콜롬비아는 태평양과 대서양을 이어주는 파나마운하 바로 아래에 있다. 인구는 5,000만 명으로 한국과 비슷하지만 면적은 한국의 11배에 달한다. 콜롬비아는 남한 면적에 해당하는 땅에서 커피를 재배한다. 2020년에 85만 5,000ha(헥타르)의 땅에서 84만 6,000t의 커피를 생산했다.[7] 1ha(3,025평)당 1t의 커피를 수확한 셈이다.

콜롬비아는 브라질, 베트남에 이어 전 세계 3위의 커피 생산국이

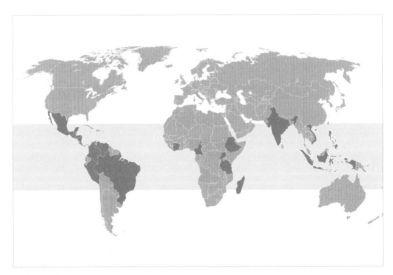

그림 33 **커피 벨트**

다. 부드러운 맛으로 유명한 콜롬비아 마일드에는 일반 커피에 비해 20%가량의 가격 프리미엄이 붙는다. 콜롬비아 원두 가격은 2003년에 1 *kg* 당 0.9달러로 최저를 기록했다가 2011년에 5.3달러로 최고를 기록한 후 2019년에는 2.4달러로 떨어졌다(국제커피협회International Coffee Organization, ICO 집계).

나는 우리 집 바로 앞에 있는 스타벅스 구의역점에서 커피를 마시면서 마약에 대한 글을 쓰고 있다. 스타벅스에서 파는 에스프레소 한 잔은 2023년 4월 현재 4,000원이다. 여기에는 대략 7 *g* 정도의 원두가 들어간다. 집에서 마시려면 로스팅된 250 *g*의 콜롬비아산 커피를 사서 내리면 된다. 1만 6,000원이다.

그럼 콜롬비아 현지에서 생두 가격은 얼마일까? 앞서 말했듯이

그림 34 커피 생두의 로스팅 과정

1 kg에 2.4달러로 대략 3,100원이다. 1 kg에 3,100원인 콜롬비아 농장의
원두가 태평양을 건너면 4배로 오른다. 현재 인터넷상에서 콜롬비아
메데인 수프리모 1 kg 가격은 1만 2,700원이다(커피명에 쓰인 '메데인'은
콜롬비아 제2의 도시이자 마약왕 파블로 에스코바르Pablo Escobar가 활동한 도
시의 이름이다. 마약 밀매 조직인 '메데인 카르텔'로 유명하다). 생두를 불에 볶
는 로스팅 과정을 거치면 대략 15%가량 무게가 줄어들어 850 g 정도가
된다. 스타벅스에서는 로스팅한 콜롬비아 원두를 250 g에 1만 6,000원
을 받는다. 850 g이면 5만 4,400원이다. 아예 에스프레소(7 g)를 내려
서 잔으로 팔면 대략 120잔이 나와 48만 원의 매출을 올릴 수 있다. 내
가 스타벅스에서 4,000원짜리 에스프레소를 마시면 콜롬비아 농부는
26원의 매출을 올린다. 여러 단계를 거치며 가격이 최대 155배로 뛴 것
이다.

코카와 커피는 생산지가 상당히 겹친다. 콜롬비아에서 커피만큼, 아
니 그 이상으로 유명한 것이 코카인이다. 코카 잎은 콜롬비아 현지에서
1 kg당 0.75~0.91달러에 팔린다.[8] 375 kg의 코카 잎으로 중간 형태의
코카 반죽, 일명 파스타coca paste 2.5 kg을 만들어 최종 1 kg의 코카인을

그림 35 하얀 황금인 코카인. 평범한 나뭇잎 같은 코카 잎을 가공해 코카 반죽, 코카인을 만든다.

생산한다. 375kg의 코카 잎은 콜롬비아 현지에서 대략 39만 원 정도로 거래된다. 수확해 말린 코카 잎을 낡은 드럼통에 산acid과 함께 넣고 사람이 들어가 마치 이불 빨래를 하듯 발로 자근자근 밟은 후 며칠 동안 우려낸다. 마약 성분인 알칼로이드가 충분히 나오면 코카 잎을 모두 건져 낸다. 이렇게 하면 노란 액체가 남는데 물에 섞이지 않는 등유나 알코올을 섞어 마약 성분인 알칼로이드만 추출한다. 여기에 알칼리성 물질인 탄산나트륨을 더해 산과 물을 빼내면 코카 반죽이 완성된다.[9]

코카 반죽은 375kg의 코카 잎에서 2.5kg 나오는데 1kg당 80만 원에서 130만 원 사이에 거래된다. 375kg에 39만 원인 코카 잎이 몇 단계 가공을 거쳐 2.5kg에 200~300만 원이나 하는 코카 반죽으로 변신하는 것이다. 그동안 무게는 150분의 1로 줄고 가격은 5~7배가 오른다. 하지만 이것이 전부가 아니다. 이 2.5kg의 반죽에 간단히 몇 가지 화학약품을 첨가해 건조하면 1kg의 백색 가루가 남는다. 바로 하얀 황금, 코카인이다. 1kg의 코카인은 콜롬비아 현지에서 대략 500만 원 정도에 거래된다. 375kg에 39만 원인 '코카 잎'은 2.5kg에 200~300만 원가량의 '코카 반죽'으로 변하고, 더 나아가서 1kg에 500만 원 상당의 '코카

콜롬비아 코카인 공급망

코카인 제조와 판매, 누가 얼마나 벌까?

코카 잎 125-150킬로그램
= 코카 반죽 1킬로그램

코카 반죽

코카인

코카 잎

코카인 염산염 정제

킬로그램당 $0.75	킬로그램당 $600-1,000	킬로그램당 $1,500	킬로그램당 $60,000-90,000
재배자	재배자, 밀매상 또는 중개인	밀매상 또는 중개인	유럽 지역 밀매상

그림 36 단계별 코카인 가격

인'으로 탈바꿈한다.

코카인을 제조했으니 이제 생산지에서 소비지까지 코카인을 운송할 차례다. 앞서 잠깐 살펴보았듯이 콜롬비아에서 생산된 대부분의 코카인은 미국과 유럽으로 흘러들어 간다. 콜롬비아에서 미국으로 코카인을 수송하는 방법에는 크게 세 가지가 있다. 가장 먼저, 하늘을 이용하는 것이다. 수송기를 이용하면 한 번에 몇백 킬로그램을 옮길 수 있다. 다만 비용이 상당히 많이 든다. 적발을 피하기 위해 경비행기를 이용해야 하므로 단번에 미국까지 가기가 어렵고 중간에 카리브해에 있는 섬 등을 경유해야 한다. 평범한 승객으로 가장해 여객기를 타고 미국 입국을 시도할 수도 있지만 들킬 가능성이 있다. 사람 한 명이 옮길 수 있는 양도 얼마 되지 않는다. 아무리 몸속(위, 항문, 질 등)에 넣어봤자 한 명에

$2kg$을 넘기기 어렵다. 하지만 비행기 이용 시 검문에 걸리지만 않으면 가장 신속하고 정확하게 도착한다. 아예 드론으로 미국 국경만 넘어가는 방법도 있다.

바다를 건너갈 수도 있다. 컨테이너선 화물로 위장하면 최대 t 단위로 코카인을 수송할 수 있다. 생선의 배나 과일 속은 물론이고, 배의 기둥을 파거나, 짐을 옮기는 카트 바닥에 마약을 숨기는 등 상상할 수 있는 모든 방법을 총동원한다. 어선 등을 통해 직접 미국 항구까지 밀수하기도 하지만 이 방법은 상당히 위험하다. 그래서 주로 영해에서 미국 쪽 선박과 만나 짐을 건네기도 한다. 다만 배 두 척이 바다 위에서 만나 배에서 배로 짐을 옮기면 눈에 띌 뿐 아니라 적발 시에는 도망가기도, 증거를 인멸하기도 어렵다. 이에 서로 약속된 좌표에 수심 $2\sim3m$ 아래로 가라앉도록 적당한 무게의 추를 단 다음 바다에 묻어둔 후 시간 간격을 두고 다른 배가 와서 가져간다. 또 다른 방법으로는 배 뒤에 줄을 연결해 마약을 물속으로 숨겨서 밀수한다. 특정 마약 카르텔은 잠수함을 동원하기도 한다.

그림 37　바지 허리단에 숨긴 마약, 마약 밀수는 수단과 방법을 가리지 않는다.

	가격	원가 대비 가격
코카 잎 375kg (콜롬비아 코카 농장)	39만 원	1배
코카 반죽 2.5kg (콜롬비아 코카 농장 및 공장)	200~300만 원	5.1~7.7배
코카인 1kg (콜롬비아)	500만 원	12.8배
코카인 1kg (미국)	7,000만 원~1억 2,000만 원	179.5~307.7배
크랙 5kg 이상 (미국)	3억 원 이상	769배 이상

표 4   제조 및 유통 과정에 따른 코카인 가격 상승폭

땅에서 운송할 수도 있다. 수많은 국경을 통과해야 하지만, 가장 큰 난관은 멕시코와 미국 사이의 국경이다. 화물로 위장해 트럭으로 옮기기도 하고, 개인이 마약을 들고서 국경을 넘기도 한다. 심지어 땅굴을 파서 넘기도 한다. 콜롬비아에서 미국까지 직선거리는 $3,700km$이지만 실제로 미국 국경을 넘기 위해서는 $5,000km$ 이상을 가야 한다. 카르텔(여기서는 마약 갱단)은 하늘과 땅, 바다를 통해 어떻게든 미국까지 코카인을 운송해야 한다.

이렇게까지 하는 이유는 모두 돈 때문이다. 콜롬비아 현지에서 500만 원이었던 코카인 $1kg$은 미국에서 최소 7,000만 원에서 최대 1억 2,000만 원까지 올라간다. 미국 땅에 도착하면 적게는 14배에서 많게는 20배까지 껑충 뛰는 것이다. 코카인 $1g$은 15만 원으로, 같은 무게에 8만 원인 금보다 2배 비싸다. 하얀 황금, 아니 황금보다 더 비싼 것이

그림 38 **코카인 크랙.** 프리베이스 방식으로 태워서 연기를 맡는다. 메스암페타민도 같은 방식으로 투약할 수 있다.

바로 코카인이다. 하지만 여기서 끝이 아니다. 코카인이 마약 사용자의 손에 들어갈 때는 일반적으로 순도 50% 정도이기 때문에 2배로 양을 불릴 수 있다. 또한 코카인과 베이킹파우더를 섞어서 코가 아니라 담배처럼 피울 수 있게 만든 크랙crack의 경우, 코카인 1g으로 비율에 따라 대략 5~30배까지 양을 늘릴 수 있다. 크랙 1g 가격은 7만 원에서 13만 원 선이다.[10] 코카인 1g을 크랙으로 만들어 팔면 또다시 3~10배의 수익을 올리게 된다.[11]

콜롬비아 고산지대의 코카 잎은 철저한 분업과 전문화를 거쳐 가격이 1,000배 이상 상승한다. "지구상에 코카인(마약)보다 더 고부가가치 상품은 없다."[12] 더군다나 마약은 불법이기에 세금마저 단 한 푼도 내지 않는다. 세금이 없으니 순이익은 거의 2배로 늘어난다. 콜롬비아의 농부부터 아이들과 청년, 범죄 조직인 카르텔, 심지어 경찰, 군인, 정치인까지 모두 마약 산업에 가담하는 이유다. 그럼 커피와 코카인의 피라미드에서 가장 밑바닥에 있는 농부는 도대체 얼마나 버는 걸까?

가난한 농부의 딜레마

콜롬비아는 가난하다. 1인당 GDP가 2021년 기준 6,156달러로 3만 4,998달러인 한국의 5분의 1에 불과하다. 하지만 그 속을 들여다보면 더 심각하다. 인구의 절반에 가까운 2,100만 명(42%)이 빈곤에 시달리고 있으며, 750만 명은 극빈곤 상태에 있다. 거기에다가 인구의 1%가 토지의 81%를 소유하고 있을 만큼 빈부 격차가 크다.[13] 대략 50만 가구가 한반도보다 약간 작은 넓이인 85만 5,000ha에서 커피 농사를 짓는데, 농가의 평균 재배 면적은 1.7ha(85만 5,000ha/50만 가구)에 불과하다. 1ha에서 해마다 1t의 커피를 수확할 수 있으며, 원두를 팔아서 1ha당 312만 원의 매출(이익이 아닌)을 올릴 수 있다.[14]

2020년 기준으로 콜롬비아에서는 21만 5,000가구가 코카를 재배하고 있는 것으로 추정된다.[15] 같은 해에 콜롬비아는 경상도 면적에 해당하는 14만 3,000ha에서 코카를 키우고 99만 7,300t의 코카 잎을 수확했다. 가구당 평균 1ha가 채 되지 않는 0.67ha 정도의 영세한 규모(14만 3,000ha/21만 5,000가구)로 농사를 지으며, 1ha당 6.4t의 신선한 코카 잎을 생산했다.[16] 코카 잎의 가격은 1kg에 대략 0.75달러에서 0.91달러로,[17] 1ha당 665만 원의 매출을 올린 것으로 추정된다. 같은 면적에서 커피 대신 코카를 재배하면 2.1배 많은 매출을 기대할 수 있다. 아프가니스탄에서 밀 대신 아편을 재배하는 이유와 유사하다.

코카가 커피에 비해 유리한 건 단순히 매출만이 아니다. 커피는 열매

	커피	코카
전체 면적	85만 5,000헥타르	14만 3,000헥타르
생산량	84만 6,000톤	99만 7,300톤
가구 수	50만 가구 (콜롬비아 전체 가구의 3.5%)	21만 5,000가구 (콜롬비아 전체 가구의 1.5%)
헥타르당 수확량	1톤	6.4톤
1톤당 가격	312만 원(2.4달러/kg)	104만 원(0.8달러/kg)
헥타르당 배출	312만 원	665만 원(커피의 2.1배)
농장 크기	대부분 3헥타르 미만의 소규모 농장	

표 5 콜롬비아의 커피와 코카 재배 현황 비교(2020)

를 따고, 코카는 잎을 딴다. 커피는 꽃이 피고 열매가 열려야 수확할 수 있기에 심은 후 3~5년이 되어야 쓸 만한 열매가 나온다. 7~20년까지 가장 많이 수확할 수 있으며, 20~25년 이후에는 경제성이 떨어져 베어내고 다시 심어야 한다. 1년에 한두 번 수확이 가능하다. 반면 코카는 심은 지 7개월부터 잎을 딸 수 있으며, 평균 수명은 30~40년이다. 1년에 최소 두 번에서 최대 여섯 번까지 수확할 수 있다. 대개 네다섯 번 정도 잎을 딴다.

가난한 농부 입장에서는 커피를 심은 후 아무 수확 없이 3~5년을 기다리는 것이 쉽지 않다(고무나무는 9년, 파인애플은 16개월이 걸린다). 게다가 1년에 한두 번 수입이 생기는 커피보다 1년에 네다섯 번 돈이 들어오는 코카가 농부 입장에서는 훨씬 더 좋다. 이러한 이유로 재배 작물을 커피에서 코카로 바꾸기는 쉽지만 코카에서 커피로 전환하기는 어렵다. 또한 커피는 가공에 손이 많이 간다. 물을 이용하는 습식 가공이든, 햇볕이나 기계를 이용하는 건식 가공이든 열매를 따서 껍질을 모두 벗겨야 한다. 벼로 치면 현미에서 백미로 만드는 것과 같다. 하지만 코카 잎은 따서 말리기만 하면 된다. 날씨만 좋으면 6시간밖에 걸리지 않는다.[18]

게다가 콜롬비아 커피 농부에게는 쟁쟁한 경쟁 상대가 있다. 바로 커피 생산량 1위인 브라질과 2위인 베트남이다. 1989년 국제커피협정을 통해 회원국 간에 생산량을 조절해 커피 가격을 일정하게 유지했으나 결국 협정이 흐지부지되었고, 베트남까지 시장에 뛰어들어 콜롬비아를 제치고 세계 2위의 커피 생산국이 되었다. 베트남은 1ha당 무려 2.4t의 커피를 생산하면서 커피 생산국 중에서 가장 높은 생산수율(단위 면적당 커피 생산량)을 기록했다. 이는 같은 면적에서 0.9~1t을 생산하는 콜롬비아보다 2배 이상 많은 양이다.[19] 더군다나 커피 생산량 1위인 브라질은 가구당 6.6ha를 재배한다.[20] 콜롬비아의 가구당 커피 재배 면적은 1.7ha로 브라질 농가의 4분의 1 수준에 불과하다.

콜롬비아에서 생산되는 커피는 품질이 좋아 다른 나라 커피보다 가격이 20% 정도 높기는 하지만, 생산량 1위인 브라질에 비해 영세하고 생산량 2위인 베트남에 비해 생산성이 낮다. 더욱이 커피 가격은 전적으로 시장에 의해 결정되기 때문에 매년 가격이 변동한다. 커피 농부와 달리 코카 농부에게는 브라질이나 베트남 같은 강력한 경쟁 상대가 없다. 페루와 볼리비아가 있기는 하지만, 콜롬비아가 전체 생산의 61%를 차지하며 독점하고 있다. 또한 코카인 가격이 콜롬비아 마약 카르텔에 의해 정해져서 비교적 일정하게 유지된다. 그러니까 코카는 콜롬비아에서 최저 가격이 보장되고 100% 판매되는 유일한 농업 생산물이다.[21]

커피는 수송에서도 코카보다 불리하다. 앞서 말했듯이 커피와 코카 모두 1,000~2,000m의 고산지대에서 자란다. 커피나 코카 잎을 재배하는 지역은 고산지대의 열대우림, 거기에다가 변방 지역이기 때문에 제대로 된 도로나 수송 시스템이 있을 리 만무하다. 포장조차 제대도 되어 있지 않은 도로를 트럭으로 운반하거나, 꾸불꾸불한 강을 따라 배로 운송해야 한다. 이런 환경 탓에 커피를 팔다 보면 배(커피값)보다 배꼽(운송비)이 더 커 오히려 손해가 나기도 한다. 하지만 코카는 다르다. 코카를 재배하는 농부, 일명 '코카레로'가 하는 일은 단순히 코카 잎을 따서 말리는 것만이 아니다. 농부 절반이 코카 잎을 드럼통에 담근 후 우려내서 코카 반죽까지 만든다.[22] 즉 39만 원어치의 코카 잎(375kg)을 200~300만 원 상당의 코카 반죽(2.5kg)으로 가공한 다음 카르텔에게 넘기는 것이다. 마약 카르텔은 농부에게서 받은 코카 반죽으로 밀림 곳곳에 숨겨져 있는 정제 공장에서 코카인을 생산한다. 이런 정제 공장은 자체 활주로와 경비행기까지 보유하고 있다. 1ha당 코카 잎 6.4t을 수확하는 것만으로도 커피를 재배할 때보다 2.1배 높은 매출을 올린다. 여기에 코카 반죽까지 만들면 코카 잎을 재배하는 것보다 5배 이상의 수익을 올릴 수 있다. 이것이 바로 콜롬비아 농부가 불법임을 알고서도 코카를 재배하는 결정적인 이유다.

"1ha의 작은 땅에서 농사를 지어 가족 세 명을 부양할 수 있는 유일

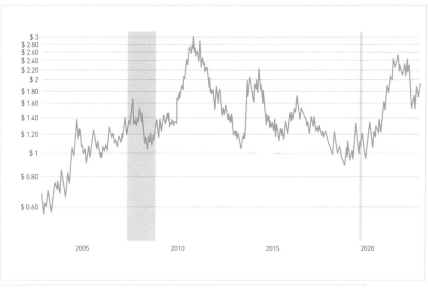

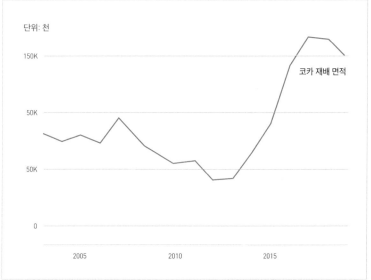

그림 39 **커피 가격과 코카 재배 면적의 관계**
커피 가격이 오르면 코카 재배 면적이 줄고, 커피 가격이 떨어지면 코카 재배 면적이 증가한다.

한 방법"[23]이 콜롬비아 농부에게는 코카뿐이다. 1ha로 코카 잎을 재배하면 665만 원, 거기에다가 코카 반죽까지 만들면 3,000만 원이 넘는 매출을 올릴 수 있다. 콜롬비아의 한 달 최저임금은 2020년 기준 약 32만 4,940원(98만 657페소)이다. 1년으로 따지면 400만 원도 안 된다. 코카 농사가 콜롬비아 농부에게 피하기 어려운 달콤한 유혹임을 알 수 있다.

커피와 코카의 가격과 경작 면적 변화를 보면(그림39 참조), 커피 가격이 오를 때는 코카 재배지가 감소하다가 커피 가격이 내리자 코카 재배지가 급격히 증가하는 것을 알 수 있다. 커피와 코카가 서로 경쟁 상대인 것이다.

그렇다고 오해하면 안 된다. 콜롬비아 국민의 대다수는 선량한 시민이고, 코카를 재배하는 농가는 전체 가구의 겨우 1.5%밖에 되지 않는다. 또한 커피 재배 가구가 코카 재배 가구보다 무려 2.3배나 많다. 모두가 돈 때문에 커피 대신 코카를 재배하는 것은 아니다. 더욱이 코카 재배는 불법이기 때문에 늘 위험이 뒤따른다.

당신이 이곳에서 태어났다면

아무리 '헬조선'이라고 하지만 북한이 아니라 한국에, 그것도 1980년 이후에 태어난 것은 축복이다. 5명 중 2명이 빈곤 상태에, 7명 중 1명이 극빈곤 상태에 있는, 태평양 건너 콜롬비아에 태어났다고 가정해 보자. 그것도 도시가 아니라 주위에 커피 농장이나 코카 농장, 아니면 바나나 농장뿐인 시골이나 광산 지역에서. 모든 시설은 열악하고, 당연히 교육 기회는 적거나 없다. 국제노동기구ILO는 15세 미만 어린이가 일하는 것을 금했고, 콜롬비아 법 또한 15세 미만 어린이는 일을 할 수 없도록 정하고 있다. 하지만 못사는 나라일수록 법과 현실의 괴리가 크다. 콜롬비아 아동 중 85만 명이 학교에 다니지 않고 일을 한다.[24] 이웃 나라이자 1인당 GDP가 콜롬비아의 절반인 볼리비아는 아예 10세 이상 아동 노동이 합법이다. 그 결과 어린이들은 7세 전후가 되면 일을 시작해 그 수가 50만 명에 달한다.[25] 볼리비아(전체 코카 생산량의 13%를 차지)는 콜롬비아(61%), 페루(26%)에 이어 세계 3대 코카 생산국이다.

커피 열매나 코카 잎을 따는 것은 기계로 할 수 없다. 오로지 손으로만 해야 한다. 너무나 쉬운 일이라 어린아이들도 할 수 있다. 부모 입장에서는 돈을 주고 일꾼을 쓰는 것보다 아이에게 시키는 것이 비용을 절약하는 방법이다. 아이에게 학교는 선택이지만 농장 일은 필수다. 콜롬비아 아동의 중학교 진학률은 98%이지만 고등학교 진학률은 58%로 낮아진다.[26] 콜롬비아 시골에 살고 있는 부모는 자녀의 진로를 결정해야 한다. 물론 10대 자녀가 자신의 진로를 직접 선택할 수도 있다.

① 공부를 계속해서 대학교에 진학하기

공부를 하는 데는 돈이 많이 든다. 돈만 드는 것이 아니다. 시간도 오래 걸린다. 많은 돈과 시간을 들여 공부를 시켜도 좋은 직장이나 직업이 100% 보장되지는 않는다. 미래는 열려 있지만 확실하지 않고, 불확실한 미래를 위해서는 현재를 희생해야 한다. 집안이 부유하다면 모를까 없는 살림에 많은 돈과 시간을 들여가며 아이의 교육에 모든 것을 걸기가 쉽지 않다.

② 부모를 따라 커피나 코카 농사 짓기

아버지가 땅이라도 있으면 다행이다. 땅이 없으면 소작료를 내거나, 그것도 아니면 일당을 받고 종일 일해야 한다. 코카 농사는 커피 농사에 비해 재배한 해부터 수익이 생길 뿐 아니라 더 많은 돈을 번다. 다만 불법이다. 젊은이들은 위험을 무릅쓰는 경향이 있기 때문에 커피보다 돈이 더 되는 코카 농사를 짓는다.[27] 그 결과 콜롬비아 커피 농가는 점점 고령화되고 있다. 콜롬비아 커피 농부의 평균 연령은 55세다.[28]

③ 도시나 광산 등에서 노동자로 일하기

2021년도 기준 콜롬비아의 주요 수출 품목은 광물성 연료(46%), 귀금속(8.1%), 커피와 향신료(7.7%) 순이다.[29] 교육도 받지 못하고, 그렇다고 특별한 기술도 없는 15세 아이가 할 수 있는 것은 단순노동이다. 2020년 콜롬비아 최저임금은 월 32만 4,940원으로 월 209시간 기준 시간당 1,500원 남짓이다. 나이키 운동화를 사려고 해도 10일을 일하고 한 푼도 쓰지 않아야 하고(한국의 경우 1~2일만 일하면 된다), 아이폰이라도 사려면 4개월을 일해야 한다. 젊은 10대 청소년에게 노동자는 매력적인 미래가 아니다.

④ 미국으로의 불법 이민

2020년 미국의 시간당 임금은 주마다 다르지만 미국 연방 정부가 정한 임금이 9,000원(7.25달러), 물가가 비싸기로 소문난 캘리포니아주의 경우 1만 6,000원이나. 같은 접시를 닦아도 미국에서 닦으면 6배에서 10배를 더 벌 수 있다. 동남아시아에서 많은 이들이 한국으로 일을 하러 오듯이 중남미 사람들은 미국으로 간다. 콜롬비아 사람은 예전에 콜롬비아 영토였던 파나마를 지나 멕시코로 가서 미국 국경을 넘는다. 한국이 콜롬비아 옆에 있었다면 콜롬비아 청년들은 한국으로 몰려들었을 것이다. 수많은 위험이 따르지만, 그들에게 가장 마지막 관문은 미국 국경이다.

미국 대통령이었던 도널드 트럼프Donald Trump는 임기 당시 불법 이민자를 막기 위해 최대 $9m$ 높이의 장벽을 설치하겠다고 했다. 하지만 미국-멕시코 국경이 3,145km라는 점을 감안하면 장벽을 세우는 것은 불가능에 가깝다. 239.42km의 길이에 철조망과 지뢰가 있을 뿐 아니라 수십만 명의 군인이 지키고 있는 한국의 휴전선도 한 명의 북한군을 막지 못했다. '북한군 노크 귀순 사건'에서 알 수 있듯이 겨우 239km를 지키기도 어려운데 휴전선의 10배가 넘는 3,145km를 완전히 틀어막기란 불가능에 가깝다.

심지어 미국과 멕시코 국경지대에는 불법 이민을 알선하고 불법 이민자를 안내하는 브로커가 있다. 사막의 들개 이름을 딴 '코요테coyote'

로, 그들은 1인당 1만 3,500달러(우리 돈으로 약 1,750만 원)[30]의 수수료를 받고 불법 이민자들이 국경지대를 넘는 것을 도와준다. 콜롬비아에서는 한 달 최저임금 32만 원을 4년 넘게 한 푼도 쓰지 않고 모아야 하지만 미국에서는 8개월만 일하면 벌 수 있는 돈이다. 2022년에 미국 국경을 넘은 불법 이민자는 276만 명으로 추정된다.[31]

이는 미국과 국경을 맞대고 있는 멕시코도 크게 다를 바가 없다. 2020년 멕시코의 하루 최저임금은(시간당 최저임금이 아니다) 9,034원이다. 한 달에 25일을 일해도 월급이 겨우 23만 원밖에 되지 않는다. 멕시코-미국 국경만 넘으면 사람 임금이나 마약 가격이 5배에서 10배 이상 오른다. 콜롬비아 사람이든 멕시코 사람이든 위험을 감수하고 국경을 넘을 만하다. 사람과 마약이 함께 국경을 넘는 것이다.

⑤ 마약 카르텔(조직)

콜롬비아 고산지대에서 자란 코카 잎이 코카인으로 변해 미국에서 팔리면 엄청난 부가가치를 창출한다. 돈이 있는 곳에 사람이 있기 마련이므로 코카인과 관련된 곳에는 일자리가 차고 넘친다.

먼저 생산이다. 나뭇잎을 따는 건 다섯 살짜리 아이도 할 수 있다. 농부와 일용직 노동자뿐만 아니라 어린아이들까지 코카 잎을 딴다. 콜롬비아의 코카인 생산량은 2020년 기준 1,200t이다. 콜롬비아의 열악한 수송 환경을 감안하면 코카 잎과 코카 반죽 그리고 코카인을 옮기는 데만 어마어마한 인력이 참여한다. 트럭 기사와 배 조종사와 짐꾼들. 이들은 코카인을 통해 생계를 이어간다.

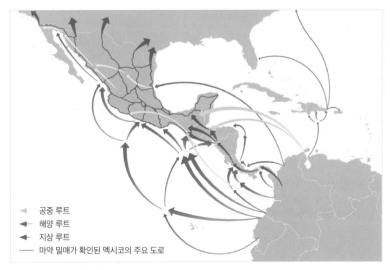

그림 40　코카인 운송 통로. 바다, 육지, 하늘을 가리지 않고 미국으로 향한다.

공중 루트
해양 루트
지상 루트
마약 밀매가 확인된 멕시코의 주요 도로

　그다음은 유통이다. 콜롬비아 밀림에 숨겨진 정제 공장에서 유럽과 미국까지 코카인을, 그것도 몰래 운반하는 것은 보통 어려운 일이 아니다. 하늘과 바다, 땅을 모두 이용해야 한다. 화물선, 여객선, 개인 요트와 크고 작은 비행기, 각종 트럭과 자동차가 이용된다. 선원, 승무원, 조종사, 기사부터 몸속에 마약을 숨겨서 밀수하는 보디패커, 가방에 마약을 담아 옮기는 백패커까지 온갖 방법을 동원해 수많은 이들이 배달에 매달린다. 이렇게 마약을 운반하는 이들을 스페인 말로는 뮬mule, 그러니까 '노새'라고 한다.

　콜롬비아 마약 카르텔이 미국까지 코카인을 운송하는 통로는 크게 멕시코를 통과하는 육로와, 카리브해의 수많은 섬을 경유하는 하늘과 바닷길이었다. 2001년 그 사건이 일어나기 전까지 콜롬비아 마약 카르텔은 최고의 전성기를 누렸다. 미국 정부가 9.11 테러 이후 배와 비행기에 대한 검문을 강화하자 항공과 해상으로 코카인을 반입하는 것이 어려워졌다. 상대적으로 멕시코를 통한 육로 수송이 증가했다. 이에 따라 밀수 통로를 독점하게 된 멕시코 마약 카르텔의 영향력과 수익이 커졌다. 물론 멕시코 범죄 조직인 카르텔이 마약만 밀수하는 것은 아니다. 마약을 넘기는 통로로 불법 이민자도 넘겨 이중으로 돈을 번다. 돈이 없는 불법 이민자나 돈을 빌린 채무자는 돈 대신 몸으로 때워야 한다. 마약을 운반하는 데 동원되는 것이다.

상품을 생산하고 밀수까지 해서 운반했으니 팔아야 한다. 이제는 판매가 이루어질 단계다. 콜롬비아나 멕시코의 마약 카르텔이 미국 현지에서 직접 마약을 팔면 더 큰 이득을 남기겠지만, 남의 나라에서 그것도 불법으로 마약을 판매하기가 쉽지 않다. 그 대신 미국 현지 조직(미국의 마피아나 마약상)에게 수백 kg에서 심지어 t 단위로 물건을 넘긴다. 그렇게 미국에 유입된 코카인은 1g이나 1회 분량(0.03g)으로 낱개 포장되어 팔린다. 코카인에 베이킹파우더와 물을 섞은 후 건조해 불에 태워 연기를 마실 수 있는 크랙으로 가공되기도 한다. 대량으로 코카인을 사서 소량으로 파는 도매상부터 소량(1g, 1회분 0.03g)의 코카인을 투약자에게 직접 파는 소매상까지 다양한 마약 딜러가 존재한다.

거기에다가 로비스트도 있다. 정부와 군대, 경찰에 정기적으로 뇌물을 상납해서 문제가 생기지 않도록 해야 한다. 그래야 사업을 계속 이어나갈 수 있다. 돈을 땅에 묻어둘 수만은 없으니 돈세탁을 담당하는 회계사도 반드시 필요하다. 끝으로 해결사가 필요하다. 모든 일이 불법

이기에 소송이나 법으로는 그 어떤 문제도 해결할 수 없다. 누군가 약속을 어기면 피의 대가를 치러야 한다. 이제부터 코카 대신 커피를 재배하겠다고 양심선언을 하는 농부나 카르텔이 정한 가격 말고 더 높은 가격을 달라고 요구하는 농부, 다른 경쟁 카르텔에 물건을 상납하거나 다른 카르텔 물건을 산 이들, 욕심에 눈이 멀어 물건이나 돈을 들고 튄 노새, 외상으로 약을 가져가 놓고 돈을 갚지 않는 마약쟁이, 라이벌 조직의 스파이나 정부와 경찰의 첩자까지 법 대신 폭력으로 해결해야 할 곳이 넘쳐난다. 합법적인 기업에 법무팀이 있다면, 불법적인 카르텔에는 해결사가 있다.

이렇게 콜롬비아가 마약 사업으로 벌어들인 수입은 2020년 약 9조 3,120억 원에서 13조 9,680억 원 규모로 추정된다. 콜롬비아 GDP의 2.6~4.0%를 차지하는 수준이다.[32] 마약 자체가 불법이기에 추정치일 뿐 공식 통계는 아니다. 다만 확실한 것은 코카인 사업에는 엄청난 수익이 남는다는 것과, 꿀이 흐르는 곳에 나비뿐만 아니라 파리가 몰려드는 것처럼 돈 냄새를 맡은 사람들이 무수히 많이 몰려든다는 사실이다.

태어난 곳이 미국의 실리콘밸리이거나, 마이크로소프트 본사가 있는 시애틀이라면 아이들은 스티브 잡스나 빌 게이츠Bill Gates를 동경했을지 모른다. 정상적이고 평범한 가정에서 태어났다면 의사나 변호사, 교사를 꿈꾸었을 수 있다. 하지만 빈민층이 40%가 넘고 고등학교조차 제대로 다니기 힘든 멕시코나 콜롬비아, 미국의 빈민가에서 태어난 가난한 아이들이라면 어떨까? 열 살짜리 아이도 즉시 시작할 수 있고, 돈이 들기는커녕 심지어 얼마 안 되는 돈이라도 바로 벌 수 있다. 더군다나 마을에서 유일하게 좋은 차를 타고 다니는 성공한 사업가들을 눈앞에서 직접 본다. 물론 이들은 의사나 변호사, 벤처기업 창업자가 아니라 카르텔의 중간 보스다. 많은 아이들과 젊은이들이 이들을 역할 모델로 삼는 것은 어찌 보면 당연한 현상일지도 모른다.

축복이자 저주

콜롬비아는 긴 내전의 역사를 지니고 있다. 오래전에는 잉카제국의 식민지였고, 잉카제국 이후에는 스페인이 콜롬비아를 다스렸다. 1810년 독립을 하기는 했으나 200년이 넘는 시간 동안 내전으로 인해 혼란이 거듭됐다. 냉전시대에는 좌익 게릴라와 우익 무장 조직이 세력을 다투었고, 여기에 좌익 세력과 마약상을 몰아내기 위해 미국까지 가세했다. 2016년 좌익 게릴라 조직인 콜롬비아 무장혁명군Fuerzas Armadas Revolucionarias de Colombia, FARC이 정부와 평화 협상을 체결하고 공식 정당으로 정치에 참여했으나 여전히 잔당들이 변방에서 세력을 떨치고 있다.

정부군과 좌익 게릴라, 우익 무장 조직 중에서 어느 세력도 가난한 변방의 주민에게 먹을거리와 안전을 제공해 주지 못했다. 그런 가운데 1970년대에 마약 카르텔이 등장했다. 파블로 에스코바르가 이끌었던, 콜롬비아 제2의 도시인 메데인의 이름을 딴 '메데인 카르텔'과 콜롬비아 제3의 도시 이름을 딴 '칼리 카르텔'이 서로 경쟁하며 주도권을 다투었다. 좌익 게릴라나 우익 무장 조직 또한 자금을 마련하기 위해 마약 카르텔과 손을 맞잡았으니 코카인 사업은 더욱 번창했다. 정부군과 좌익 게릴라와 우익 무장 조직 간의 주도권을 둘러싼 다툼이 지속되는 가운데 농민들은 생계를 위해 코카를 재배했고, 이런 세력 구도에서 변치 않은 건 콜롬비아 마약 카르델뿐이었다.

많은 사람이 폭력에 노출되었다. 2020년 한국에서 살인은 308건 일어났지만 비슷한 인구의 콜롬비아에서는 40배에 가까운 1만 1,520건이 발생했다.[33] 거기에다가 콜롬비아 사법 시스템은 엉망이다. 형량은 범죄 행위가 아니라 범죄 행위의 결과에 따라 정해진다. 심지어 형사 고발 사건 44만 건 중에서 1만 건(2.2%)만 처벌을 받았다.[34] 또한 2021년에 체포된 범죄자의 88%가 기소 없이 거리로 풀려나는 나라가 바로 콜롬비아다.[35] 이런 나라에서는 법보다 주먹이 가깝고, 경찰과 군대보다 범죄 조직이 더 큰 힘을 가진다. 부패한 국가에서 가장 부패한 건 정치인과 경찰, 군대다. 뇌물만 쥐여 주면 모든 게 해결된다. 마약 카르텔과 일부 지방 당국 사이에는 어느 선만 넘지 않으면 마약 거래를 허용하는 암묵적인 협약이 이루어진다.[36] 평화는 정부가 마약이나 범죄와의 전쟁에 나설 때 유지되는 것이 아니라 오히려 한 카르텔이 지역을 완전히 장악할 때 유지된다. 이른바 '마피아 평화mafia peace'다.

코카는 돈과 함께 피를 불러왔다. 코카 농부는 카르텔과 정부군 사이에 끼인 처지였다. 마약 단속을 나온 정부군은 코카 농부를 마약상과 한패로 보았다. 경찰과 군대는 평시에는 카르텔에게 뇌물을 받다가,

국민적 여론에 밀려 어쩔 수 없이 단속을 나오면 농부에게 어마어마한 벌금을 가하거나 농부를 감옥에 가두고는 코카나무를 뽑고서 사라져 버린다. 코카 말고는 다른 대안이 없는 상태에서 코카 농부는 다시 코카나무를 심는다.

정부군이 완전히 장악한 일부 지역에서는 국가가 코카 재배 농가에 재정적 지원(1년에 400만 원 남짓)을 해주고 다른 농작물을 심도록 장려하는 '불법 작물 대체를 위한 포괄적인 국가 프로그램'을 도입하기도 했다. 하지만 다른 작물로는 코카 수입을 결코 따라갈 수 없었다. 그렇다고 국가가 코카 농가에 코카 재배 수입을 보장해 주는 것은 재정적인 측면에서도 문제였지만 다른 농민과 일반 국민의 거센 반발로 실행하기 어려웠다. 결국 정부의 코카 농가 지원 정책은 흐지부지되며 실패로 끝나고 말았다. 2020년 코로나19가 유행하면서 경제가 어려워지자 실업률이 2019년 10.8%에서 2020년 15.9%로 급등했고,[37] 2021년에는 코카 재배 면적과 생산량이 43%와 40% 증가했다.

마약 카르텔은 정부군이 나오면 잠시 숨었다가 정부군이 떠나면 다시 마을로 돌아와 정부에 밀고한 자들을 색출하기 시작했다. 밀고한 자들이 없더라도 그건 중요하지 않다. 카르텔 입장에서는 자신들이 국가보다 더 강하고 마을을 실질적으로 지배하고 있다는 것을 보여줘야 했다. 정부가 법을 행사했다면, 카르텔은 폭력을 가했다. 그래야 농부들과 주민들이 카르텔을 배신할 생각을 못 할 것이었다. 정부에 협조한 자들뿐만 아니라 코카 농사를 안 짓겠다고 하는 이들, 코카 가격을 인상해 달라고 요구하는 이들도 복수의 대상이 되었다. 최대한 드러내 놓

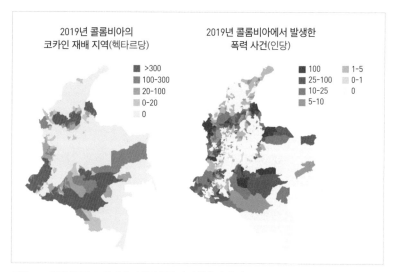

그림 41 **콜롬비아의 코카 재배 지역과 폭력 사건 발생 지역 비교(2019)**
코카인 재배 면적과 폭력 사건의 빈도가 비례하는 것을 확인할 수 있다.

고 잔인하고 고통스럽게 죽여야 본보기가 될 것이다. 당사자가 도망가
거나 당사자로 부족하면 남겨진 가족들이 희생자가 되었다. 법과 질서
가 없는 곳에서는 카르텔에게 피해를 입어도 신고할 곳이 없다. 용기를
내어 신고하더라도 더 큰 보복만이 따를 뿐이다. 코카 농사를 짓기 싫
으면 조용히 몰래 떠나는 수밖에 없다.

　정상적인 나라라면 국가는 국민에게 안전을 보장하고 국민은 국가
에 세금을 낸다. 콜롬비아에서는 국민이 갱단에 세금을 내고 각종 노역
에 동원된다. 심지어 주민들은 갱단에 강제 징집되어 다른 갱단과의 전
쟁이나 정부군과의 전투에 참여해야 했다. 카르텔 입장에서는 조직원
이 다치거나 죽는 경우가 많아서 끊임없이 새로운 조직원이 필요했기

에 강제로 아이들을 끌고 가기도 했다. 또한 마을에서는 카르텔에 의한 살인뿐만 아니라 강간과 갈취도 끊임없이 일어났다. 코카인은 돈과 함께 폭력을 불러왔다. 지도(그림41)를 보면 코카 재배 지역과 폭력 발생 지역이 정확히 일치한다. 한 농부의 말대로 "그것은 축복이자 저주" 였다.

영원한 토너먼트

공부든, 운동이든, 회사든 모두 피라미드 구조다. 한국에서는 대부분 공부를 해서 대학에 진학하는데, 공부를 잘해서 명문 대학이나 의과 대학 등에 입학하는 학생은 소수에 불과하다. 1994년 출생자 수는 72만 1,185명이었고, 그해 출생자가 대학에 들어갈 2013학년도 SKY 대학의 모집 정원은 1만 1,088명이었다. 여기에 전국 의대와 치대, 약대를 포함해도 2만 명이 채 되지 않는다. 공부를 통해 혜택을 보는 이는 대략 3% 정도에 불과하다. 운동의 경우도 마찬가지다. 축구 선수라면 연봉으로만 수천억 원을 벌어들인 리오넬 메시Lionel Messi나 크리스티아누 호날두Cristiano Ronaldo를 꿈꾸고, 야구 선수라면 누적 연봉이 1,000억 원이 넘는 류현진과 박찬호를 꿈꿀 것이다. 하지만 현실은 꿈과 달리 냉혹하다.

우리나라 고등학교 야구부는 2022년 기준 89팀, 등록 선수는

3,420명이다.[38] 매년 프로야구 선수를 뽑는 드래프트에 2023년 1,000명이 참가해 총 110명이 뽑혔다. 해마다 1,000명의 고교 야구 선수가 나온다는 것을 감안할 때 프로에 입단하는 경우는 11%에 불과하다. 프로야구 한 팀에는 80~90명의 선수가 있고 그중 1군 선수는 28명이다. 그러니까 운 좋게 드래프트에 뽑혀 프로야구 선수가 되더라도 팀 내에서도 28명 안에 들어야 한다. 결국 고등학교 야구 선수 중에서 프로에 들어가서, 그것도 1군에서 뛰게 될 가능성은 겨우 3% 정도다. 그런데 공부나 운동을 하려면 어렸을 때부터 많은 돈과 오랜 시간이 걸린다. 선수용 야구 방망이 가격만 해도 대략 30만 원이다. 그리고 끝내 성공할지는 그 누구도 모른다. 많은 시간과 돈이 들지만 성공은 불확실하다.

공부나 운동과 마찬가지로 마약 사업도 철저하게 피라미드식 토너먼트 구조다. 다만 누구나 이 시합에 조건 없이 참가할 수 있다. 열 살 아이도, 스무 살 청년도 가능하다. 특별한 기술도 필요 없다. 글을 못 읽어도 상관없다. 어차피 가난한 집안의 아이들과 청년 입장에서는 다른 선택지도 많지 않다. 어마어마하게 많은 이들이 이 사업에 뛰어든다. 할 사람이 언제나 넘쳐나기에 수요와 공급의 법칙에 의해서 맨 밑바닥에서 벌 수 있는 돈은 얼마 되지 않는다. 이건 이 사업뿐만 아니라 미국의 야구 또한 마찬가지다. 마이너리그 싱글A 선수의 연봉은 1,000만 원이 되지 않는다. 하지만 싱글A, 더블A, 트리플A를 거쳐 메이저리그로 가면 평균 연봉 56억 원의 선수가 된다.[39] 누구나 정상을 꿈꾸며 피라미드의 바닥에서 시작한다.

중국집에서 일하면 바로 요리를 배우는 게 아니다. 종일 양파와 파를 까고 청소를 한다. 이처럼 마약 사업에서도 허드렛일부터 시작한다. 거래 현장에서 경찰이 오는지 망보는 단순한 역할부터 시작해 각종 심부름을 하다가, 어느 정도 경험이 쌓이면 거리에서 소량을 판매하는 마약 딜러가 되거나 마약을 운반하는 노새 역할을 한다. 때로는 해결사 역할을 할 때도 있다. 물론 피라미드의 말단에서는 이런 역할이 정확히 구분되지 않는다. 딜러가 되었다가 노새가 되기도 하고 해결사 역할을 맡기도 한다.

야구에서 더 높은 연봉을 받으려면 타자는 더 많은 안타와 홈런을 치고, 투수는 더 많은 삼진을 잡고 긴 이닝을 던져야 한다. 마약 사업에서 조직원은 더 많은 약을 팔고, 더 많은 돈을 수금하고, 더 많은 양의 약을 운반하고, 더 무자비한 폭력을 행사해야 한다. 이 사업은 일종의 다단계라서 내가 어느 정도 위치에 올라가면 굳이 직접 할 필요가 없다. 밑에 있는 사람을 시키면 된다. 그러니까 어떻게든 빨리 출세해서 위로 올라가야 한다.

많은 이들이 중도에 떨어져 나간다. 소시지 크기로 꽁꽁 싼 마약을 수십 개 삼키고 비행길에 올랐다가 마약을 감싼 비닐이 하나라도 터지면 그 자리에서 죽는다. 그렇게 마약을 옮기다 목숨을 잃는 보디패커가 종종 뉴스에 보도된다. 마약을 노린 이들에게 운반 도중 강도를 당하기도 한다. 미국의 경우 코카인 1kg을 운반하다 잡히면 초범이라 할지라도 징역 5년에서 40년의 형을 받는다. 그 과정에서 사람을 다치게 하거나 살인을 저지르면 최소 20년의 징역형을 받는다.[40] 갱단끼리 싸우다 다치고 죽는 건 흔하다. 마약 피라미드의 맨 밑바닥에 얼마나 많은 이들이 있고, 도중에 얼마나 많은 이들이 체포되거나 죽는지 아무도 모르고 관심도 없다. 미국에서 마약을 파는 한 갱단에서 4년 동안 조직원 4명 중 1명은 살해당한다.[41] 한국에서 살해당할 가능성이 1이라면 미국에서는 11, 콜롬비아에서는 39, 멕시코에서는 48로 높아진다.[42] 경찰의 총에 맞아 죽을 수도 있고, 구역 다툼을 하거나 라이벌 조직과의 경쟁 과정에서 목숨을 잃을 수도 있다. 누구나 총을 가지고 다닌다는 말은, 내가 상대를 쏠 수도 있지만 상대가 나를 쏠 수도 있다는 것을 뜻한다. 초등학생도 손쉽게 어른을 죽일 수 있다. '시카리오sicario', 이는 조직원이나 청부 살인을 하는 사람을 일컫는 말이다. 심지어 콜롬비아 경찰을 죽이면 13만 원에서 많게는 400만 원까지 받을 수 있다.[43] 400만 원이면 콜롬비아에서 받을 수 있는 연봉(2020년 최저임금 기준)을 넘는다.

　게다가 항상 라이벌 조직의 스파이나 경찰에 보고하는 밀고자, 그것도 아니면 돈을 갚지 않는 이가 나온다. 1kg의 코카인을 운반하다가 튀는 자도 있다. 콜롬비아나 멕시코에서 1kg의 코카인은 500만 원 정도이지만 미국에서는 1억 원에 가깝다. 노새는 미국으로 마약을 밀반입하던 도중 '이걸 가지고 도망쳐서 미국에서 팔면 새로운 삶을 시작할 수 있을 것 같다'는 착각에 빠진다. 말 그대로 아메리칸 드림이다(우연히 많은 마약을 얻는 스토리는 영화나 소설의 단골 소재다). 만약 노새인 당신이 1kg의 코카인을 들고 튄 후 미국의 마약 딜러를 찾아가 코카인을 판다고 하면 마약 딜러는 어떤 반응을 보일까?

첫 번째, 마약 딜러가 '이게 웬 횡재냐'며 마약을 싼값에 사준다. 두 번째, 마약 딜러가 당신이 가지고 온 마약을 확인한 후 머리에 권총을 겨누고 목숨만은 살려줄 테니 가지고 온 마약을 놓고 가라고 한다. 세 번째, 마약상이 씩 웃으며 당신의 머리에 총알을 박아 넣고는 당신의 마약을 차지한다.

마약 딜러가 처음 보는 풋내기인 당신에게 순순히 돈을 주면서 마약을 살 리가 없다. 설령 운 좋게 마약을 판다고 하더라도 당신에게 약 운반을 맡긴 조직이 당신을 가만히 둘 리 없다. 그랬다가는 모두가 당신처럼 물건을 빼돌리려고 할 것이기 때문이다. 당신은 조직을 배신하면 어떻게 되는지 보여줄 좋은 본보기가 된다. 조직은 당신을 끝까지 추적하는 동시에 당신의 가족을 해칠 것이다. 배신에 대한 카르텔의 보복은 법과는 달리 공소시효도 없다.

"우리의 수명은 22세입니다. 엄마에게 줄 얼마의 돈과 신발과 술을 살 돈, 그 외에 우리가 원하는 건 없어요."[44]

"여긴 전쟁터예요. … 우린 그냥 할 수 있는 일을 하는 거예요. 다른 선택의 여지가 없다고요. 만약 결국 총에 맞아 죽을 운명이라면, 빌어먹을, 어쩔 수 없죠, 뭐. 그게 깜둥이들이 가족을 부양하는 방법인 걸요."[45]

마약의 저주는 그것뿐만이 아니다. 2020년부터 미국 필라델피아의 '좀비 거리'가 세상을 떠들썩하게 했다. 수많은 이들이 마약에 취해 좀비처럼 뒤틀린 몸으로 걸어 다니는 모습에 사람들은 경악을 금치 못했다. 미국, 그것도 최초의 수도(1790~1800년)였던 역사 깊은 도시 필라델피아에서 일어난 일이라 충격이 더 심했다. 하지만 마약중독자에 대한 언론의 보도와 사람들의 관심조차도 차별적이었다. 미국이 아닌 다른 나라에 이미 '좀비 거리'와 같은 곳이 오래전부터 있었지만 누구도 관심을 기울이지 않기 때문이다.

모든 상품은 원산지가 가장 저렴하다. 마약도 마찬가지다. 세상에서 코카인이 가장 싼 곳은 어딜까? 코카인의 원산지인 콜롬비아다. 미국에서 120달러(15만 원)인 정제된 코카인 1g은 콜롬비아에서는 2~10달러(3,000원에서 1만 3,000원) 수준이다.[46] 코카인을 포함한 마약중독이 가장 심한 나라는 어디일까? 콜롬비아일 것이다. 하지만 세상은 콜롬비아가 코카인을 생산한다는 것과 콜롬비아 마약 카르텔에 대해서만 관심을 가질 뿐 콜롬비아 마약중독자에 대해서는 관심을 갖지 않는다. 미국 정부도 콜롬비아 정부도 '마약과의 전쟁'을 선포해 마약을 얼마나 압수하고 몇 명을 처벌했는지 업적을 자랑하는 데만 바쁘다. 콜롬비아에서 얼마나 많은 이들이 마약으로 죽어가는지는 알려고 하지 않는다.

미국에서는 최근 등장한 필라델피아 마약 거리가 특별할지 몰라도 콜롬비아에서는 오래전부터 흔한 일이었다. 콜롬비아의 제3의 도시이자 카르텔로 유명한 칼리시에는 예전부터 '헤로인 거리'가 있었고, 제2의 도시이자 마찬가지로 카르텔로 유명한 메데인에는 800개 점포에서 각종 마약을 24시간 팔고 있다.[47] 2019년 콜롬비아에서 불법 약물을 사용한 적이 있는 사람의 비율은 10명 중 1명꼴인 9.7%에 달했

다.[48]

　하지만 국제사회는 물론이고 콜롬비아 정부도 자국 내 마약중독자에 대해 신경 쓰지 않는다. 심지어 콜롬비아에서는 마리화나 20g, 코카인 1g 이하를 가지고 있으면 처벌조차 받지 않는다. 치료는 고사하고 약물중독자에 대한 제대로 된 조사나 통계조차 없다.

　방송을 보면, 콜롬비아와 관련해서는 범죄자 아니면 부패한 경찰관과 정치인, 그것도 아니면 미녀만 나온다. 하지만 마약중독자나 마약과 관련된 폭력과 살인, 마약 카르텔 간의 전쟁 등으로 고통받는 대다수의 평범한 시민들에 대해서는 나오지 않는다. 콜롬비아의 보통 사람들은 가난한 나라에서 폭력과 살인에 시달리며 사는 것도 억울한데 마약중독자나 범죄자로 낙인까지 찍힌다. 코카나무가 콜롬비아 농부에게 축복이자 저주인 것처럼, 마약 산업은 콜롬비아 젊은이들에게 희망인 동시에 절망이다.

2장

마약 왕국을 꿈꾸다

"사람들은 자기보다
열 배 부자면 시기와 질투를 하고,
백 배 부자면 두려워하며,
천 배 부자면 그 사람의 일을 대신 해주며,
만 배 부자면 그 사람의 노예가 되고 싶어 한다."

사마천, 『사기』 '화식열전'

왕을 꿈꾼 자, 에스코바르

콜롬비아의 작은 도시 리오네그로에서 농부의 일곱 자녀 중 셋째로 태어난 한 아이가 있었다. 집이 가난해서 아이는 신발도 없이 초등학교에 다녔다. 급우들은 이런 아이를 놀리곤 했다. 공부는 잘했지만 비싼 학비를 감당할 수 없었던 그는 17세 생일 직전에 고등학교를 중퇴했다. 청년이 된 그는 공부에 대한 꿈을 포기하지 않고 고등학교 졸업장을 위조해 대학에 들어갔으나 역시나 가난 때문에 대학교마저 그만두어야 했다. 그것이 그의 인생 전환점이었다. 정상적으로 출세하기가 불가능해진 그는 그때부터 소매치기, 자동차 절도, 복권 위조, 담배 밀수, 심지어 납치까지 저지르며 돈이 되는 것이라면 무엇이든 했다. 그는 똑똑한 동시에 무자비했다. 그 청년은 22세라는 젊은 나이에 콜롬비아 제2의 도시인 메데인을 장악한 마약상이 되었고, 27세에는 세계 최대 마약 밀매 조직 중 하나인 '메데인 카르텔'을 결성했다.

그의 방식은 'Plata o Plomo(은 아니면 납)', 즉 '돈 아니면 총알'이었다. 그에게 맞서면 죽음을 각오해야 했고, 그와 협조하면 돈이 들어왔다. 경찰이 마약 조직에게 공항 게이트를 5분간 열어주면, 마약 조직이 경찰의 6개월 치 월급인 300만 페소(112만 원)[1]를 손에 쥐여주었다. 그의 방식은 가난하고 부패한 콜롬비아에서 잘 먹혔다. 범죄 조직이 성장하는 데 최적의 조건인 가난한 나라, 부패한 정부에 코카인이라는 마약까지 더해지면서 그는 승승장구했다. 정부가 가난한 국민

그림 42   마약으로 대통령까지 꿈꾼 파블로 에스코바르

을 방치하는 동안, 그는 정부 대신 메데인시에 학교와 병원, 무료 급식소를 세우며 큰 인기를 얻었다.

그는 1987년 250억 달러(30조 원)의 재산으로 세계 7위 부자에 선정되기도 했다. '빈민들의 로빈 후드'라는 별명까지 얻어 1982년 국회의원으로 활동했고, 한때는 대통령을 꿈꾸기도 했다. 파블로 에스코바르의 이야기다.

하지만 법무부 장관인 로드리고 라라 보니야Rodrigo Lara Bonilla가 그의 범죄 사실을 폭로해 국회의원에서 파면되자, 파블로 에스코바르는 이에 대한 앙갚음으로 법무부 장관을 암살했다. 심지어 1985년 11월 16일 콜롬비아 수도 보고타에 있는 법원을 폭파해 대법원 판사 11명, 시민 69명, 군인 48명 등 총 128명이 희생되었다. 그것으로도 성이 차지 않았다. 1989년 대선 때는 유력한 대통령 후보이자 1987년부터 마

약과의 전쟁을 공약으로 내건 루이스 카를로스 갈란Luis Carlos Galán 후
보를 8월 18일 무자비한 총기 난사로 살해했다. 같은 해 11월 27일에
는 다른 대통령 후보인 세사르 가비리아César Gaviria가 타기로 되어 있
던 아비앙카 203편에 폭탄을 설치해 폭파했다. 탑승객 107명 전원이
사망했다. 세사르 가비리아 후보는 안전상의 이유로 비행기에 타지 않
아 운 좋게 목숨을 건질 수 있었다. 그렇게 목숨을 건진 세사르 가비리
아 후보는 대통령에 당선되어 마약과의 전쟁을 공포하며 파블로 에스
코바르에 맞섰다.

파블로 에스코바르는 자신을 잡으러 나선 정부에게 사면을 조건으
로 콜롬비아 부채를 갚아주겠다는 제안을 하기도 했다. 실제로 그는 콜
롬비아 정부와 협상해 자신이 지은 40만 평에 달하는, 특급 호텔보다
더 좋은 교도소에 스스로 갇혔다. 하지만 미국 정부가 이를 가만히 두
고 보지 않았고 콜롬비아 정부에 그를 보내달라고 요구하자, 에스코바
르는 교도소를 나와 주민들의 도움을 얻어 도피 생활을 했다. 하지만
일방적으로 도망만 다닐 그가 아니었다.

1993년 1월 30일 오후 6시 24분. 대통령궁 근처의 시내 한복판에서
100kg의 C4 폭탄을 실은 르노 자동차가 폭발했다. 적어도 20명 이상이
사망하고 70여 명이 부상을 당했다. 당시 시내에는 개학을 준비하던
많은 학부모와 아이들이 상점에서 학용품을 고르던 중이었다. 안타깝
게도 이들이 폭탄 테러의 희생자가 되었다. 파블로 에스코바르는 대통
령궁까지 노린 이 테러로 자신의 힘을 과시하려고 했지만, 결과적으로
이 사건 때문에 그에 대한 민심이 완전히 돌아서게 되었다. 이에 여론

그림 43 **총격전 끝에 사망한 파블로 에스코바르**

의 지지를 얻은 콜롬비아 정부는 미국 마약단속국과 함께 적극적인 파
블로 에스코바르 검거 작전에 돌입했다. 물론 경쟁 조직인 칼리 카르텔
또한 그를 노렸다. 1993년 12월 2일, 결국 그는 지붕 위에서 콜롬비아
정부군과 미국 마약단속국 요원들과의 총격 끝에 세 발의 총알을 맞고
사망했다.

그렇게 대통령을 꿈꾸던 파블로 에스코바르는 끝내 꿈을 이루지 못
하고 숨을 거뒀다. 그는 아직도 일부 사람들에게 부패한 국가에 맞서
가난한 사람을 도우며 홀로 싸우다 죽은 '의적'으로 추앙을 받고 있다.
메데인에서 치러진 파블로 에스코바르의 장례식에 2만 5,000명이 넘
는 시민이 모이기도 했다.

가난한 나라, 부패한 정부, 코카인이 삼위일체가 되어 나타난 인물
이 바로 파블로 에스코바르였다. 부유한 집안에서 태어났다면, 콜롬비
아가 부패하지 않았다면, 코카인이라는 마약이 없었다면 지금의 그가
만들어지지 않았을 것이다. 코카나무가 부패하고 힘없는 정부를 토양
으로 삼아 가난한 이들의 피와 마약중독자의 돈을 먹고 자라 화려하게

피운 꽃이 바로 파블로 에스코바르였다. 파블로 에스코바르는 끝내 왕이 되지는 못했지만, 여기 마약으로 정식 군대까지 거느리며 진정한 왕이 된 자가 있다.

쿤사의 헤로인 왕국

마약의 전통적인 양대 산맥은 코카인과 헤로인이다. 코카 잎으로 코카인을 만든다면, 헤로인은 양귀비에서 추출한 아편으로 만든다. 카르텔이나 마약상 입장에서는 코카인보다 헤로인이 유리한 점이 있다. 앞서 1부에서 말했듯이 중독과 금단 증상이 업 계열인 코카인보다 다운 계열인 헤로인에서 훨씬 더 심하게 나타나기 때문이다. 그래서 헤로인을 '마약의 끝판왕'이라고 한다. 마약중독자가 헤로인을 하면 갈 데까지 간 것으로 여긴다. 마약상에게 헤로인 중독자는 죽기 전까지 찾을 영원한 단골이다.

마약 생산 측면에서도 코카보다 양귀비가 훨씬 낫다. 코카나무는 남미 아열대지역의 1,000∼2,000m 고지에서만 자라지만 양귀비는 거의 모든 온대기후에서 자라기 때문이다. 또한 코카는 나무에서 잎을 따기까지 7개월이 걸리지만 양귀비는 3∼4개월이면 꽃이 핀다. 더욱이 양귀비는 나무가 아닌 풀이어서 아주 작은 땅, 심지어는 집 안의 작은 화분에서도 키울 수 있다. 국내에서도 소규모로 양귀비를 몰래 재배하다

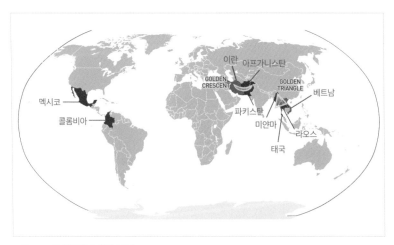

그림 44 세계의 아편 생산 지역

가 적발되는 사례가 계속 나온다. 2022년에만 1,714명이 마약을 키우다가 적발되었는데 대부분 양귀비였다.[2]

아편은 아프가니스탄과 파키스탄, 이란의 국경지대인 황금 초승달지대Golden Crescent 그리고 동남아시아의 태국, 미얀마, 라오스가 국경을 접하고 있는 황금 삼각지대Golden Triangle가 주요 원산지다. 양귀비를 재배하는 황금 초승달지대와 황금 삼각지대, 코카를 재배하는 콜롬비아, 카트를 키우는 아프리카 뿔지대 모두 공통점이 있다. 국민이 가난으로 고통받는 부패하고 힘없는 나라라는 점이다. 2021년 기준 아프가니스탄의 1인당 GDP는 약 553달러(약 73만 원)다. 오랜 기간의 내전과 외세 침입으로 가난을 벗어나지 못하고 있는 아프가니스탄에서는 이슬람 극단주의 탈레반이든 미국이든 누가 정권을 잡든 간에 상관없이 양귀비를 키운다.

"코카인이 그 어떤 생업(커피)보다 더 큰 이익"이 되는 것처럼, 아프가니스탄에서 밀을 재배하면 양귀비를 재배할 때보다 수입이 4분의 1로 줄어든다.[3] 거기에다가 힘없고 부패한 정부는 양귀비 단속조차 하지 못하고, 기껏 나서서는 뇌물을 요구하기 일쑤다. 많은 농부들이 '밀' 대신 '아편'을 택한다. 이런 현상은 카트를 재배하는 아프리카의 뿔지대와 홍해 건너 예멘에서도 마찬가지다. 예멘의 성인 남성 90%가 카트를 즐기다 보니 정작 필요한 곡물을 재배하지 않아 식량 자급률이 떨어지고 식량 가격이 올라간다.[4] 식량 가격이 오르니 곡물 대신 당장 돈이 되는 카트를 재배하는 악순환이 반복된다. 또한 물 부족 국가인 예멘에서는 카트 재배에 막대한 양의 물이 들어가 기근이 심화된다.

동남아의 황금 삼각지대 또한 다를 바가 없다. 황금 삼각지대는 메콩강이 흐르는 밀림 지역이다. 콜롬비아의 파블로 에스코바르는 왕이 되려다 실패했지만, 여기 황금 삼각지대에서는 실제로 마약 왕국이 탄생하기도 했다. 1993년 독립을 선언한 '샨국'이다.

장제스蔣介石의 국민당은 마오쩌둥毛泽东이 이끄는 중국 공산당에 패한 이후 1949년 12월 9일 비행기를 타고 타이완으로 도망쳐 중화민국 정부를 세웠다. 국민당의 일부는 중국의 원난성을 넘어 미얀마 북부의 산악지대로 탈출했다. '국민당 잔당'이었다. 갓 독립한 미얀마 군이 국경을 넘어온 국민당 잔당을 진압하기 위해 쳐들어갔으나 오히려 패배해 국민당 잔당의 세력은 더욱 커졌다. 하지만 국민당 잔당은 장제스와 중국 공산당 양쪽에서 견제를 받기 시작했고, 결국 장제스는 국민당 잔당에게 타이완으로 철수하라는 명령을 내렸다. 이에 다수가 타이완으로 철수했지만, 현지 여성과 결혼하여 터를 잡고 살기 시작한 국민당 잔당 일부(3,000~5,000명으로 추정)는 현지에 남아 활동을 계속했다.

황금 삼각지대는 변방 지역으로, 길도 제대로 깔려 있지 않았다. 한 나라의 정부군이 국민당 잔당을 토벌하려 나서도 국민당 잔당은 다른 나라로 들어가면 그만이었다. 한 나라의 군대가 다른 나라의 국경을 넘어가면서까지 국민당 잔당을 쫓기는 어려웠다. 세 나라가 합동으로 정벌에 나서지 않는 이상 국민당 잔당을 완전히 제압하기는 불가능했다. 게릴라를 펼치기에 이보다 더 좋은 곳은 없었다.

이 지역에서 오래전부터 살고 있던 다양한 소수 민족 주민들은 어떤 나라의 도움이나 지원도 받지 못한 채, 생계를 위해 차와 양귀비를 재배하고 있었다. 이에 국민당 잔당은 양귀비에 주목해 아편을 대대적으로 생산하기 시작했다. 1950년 전까지 연간 30t이었던 미얀마 국경의 아편 생산량은 1950년대 중반에 들어 300~600t으로 늘어났다.[5] 당시는 냉전이 한참 심해져 가는 시기였고, 미국은 반공만 주장하면 묻지도 따지지도 않고 미국 중앙정보국CIA을 통해 동남아와 중남미, 아프리카의 정부나 반정부군을 지원했다. 국민당 잔당도 예외가 아니었다. 미국은 반공 세력을 지원하기 위해 비행기에 무기를 싣고 와서는 아편과 헤로인을 실어 갔다. 결과적으로 이곳에서 생산된 아편과 헤로인은 호주를 비롯해 미국 전역과 전 세계로 퍼져 나갔다. 인접한 베트남전쟁에 참전한 미군에게도 자연스럽게 흘러 들어가 베트남 파병 군인의 15%가 헤로인에 중독되었다. 이와 유사한 상황이 10년 후 콜롬비아를 비롯한 중남미에서 벌어지게 된다. 미국 중앙정보국은 마약을 파는 반공 세력을 지원하고, 미국 마약단속국과 연방수사국FBI, 국세청IRS은 마약을 파는 반공 세력을 뒤쫓는 모순된 상황이 벌어지게 되었다. 이런 현상은 특히 콜롬비아와 멕시코 등지에서 심했다. 결국 코카인이 미국으로 대규모 유입되며 미국 내에서 큰 사회적 문제로 대두했다.

국민당 잔당은 공산당에 대항하는 '반공 단체'이자 중국 정부에 저항하는 '게릴라'였고, 동시에 마약을 제조하고 밀매하는 '마약 카르텔'인 아주 괴상한 조직이었다. 그리고 여기에 진정한 마약왕, 쿤사Khun Sa(개명 전 이름 장치푸張奇夫)가 등장한다. 그는 1934년 중국계 아버지와 미얀마의 소수 민족인 샨족 출신의 어머니 사이에서 태어났다. 쿤사는 미얀마의 샨족 영토로 들어온 국민당 잔당의 장교에게 교육을 받아 국민당 잔당의 장교가 되었고, 그 이후 자신만의 독자적인 세력을 키웠다. 1967년 황금 삼각지대 지배권을 두고 국민당 잔당과 쿤사 사이에 전투가 벌어졌다. 동남아시아에서 벌어진 일종의 '아편 전쟁Opium wars'이었다. 이 아편 전쟁에서 승리한 국민당 잔당이 황금 삼각지대의 마약 90%를 장악했다. 전쟁에서 패하고 세력이 약화한 쿤사는 1969년 정부군에 잡혔다. 하지만 그는 꺾이지 않았다. 1974년 석방된 쿤사는 다시 활동을 시작해 결국 국민당 잔당마저 흡수하며 황금 삼각지대를 완전히 거머쥐었다.

쿤사는 기존의 양귀비를 재배해 헤로인을 생산했을 뿐 아니라 '야바Yaba'라는 신종 마약까지 개발했다. 기존의 각성제인 필로폰(30%)에 카페인(60%)을 섞어 가격을 낮추면서도 효과를 극대화했다. 야바는 주로 빨간 알약 형태로 만들어졌는데, 이를 먹으면 지치지 않고 밤새 일

그림 45 마약 왕국을 세운 쿤사   그림 46 쿤사가 개발한 신종 마약 야바

을 할 수 있다고 해서 '미친 약'이라고 불렸다. 지금도 미얀마와 태국 등지에서는 야바가 가장 인기 있는 마약 중 하나다. 쿤사는 그렇게 업 계열의 야바와 다운 계열의 헤로인을 같이 생산했다.

미얀마는 다수의 버마족과 여러 소수 부족으로 구성되어 지금까지 심한 갈등을 겪고 있는데, 버마족 다음으로 인구가 많은 민족이 쿤사 의 어머니가 속한 샨족이었다. 국민당 잔당이 '반공'이라는 기치 아래 아편을 팔아 세력을 키운 것처럼, 쿤사 또한 '민족 해방'이라는 명분 아 래 마약을 팔아 세력을 확장해 나갔다. 콜롬비아의 파블로 에스코바르 가 로빈 후드였다면, 쿤사는 샨족의 독립운동 지도자로 추앙을 받게 되 었다.

쿤사는 반공 세력인 국민당 잔당 출신이어서, 당시 미얀마나 태국의 우익 군부 입장에서는 산악지대의 좌익 무장 세력보다 나았다. 또한 쿤 사가 어마어마한 뇌물을 뿌렸기에 그의 마약 사업은 날로 번창해갔다.

시골 마을 사람들에게 뇌물을 뿌리는 것도 잊지 않았다. "쿤사는 샨족 독립을 위해 싸웠다. 쿤사가 있을 땐 요즘처럼 먹고살기가 힘들지 않았고, 그래서 우린 쿤사를 존경한다", "쿤사는 아주 따뜻한 사람이었다. 가난한 이들한테 돈도 나눠주고 병원과 학교도 지어주고… 우린 그이를 못 잊는다."[6] 후한 인심으로 지역 주민들에게 인기를 얻은 파블로 에스코바르의 원소가 바로 황금 삼각지대의 쿤사였다.

그는 미얀마 정부의 세력이 미치지 않는 미얀마 북부의 국경지대에 자신만의 왕국을 세우며 1985년 정식 군대인 몽타이군을 창설했다. 한때 그의 병력은 2만여 명을 헤아렸고 지대공 미사일까지 갖추었다. 그의 군대는 미국에서 유통되는 헤로인의 60%를 장악했다. 1993년 12월 태평양 건너 콜롬비아의 파블로 에스코바르가 콜롬비아 메데인의 한 주택가 지붕에서 총에 맞아 사살될 때, 쿤사는 미얀마의 변방에서 샨족의 독립국가인 샨국을 세웠다. 500만 명의 인구에 세수는 1억 달러. 그는 아편으로 헤로인을 제조하고 필로폰으로 야바라는 신종 마약까지 생산했으나, 지역 주민들의 마약 투여를 엄격히 금했고 적발 시에 즉각 처단했다. 그는 "내가 뿔이 달렸다고 하지만 나는 왕관 없는 왕이다", "우리는 아편을 재미가 아니라 먹을 쌀과 입을 옷을 사기 위해 만든다"라고 하면서 자신이 마약을 재배하는 것을 합리화하기도 했다.

하지만 그것이 쿤사의 전성기였다. 3년 후 그는 미얀마 정부와 비밀 회담을 했고, 사면을 약속받은 대가로 군대를 해산하고 정부에 항복했다. 미얀마 정부는 쿤사를 자국으로 소환하라는 미국의 압력에 굴하지 않고 그의 안전과 재산을 보장해 주었다. 많은 이들은 쿤사가 미얀마

마약 하는 마음, 마약 파는 사회

정부에 '항복'한 게 아니라 스스로 '은퇴'했다고 생각한다.[7] 그는 마약으로 번 돈으로 여생을 풍족하게 살다가 2007년 74세의 나이로 사망했다.

파블로 에스코바르와 쿤사는 비슷한 점이 많다. 둘 다 가난한 나라의 변방에서 태어나 제대로 된 교육을 받지 못했고, 마약을 팔아 번 돈으로 무기까지 사서 세력을 크게 키웠다. 또한 마을에 병원과 학교를 지어 '나쁜 정부'와 반대되는 '착한 의적' 이미지로 사람들의 선망의 대상이 되고 있다. 그러나 이 둘은 막대한 부를 얻었을지는 몰라도, 전 세계 수천만 명을 마약에 중독되게 하고 그들의 돈과 목숨까지 빼앗아 갔다.

국가 사업 '백도라지'

코카인을 생산하는 콜롬비아, 아편의 양대 생산지인 동남아시아의 황금 삼각지대와 중앙아시아의 황금 초승달지대 모두 가난한 국민과 부패한 관료, 힘없는 나라라는 공통점이 있음을 지적한 바 있다. 다만 이 나라들은 자국 내의 마약 생산에 대해 알면서도 모른 척하고, 적어도 겉으로는 국제 여론을 의식해 금지하는 시늉이라도 한다. 이슬람 극단주의 단체인 탈레반조차 아프가니스탄을 장악하고 난 후인 2022년 4월 3일 탈레반 최고 지도자인 하이바툴라 아훈드자다Haibatullah Akhundzada가 모든 아프가니스탄인에게 아프가니스탄 내에서 양귀비 재배를 엄격하게 금지하겠다고 공식적으로 발표했다.[8] 미국이 아프가니스탄으로 쳐들어오기 전인 2000년에도 탈레반은 양귀비의 재배와 아편 생산 및 유통 모두를 금지했다. 다수의 양귀비 재배 농가가 반대하자 이를 철회하긴 했지만 말이다.

하지만 국가가 마약 생산을 독려할 뿐 아니라 아예 직접 나서서 마약을 생산하는 나라가 있다. 제2차 세계대전 당시 독일과 일본이 메스암페타민(상품명: 독일은 페르비틴, 일본은 필로폰)을, 영국이 암페타민(상품명: 벤제드린)을 대량으로 생산해 군인과 노동자에게 보급한 적이 있다. 이는 국가가 마약의 중독성과 의존성을 잘 모르고 벌인 일이었다. 하지만 이 나라는 처음부터 마약이라는 것을 알면서도 현재까지 적극적으로 생산할 뿐 아니라 해외로 수출까지 하고 있다. 바로 북한이다.

북한은 오래전부터 국가가 나서서 마약에 관여해 왔다. 1976년 북한 외교관은 이집트에서 외교 행낭에 대마를 농축시킨 해시시 $400kg$을 넣어 시리아로 보내려다 이집트 세관에 걸려[9] 국제적인 망신을 당했다. 이뿐만이 아니었다. 같은 해 10월 북한 외교부가 덴마크 코펜하겐에서 마약 $147kg$, 밀수 담배 190만 개비와 술 4,900병을 가지고 있다가 적발되기도 했다. 이 외에도 북한은 1948년부터 2013년까지 무려 143건이나 마약을 밀수하다 국제사회에 발각되었다.[10] 북한 정부는 해외 대사관 운영비를 지원하기는커녕, 아예 마약과 슈퍼 노트(북한산 초정밀 위조지폐) 등을 해외 공관에 보내고 본국에 돈을 상납하라고 지시했다. 외교관 1인당 $20kg$이 넘는 마약을 할당받기도 한 것으로 알려졌다.[11] 단 1970년대까지 북한은 직접 마약을 생산하지는 않고 동남아시아 등지에서 마약을 산 후 다른 지역에 되파는 중계무역을 했다. 외교 관습상 대사관과 외교관에 대한 감시가 덜하기에 북한은 대사관과 외교관을 통해 마약 밀수와 판매를 해왔다. 외화벌이를 위해서 수단과 방법을 가리지 않았던 것이다.[12]

　1980년대 북한은 야심 찬 시도를 했다. 김일성은 1981년 대동강 하구에 8km 길이의 댐 건설에 나섰다. 교통로로 쓰고, 담수도 확보해 물을 공급하고, 전력까지 생산하는 일석삼조의 효과를 노렸다. 이른바 '서해갑문'이었다. 남한이 거의 비슷한 시기인 1983년에 착공한 낙동강 하굿둑의 길이가 2,230m였는데, '서해갑문'은 그에 3배가 넘는 8km였다. 계획대로라면 북한은 3년 만에 서해갑문을 완공할 계획이었으나 부족한 기술과 자본으로 몇 번의 연기 끝에 1986년에야 겨우 완공했다. 하지만 부실 공사로 갑문에 계속 금이 가고 물이 새어 나와 끊임없이 유지 보수를 해야 했다.

　더욱이 라이벌인 남한이 1986년 '서울 아시안게임'과 1988년 '서울 올림픽'을 성공적으로 개최하자 북한은 이에 질세라 1989년 '평양 세계청년학생축전'을 개최했다. 최대 10만 명을 수용할 수 있는 서울올림픽 주 경기장(현 잠실종합운동장)보다 규모가 더 큰 15만 명을 수용할 수 있는 능라도 체육관을 건설했다. 하지만 큰 것이 전부였다. 체제 선전을 위해 모든 것이 무료였기에 단 한 푼의 수익도 나지 않았다. 당시 북한 1년 예산이 40억 달러(4조 원)였는데, 평양 세계청년학생축전을 위해 1년 예산의 1.5배인 60억 달러를 썼다.[13]

　'서해갑문'과 '평양 세계청년학생축전'에 이어 1980년대에 북한이

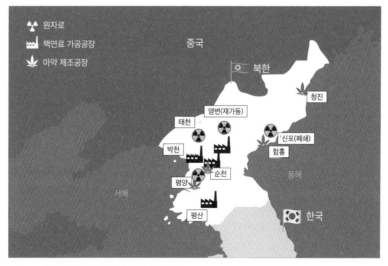

그림 47　북한의 핵 가공공장과 마약 제조공장
북한의 마약 제조공장: 함경북도 청진(라남제약공장), 함경북도 함흥(흥남제약공장), 평안남도 순천시(순천제약공장), 평양(평양제약공장, 상원만년제약공장)

저지른 3대 실책 중 가장 큰 것이 남았다. 바로 '순천 비날론연합기업소'다. 김일성은 1983년 순천 비날론연합기업소를 건설할 것을 지시했고, 북한은 나일론에 이어 두 번째 합성섬유인 비날론을 만들 공장 건설에 들어갔다. 비날론 공장에서 합성섬유 외에 수백 종류의 화학제품을 생산해 옷도 공급하고 비료도 공급해 의식주에서 의衣와 식食을 동시에 해결할 생각이었다. 하지만 그 어떤 나라도 비날론을 쓰지 않는 데는 다 이유가 있었다. 비날론은 북한에서 가뜩이나 부족한 전기를 많이 잡아먹을 뿐 아니라 이런저런 이유로 실용성이 매우 낮았다. 비날론이 내세울 것이라고는 오래전에 북한의 리승기 박사가 개발했다는 것과 원료를 수입할 필요가 없었다는 것뿐이었다. 하지만 '주체사상'을 내세우는 북한은 독자적으로 '주체섬유'를 생산하기로 했다. 어설픈 계획과 전문가의 반대에도 불구하고, 김일성은 무리하게 공장 건설을 밀어붙였다. 6년에 걸쳐 국가 예산의 2배가 넘는 100억 달러를 투자[14]했으나 결국 공장은 비날론을 생산해 보지도 못한 채 고철 단지로 전락해 버렸다.

내부적으로 최악의 1980년대를 보낸 북한에게 1990년대에는 외부에서 큰 위기가 닥쳤다. 1991년 크리스마스 다음 날인 12월 26일 소련이 무너졌다. 북한에 대한 원조가 끊겼을 뿐만 아니라 북한의 조잡한 물건을 사줄 나라가 없어졌다. 엎친 데 덮친 격으로 1995년 8월에 대홍수가 났다. 그 후로도 홍수와 가뭄이 번갈아 가면서 발생했다. 결국 1990년대 후반 100만 명에 가까운 인구가 굶어 죽었다. '고난의 행군'이었다.

1980년대 김일성이 시작한 사업 중에서 유일하게 성공한 것이 핵무기와 마약 사업이었다. 하지만 핵무기 개발로 인한 대북 제재로 거의 모든 상품의 수입과 수출이 제한되자 북한은 마약 판매에 더욱 열을 올렸다. 마약 특성상 거래가 불법이기에 무역 제재의 영향을 덜 받았다. 마약은 무기에 비해 부피가 작아서 밀수도 쉬웠다.

북한 고위 관료였던 황장엽 씨에 따르면, 북한은 '백도라지(아편) 사업'이라는 이름하에 우리나라로 치면 군 감찰 기관인 기무사에 해당하는 보위국과 우리나라 경찰청에 해당하는 사회안전성에 마약류 생산과 밀매를 맡겼다고 한다. 김일성은 중앙 간부들이 모인 회의 석상에서 외화벌이를 위해 양귀비 재배를 지시했다. 북한에서는 도별로

100~200*ha* 규모의 경작지에 양귀비를 키운 것으로 알려져 있다.[15] 심지어 북한은 제대 군인, 의학과 및 약학과 대학생을 동원해 양귀비를 재배했다.[16]

그 결과는 대성공이었다. 1990년대 중반 북한은 여의도의 24배에 해당하는 7,000*ha*에서 양귀비를 재배해 40*t*의 아편을 생산하고 그 아편으로 연산 4*t*의 헤로인을 만들었을 것으로 추정된다.[17] 이는 당시 북한 전체 인구인 2,500만 명이 다섯 번씩 투여할 수 있는 분량이었다.

갑자기 마약 생산이 늘어 기존의 대사관과 외교관만으로 마약을 팔기가 불가능해지자, 북한 정부는 1990년부터는 중국의 삼합회, 일본의 야쿠자, 러시아 마피아 등과 같은 국제 범죄 조직들과 본격적으로 거래하기 시작했다.[18] 실제로 1994년 6월 북한의 사회안전성 소속 요원 두 명이 러시아 마피아로 위장한 러시아 내무부 소속 요원들에게 헤로인 8.6*kg*(당시 돈으로 35억 원)을 인계하다 체포되었다.[19] 한국의 경찰에 해당하는 북한 사회안전성 소속 요원이 당시 돈으로 35억 원 상당의 헤로인을 밀매하려고 한 것도 놀랍지만, 더 놀라운 것은 북한이 최종적으로 팔려고 했던 헤로인의 규모가 무려 7.7*t*이었다는 사실이다.

2003년 4월에는 북한 선박 '봉수호'가 헤로인 150*kg*(당시 시가 7,500만 달러로 893억 원 상당)을 호주에 밀반입하려다 호주 군경에게 적발된 적도 있었다. 북한은 일제강점기부터 남한에 비해 중화학공업이 발달했다. 항구가 있는 함경북도 함흥과 청진이 대표적인 중화학 도시였다. 북한의 대표적인 헤로인 생산 시설은 청진시에 있는 '라남제약공장'이다. 라남제약공장의 5직장에서 헤로인을 생산한다.

그림 48　필로폰을 제조한다고 알려진 흥남제약공장 내부

　북한제 최고 상품은 핵무기나 미사일이 아니라 마약, 그중에서도 필로폰(메스암페타민)이다. 필로폰 결정이 얼음처럼 투명해 '얼음', '아이스', '크리스털'이라고 하는데, 중국과 북한에서는 빙두冰毒,(독의 중국어 발음, 얼음독)라고 한다. 북한산 필로폰은 순도가 98~100%로 전 세계에서 최고의 품질을 자랑한다. 이유는 간단하다. 합성마약인 필로폰은 대개 소수의 개인이나 집단이 감기약의 원료인 슈도에페드린을 원료로 해서 소규모로 만든다. 하지만 북한에서는 역사와 전통을 자랑하는 '흥남제약공장'의 지하 2층에 있는 5직장에서 박사급 인력들이 국가의 명령 아래 전문적으로 필로폰을 생산한다. 품질이 나쁘려야 나쁠 수가 없다.

　헤로인의 라남제약공장, 필로폰의 흥남제약공장 외에도 순천제약공장, 평양제약공장, 상원만년제약공장 등 북한 내 최고의 국영 제약회사에서 마약을 제조하고 있다. 탈북자들의 증언에 따르면, 1990년대 중

그림 49　메스암페타민(필로폰). 결정이 얼음같이 투명하다고 해서 얼음, 아이스, 크리스털, 빙두 등으로 불린다.

반부터 북한의 경제가 급속도로 악화하면서 다른 약의 생산은 멈추었지만, 헤로인과 필로폰은 라남제약공장과 흥남제약공장에서 여전히 쉬지 않고 생산되고 있다고 한다. 헤로인의 라남제약공장(청진)과 필로폰의 흥남제약공장(함흥)은 동해 항구에 위치해서 배로 밀수출하기에도 용이하다. 심지어 북한 정부는 흥남(함흥)에서 잠수함을 이용해 두 달에 한 번, 한 번에 100kg씩 인도네시아로 출항한다고 알려져 있다.[20]

　북한은 무기 거래로 연간 2~5억 달러, 마약 생산과 밀매를 통해 1~2억 달러를 벌어들인다. 2000년대 초중반 북한의 연간 수출액이 9억 5,000만 달러임을 감안하면[21] 마약으로 벌어들인 외화가 얼마나 큰지 알 수 있다. 북한 정부가 제약공장과 군, 외교관까지 동원해 마약을 팔아서 외화를 벌어들이는 동안, 북한 주민들은 이를 가만히 지켜보고만 있지는 않았다.

북한의 가정상비약, 아편

그렇게 1980~1990년대 북한은 마약과 핵 개발 말고는 모든 정책이 실패했고, 1993년과 1995년 대홍수로 인해 기근이 닥쳤다. 1990년에 쌀 180만 t, 옥수수 400만 t을 생산하다 1996년에는 쌀 143만 t, 옥수수 83만 t을 생산해 곡물 수확량이 반토막 났다.[22] 곡식이 없어서 사람들이 굶어 죽어가고 있으니 일반 생필품 따위는 생산할 수도 없었고 구할 수조차 없었다. 북한 돈의 가치는 폭락했다. 국가의 배급은 사라졌고, 주민들은 텃밭에서 농사를 지으며 자급자족해야 간신히 살아남을 수 있었다. 국가 주도의 계획경제 대신 암시장(장마당)이 곳곳에 등장하며 물물교환이나 외국 돈으로 거래가 이루어졌다.

식량 부족으로 인한 영양실조와, 수해로 인한 각종 전염병과 질병이 만연했다. 주민들에게는 식량과 항생제를 비롯한 의약품이 절실한 상황이었다. 그런 상황에서 북한 정부는 쌀과 약 대신 '정신'을 강조했다. 북한 당국은 1939년 김일성의 항일 빨치산이 만주에서 혹한과 굶주림 속에서 일본군의 토벌 작전을 피해 다니며 유격전을 펼쳤던 '고난의 행군'을 떠올리며 이겨내자고 했다. 하지만 무에서 유를 만들어 낼 수 없듯이, 쌀과 약이 없는 상황에서 정신력만으로는 굶주림과 질병을 이겨낼 수 없었다. 1995년부터 2000년까지 북한에서 적게는 수십만 명에서 많게는 100만 명가량이 굶어 죽은 것으로 추정된다.

배부른 권력자들은 굶어 죽어가는 주민들에게 고난의 정신을 강조하면서 정작 자신들은 호화로운 생활을 이어갔다. 그러기 위해서는 돈, 더 정확하게는 가치를 상실한 자국 돈이 아니라 '외화'가 필요했기에 북한 정부는 국가의 역량을 총동원해 의약품 대신 마약을 제조해 팔았다. 그렇게 정부에게 버림받은 주민들은 살아남기 위해서 스스로 모든 것을 해결해야 했다. 한반도에서는 이미 조선시대부터 아편을 추출하기 위해 양귀비를 조금씩 재배하고 있었다. 현대 의학이 발달하면서 아편은 약으로서의 지위를 상실하고 마약이 되었는데, 현대 의학의 혜택을 누릴 수 없는 북한에서는 아편을 가정상비약으로 쓰기 위해 계속 양귀비를 키우고 있다. 고난의 행군이 닥치자 주민들은 치료는 고사하고 당장 아프지 않기 위해 집에서 본격적으로 양귀비를 기르기 시작했다.

"한국에는 그것보다 훨씬 효과 좋은 약이 많겠지만, 북한에서는 아편이 최고의 약이다. 치료용으로 제일이다. 진통도 금방 없어진다. 북한 사람들은 아편만 있으면 뭐든지 다 고칠 수 있다고 생각한다."
"아편 같은 것은 보통 집에서 밭을 하는 사람들이면 다 기른다. 북한에 약이 없다 보니 아편을 만병통치약으로 본다. 그래서 농사짓는 사람 치고 아편을 안 가지고 있는 사람이 없다."[23]

거기에다가 2000년대부터는 북한에서 새로운 마약 바람이 불었다. 일본에서는 필로폰, 한국에서는 히로뽕, 미국에서는 그 결정이 유리나 얼음 같다고 해 크리스털이나 아이스, 북한과 중국에서는 빙두라고 불리는 메스암페타민이었다. 1970~1980년대 한국에서 생산되던 메스암페타민은 1990년대에 대만, 중국, 동남아시아 등지에서 생산되기 시작했고, 북한도 뒤늦게 여기에 가세했다. 북한에서 빙두의 확산은 피할 수 없는 현상이었다. 국가가 운영하던 마약 공장에서 일부 노동자와 간부가 얼마의 빙두를 뒤로 빼돌렸다.[24] 또한 국영 제약회사 소속이던 전문 인력들이 실직이나 퇴직을 하거나 돈을 벌기 위해서 자체적으로 빙두를 만들기 시작했고, 기술을 민간 차원으로 전수하면서 광범위하게 빙두 생산이 늘어났다. 특히 전문 기술 인력들이 몰려 있는 함흥시가 2000년대 초반 이후 민간 차원의 마약류 생산지로 급부상했다.[25]

주사기조차 구하기 어려운 북한에서는 주로 빙두를 은박지 위에 올려놓고 열을 가해 연기를 마시는 프리베이스 방식으로 투여한다. 원래 메스암페타민의 전구물질인 에페드린은 혈관 수축제로 콧물 감기약으로 사용된다. 실제로 빙두를 하면 코가 뻥 뚫린다. 이런 복합적인 이유로 북한 사회에는 아편과 빙두가 널리 퍼져 있다. 주로 양강도(백두산) 쪽은 아편을, 함경북도(화학공장이 많은 곳) 쪽에서는 빙두를 많이 한다.[26]

"머저리, 미물이 아닌 이상 전당 전군 전민이 다 한다."[27]

"이게 만병통치약이라더라!"

"배가 아파도, 머리가 아파도, 무릎이 아파도, 감기에 걸려도 마약을 한다. 아예 현금처럼 쓰이기도 한다. 결혼식 축의금으로 돈이나 선물 대신 빙두 10g을 주면 신랑과 신부가 좋아한다."[28]

이제 마약은 북한에서 가정상비약인 동시에 만병통치약, 심지어 화폐로서의 기능을 하기에 이르렀다.

탈북자와 마약

어떤 이유에서든지 고향을 떠나 타지에서 사는 것은 쉽지 않다. 이민이라면 더더욱 그렇다. 그리고 여기 한반도만의 특수한 상황이 낳은 이민자가 있다. '탈북자'. 다른 말로 북한이탈주민, 북한이주민이다. 과거에는 '망명형 탈북'이 대부분이었지만 1990년대 중반부터는 식량난으로 인한 '생계형 탈북'이 주류를 이루었다. 최근에는 더 나은 삶을 찾아 탈북하는 경향이 증가하고 있다.[29] 2023년 3월 현재 총 3만 3,916명이 한국으로 넘어온 것으로 집계된다.[30] 하지만 모든 것이 달라진 상황에서 적응하는 것은 쉽지 않다. 탈북자는 쉽게 범죄 피해자가 된다. 한 연구에 의하면 응답자의 23.4%가 범죄 피해를 입은 경험이 있는 것으로 드러났다. 특히 사기 피해를 경험한 응답자가 21.5%에 달했다.[31] 북한과 남한은 모든 면에서 다르기 때문에 탈북자들은 특히 사기에 취약하다. 탈북자는 범죄 피해자인 동시에 범죄 가해자가 되기도 한다. 전체 탈북자 중 10%가 살인, 강도, 상해 등 강력 범죄를 범한 것으로 나타났다. 이는 한국 사회 전체 범죄율 4.3%의 2배 이상에 해당하는 수치다. 탈북자의 재범률 역시 우리나라 전체 재범률보다 2~5배 높다.[32] 그럼 탈북자는 어떤 범죄를 가장 많이 저지를까?

놀랍게도 마약과 관련된 범죄다. 2017년부터 2021년 8월까지 교도소에 수용된 탈북자 785명 중 마약류 관련자가 270명으로 34%를 차지했다. 마약류 범죄는 모든 범죄 중에 가장 높은 비율을 차지한다.[33] 탈북자의 마약 범죄는 개인의 단독 범행이 아니었다. 탈북자들 간의 네트워크를 통해 마약을 입수·투약·거래하며 몇 년에 걸쳐 지속적으로 이루어진 조직적인 범죄였다. 거래 금액이 수천만 원에서 수억 원에 달했으며, 북한-중국-남한으로 연결되어 전문적으로 이루어졌다.[34]

결국 탈북자들의 마약 범죄는 북한에 살 때부터 마약에 익숙해져 있었고 탈북 시도 때 인적 네트워크가 만들어지면서 벌어진 범행이었다. 멕시코 카르텔이 마약과 함께 불법 이민자를 돈을 받고 옮기듯, 탈북자들 중 일부가 자신이 넘어온 탈북 경로를 통해 마약을 밀수하고 있었던 것이다. 실제로 수감된 마약 사범 17명 중 16명이 탈북자 네트워크를 통해 마약을 거래했고,[35] 탈북자들로 이루어진 밀수단 6명이 인천공항을 통해 필로폰 600g을 국내에 들여와 유통했다.[36] 북한산 필로폰 밀반입 및 유통 사건 수사 결과, 입건자 25명 중 탈북자가 16명인 것으로 확인됐다.[37] 대한민국 정부가 탈북자를 예의 주시하고 있는 상황에서도 마약 범죄를 저지를 정도인데 북한에서는 마약이 어디까지 퍼져 있는 것일까?

"북한에서는 마약 통제를 담당하는 관료 집단부터 마약이 돈이라고 생각하고 있어요. 현재 북한은 마약을 생산하는 민간 생산자를 포함해 사법 당국자, 당 간부 등 권력을 쥔 핵심 간부들이 각자의 이익을 위해 한배에 올라타 있는, 모두 다 같은 부패 고리에 엮여 있는 상황입니다. 국가의 방침이 어떻든 이를 실행하는 중간 간부층 모두가 부패해 있다 보니 실제 민간 영역에서 마약 통제가 제대로 이뤄질 리가 없지요."[38]

심지어 북한 전체 인구의 30~35%기 필로폰 중독자라고 추정하기도 한다.[39] 마약은 가난한 나라에서 생산해서 부유한 나라로 팔린다. 코카인은 콜롬비아에서 멕시코를 거쳐 미국으로 가거나 유럽으로 간다. 헤로인은 동남아시아나 중앙아시아에서 만들어져 유럽과 호주로 밀반입된다. 빙두, 히로뽕도 마찬가지다. 북한산 히로뽕이 중국을 거쳐 한국으로 들어오는 것이다.

코로나19 유행 이전까지 북한 메스암페타민은 1g 기준으로 국경지대에서 100위안(1만 7,000원)이었다.[40] 한국에서 1g 소매 가격은 2016년 기준 2,205위안(38만 원)으로[41] 북한보다 22배 비싸다. 한국에서 마약, 그중에서도 필로폰의 가격 변동 폭이 매우 크기는 하지만(1g에 25~60만 원까지), 한국에서 번듯한 직장을 갖기 어려운 북한이탈주민 입장에서는 필로폰(빙두)의 유통이 매우 매력적인 사업일 것이다. 북한에서 중국을 거쳐 중국 국경을 넘기만 하면 가격이 5배 가량 오른다.[42] 탈북자의 말에 따르면, 부정부패와 뇌물이 만연한 북한이기에 마약류 단속 적발 시 1회당 1,000위안(17만 원)을 제공하면 처벌을 면할 수 있다.[43] 마약 밀수꾼들은 뇌물을 세금으로 생각하고 처음부터 관련 담당자에게 바친다. 마약 밀수업자이자 탈북자인 김 모 씨는 자신이 살고 있는 지역뿐만 아니라 인근 지역의 사법기관 책임자부터 일선 실무자까지 전방위적으로 뇌물을 제공하고 이들로부터 강력한 보호를 받은 것으로 알려졌다.

중국과 북한의 국경은 압록강과 두만강을 주요 경계로 하여 1,315km에 걸쳐 있다. 두 강의 하류는 물살이 빠르고 강폭이 넓지만 상류로 올라가면 강폭이 좁고 깊이도 얕아 헤엄을 치지 않고도 건널 수 있다. 겨울이 되어 강이 얼어붙으면 걸어서 간단히 건널 수 있다. 국경을 따라 감시 초소가 길게 늘어서 있었으나 홍수 등으로 떠내려간 후 예산이 없어 복구하지 못해 사실상 방치되어 있다.

한번은 방송국에서 두만강 상류 지역의 회령시 근처에서 한 북한 주민이 빙두를 들고 얼어붙은 20m 너비의 강을 건너는 모습을 촬영했다. 북한과 중국은 인접하고 있어 국경지대에서는 전화가 연결된다. 북한 밀수자는 사전에 중국 쪽에 전화를 걸어 약속 시간과 장소를 정한 후, 강을 건너 중국 측 상대를 만나 100g 정도의 빙두를 건넸다. 그리고는 돈과 생필품을 받고서 서둘러 강을 건너 북한으로 돌아왔다. 이 모든 과정은 1~2분 남짓 안에 이루어졌다. 북한 군인은 인민이 국경을 넘어 마약을 거래하던 모습을 모두 지켜보고 있었다. 북한 군인은 거래를 마친 밀수자에게 접근해 체포하는 대신 몇 푼의 돈을 받고는 유유히 사라졌다.[44] 북한 고위층뿐만 아니라 국경을 지키는 변방의 초소병까지 부정부패와 뇌물이 만연한 것을 알 수 있었다.

부패한 정부, 그로 인한 경제 및 의료시스템의 붕괴, 여기에 주민들의 무지와 가난이 더해져 북한은 이미 완벽한 마약 천국이 되었다. 그리고 이번에는 국가가 아니라 제약회사가 마약을 만들어 판 나라에 대해 이야기해 보고자 한다.

3장

제약회사,
마약상이 되다

"돈이란 바닷물과 같다.
마시면 마실수록 목이 마르게 된다."

아르투어 쇼펜하우어
Arthur Schopenhauer

미국 마약의 역사

1861년부터 1865년까지 4년간 이어진 미국 남북전쟁은 많은 것을 남겼다. 그중 하나가 6만여 명의 모르핀 중독자였다. 당시만 해도 마취제가 발견된 지 얼마 안 된 데다 항생제도 없었다. 미국 남북전쟁으로 60~70만 명의 군인이 사망하고, 300만 명의 군인이 부상을 당했다. 제대로 된 치료는 없었고, 고통이라도 덜어주는 게 의사로서 할 수 있는 최선이었다. 아편을 정제한 모르핀은 부상을 입은 병사에게 '신의 은총'이었다. 하지만 그중 상당수가 모르핀에 중독되었다. 1895년에는 모르핀보다 10배 강력한 헤로인이 등장했다. 헤로인은 기존 모르핀의 중독성과 위험성을 줄이고 효과를 높이기 위해 만들어졌지만 오히려 중독성이 더 심했다. 모르핀 중독자들은 헤로인으로 갈아탔다. 하지만 모든 기술이 그렇듯 효과는 즉시, 부작용은 나중에, 규제는 너무 늦게 등장했다. 1900년에 이르자 무려 25만 명의 미국인이 모르핀과 헤로인에 중독되었다.[1] 언론에 '약물광drug fending'이라는 말이 등장하고, '약

그림 50 　모르핀에 중독된 남북전쟁 참전 군인들

물중독drug addict '이라는 용어가 의학 서적에 실렸다.² 이렇게 남북전쟁에서 시작된 마약중독은 '병사들의 질병'에서 결국 '미국인의 질병'이 되었다.

혜로인이 나온 지 20년 만인 1914년에 미국 최초의 마약 방지법인 '해리슨법'이 만들어졌고, 이로부터 10년 후인 1924년에는 '헤로인 금지법Anti-Heroin Act '이 제정되어 의학적 사용마저 완전히 금지되었다. 거기에다가 제2차 세계대전이 유럽에서 태평양으로 확산하면서, 동남아시아에서 생산되던 아편과 헤로인의 공급이 차단되었다.³ 하지만 전쟁이 끝나자 다시 헤로인 문제가 부각되었다. 그리고 다시 전쟁이 터졌다. 1964년, 베트남전쟁이었다.

담배를 가장 많이 피우는 직업 중 하나가 군인이다. 군인은 대부분의 시간을 야외에서 생활하고 중간중간 휴식이 있어 담배를 피우기가 좋다. 미군은 담배뿐만 아니라 마리화나도 많이 피웠다. 긴장을 푸는 데

그림 51　히피 문화의 정점인 1969년 우드스탁 페스티벌

는 담배, 아니 마리화나 한 모금만큼 좋은 것이 없다.[4] 저 멀리 베트남에 파견된 미군 병사들이 밀림 속에서 긴장을 풀기 위해 마리화나를 피웠다면, 미국 내 대학생과 히피들도 반전 시위에 참여하며 마리화나를 피웠다. 마리화나의 다운 효과는 전투에 나선 병사들에게 긴장을 풀어주고, 마리화나의 환각 효과는 대학생이나 젊은이들에게 새로운 세계를 열어주었다.

마리화나는 마약으로 가는 첫걸음이다. 베트남 전쟁터의 병사들은 동남아시아에 널려 있는 헤로인에, 미국 내 대학생과 히피들은 더 강한 환각제인 LSD와 엑스터시에 빠져들었다. 당시 대통령이었던 리처드 닉슨이 반전 운동과 시위를 억제할 방법으로 '마약과의 전쟁'을 선포하고 마리화나를 가장 높은 단계인 '1등급'으로 규제한 영향도 무시할 수 없었다. 당시 멕시코산 마리화나를 피우던 병사들이 마리화나를 구할 수 없게 되자, 동남아시아 현지에서 구하기 쉬운 헤로인을 투여하기 시작했다.[5] 마리화나나 헤로인이나 1등급으로 분류된 마약이었다. 당시만 해도 전쟁 이후 우울증을 겪으며 끔찍한 경험을 되풀이하는 '외상 후 스트레스 증후군PTSD'이라는 말 자체가 없었다. 전쟁 경험 후 극심한 심리적 고통을 겪는 병사들은 단순히 마음이 강하지 못한 것으로 낙인찍혔다. 외상 후 스트레스 증후군을 겪던 군인들은 치료를 받지 못한 채 알코올과 마약에 의지하며 중독에 빠졌다.

1960년대와 1970년대, 베트남전쟁에 참가한 병사들은 해외에서 마리화나와 헤로인을, 베트남전쟁에 반대하는 대학생과 히피들은 국내에서 마리화나와 LSD와 엑스터시를 하는 '마약 전성시대'가 열렸다. 1980년대에는 새로운 마약이 등장했다. 코카인에 베이킹파우더 등을 섞은 후 열을 가해 피우는 '크랙'이었다. 원래 코카인은 소수의 상류층만이 파티 등에서 즐기는 '고급 마약'이었기에 그리 문제가 되지는 않았다. 그런데 상황이 바뀌었다. 미국 외교의 실패 때문이었다. 미국은 베트남전쟁에서 큰 희생을 치르고 패했음에도 그 어떤 교훈도 배우지 못한 채, 미국 중앙정보국를 통해 중남미 극우 무장 단체에 대한 각종 지원을 계속했다. 극우 무장 단체에게 줄 각종 무기를 싣고 간 군용 비행기는 미국으로 귀환하면서 코카인을 싣고 왔다. 이로써 코카인의 대량 공급이 시작되었다. 코카인의 가격이 떨어지면서 더 많은 사람들이 코카인을 하기 시작했다.

게다가 누군가 크랙을 발명했다. 코카인에 베이킹파우더와 물을 섞은 후 건조해 만든 크랙은 양을 5~10배 늘릴 수 있었다. 같은 무게라도 크랙은 코카인 가격의 절반 또는 그 이하였다. '고급 사치품' 코카인에서 '대중 소비품' 크랙이 되었다. 불에 탈 때 탁탁 튀는 소리를 내기에 크랙이라고 이름 붙은 이 약은, 어떻게 된 것이 코카인 함유량이 적음에도 중독성이나 의존성이 순수 코카인보다 훨씬 더 심했다. 가격은 낮아지고 효과는 강해진 이 크랙은 1980년대 미국 사회, 그중에서도 가난한 흑인 사회를 초토화했다. 마약중독자가 폭발적으로 증가하고, 마약 관련 범죄 또한 어마어마한 속도로 늘어났다. 당시 미국 치안 당국은 거리에서 발생하는 범죄(차 도난, 절도, 강도 등)의 70%가 코카인이나 크랙을 구입하기 위해 벌인 것으로 추정했다.[6]

1988년 뉴욕에서 발생한 살인 사건 가운데 25% 이상이 크랙과 관련된 사건이었다.[7] 1970년대 리처드 닉슨의 1차 마약과의 전쟁은 일종의 정치적 쇼 측면이 다분했다. 하지만 1980년대 로널드 레이건Ronald Reagan의 2차 마약과의 전쟁은 실제 미국 내에서 벌어진 전쟁이었다. 하지만 1980년대 2차 마약과의 전쟁은 2000년대 이후 미국에서 벌어질 3차 마약과의 전쟁에 비하면 국지적인 전투에 불과했다. 미국에서는 남북전쟁이나 코로나19보다 더 큰 희생자를 낳을 것으로 추정되는 전쟁이 2023년 현재 진행 중이다. 전염병에 가까운 이 마약은 크랙처럼 가난한 흑인 사이에서 퍼지거나, 코카인처럼 부유한 백인 사이에서 퍼진 것이 아니다. 이는 백인 노동자층, 그것도 대도시가 아니라 미국 중서부의 작은 소도시와 탄광촌 등에서 시작되었다.

완벽한 조건

누가 뭐래도 세계 최강대국은 미국이다. 경제와 군사뿐만 아니라 과학과 의학에서도 미국이 단연 압도적이다. 미국의 의료비 지출은 놀라움을 넘어 경악할 수준이다. 2021년 GDP 대비 경상 의료비는 17.8%에 이른다. 이는 2위인 독일의 12.8%보다 50% 가까이 높은 것이다. 한국의 GDP 대비 경상 의료비는 미국의 절반도 안 되는 8.8%다(한국의 경상 의료비 비중은 비교 대상 13개 국가 중 가장 낮으며, OECD 평균인 9.6%보다도 낮다).[8]

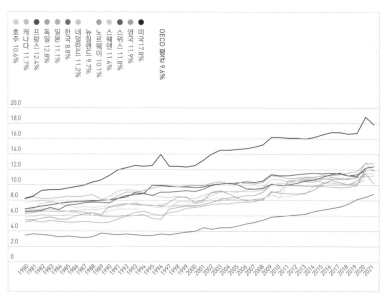

그림 52 OECD 가입국 GDP 대비 의료비 지출 비교(13개 국가 비교, 38개 국가 평균). 미국의 의료비 지출 비율이 압도적으로 높다.

또한 2021년 미국의 1인당 의료비 지출은 1만 687달러(약 1,303만 원)로 전 세계에서 가장 높다. 2위인 독일의 6,524달러(약 795만 원)보다 1.6배 많고, 한국의 2,874달러(약 350만 원)보다는 3.7배 많다.[9] 미국이 의료에 압도적으로 많은 돈을 썼으니 건강 관련 지표가 확실히 좋아야 한다. 하지만 정작 미국의 기대수명은 77세로, 가장 적은 돈을 쓰는 한국의 83.5세에 비해 6.5년이나 짧고 OECD 평균보다도 3.4년 짧다. 이뿐만 아니다. 1세 미만의 영아 사망률은 13개 국가 중 가장 높고, 임신이나 출산으로 산모가 사망하는 모성 사망률은 OECD 평균인 10만 명당 9.8명에 비해 23.8명으로 무려 2.4배나 높다. 거기에다가 살인 범죄율은 10만 명당 7.4명으로 일본의 0.2명, 한국의 0.7명에 비해 10배 이상 높다. 이 외에도 비만율(42.8%), 여러 개의 만성 질환을 가질 확률(30.4%), 코로나19에 의한 100만 명당 사망자 수(3,254명) 등 많은 점에서 결과가 좋지 않았다.

미국이 가장 많은 돈을 쓰고서도 좋지 않은 결과를 얻게 된 이유는 모순적이게도 과도한 의료비 때문이다. 흉부 엑스레이 비용이 단적인 예다. 한국의 병원급에서 흉부 엑스레이 비용은 9,415원인데 미국에서는 약 420달러,[10] 대략 50만 원에 달한다. 한국은 심하게 저렴하고 미국은 지나치게 비싸다. 국가가 운영하는 한국의 건강보험과 달리 미국의 경우는 대부분 사보험이다. 2021년 기준으로 개인 보험비는 1년에 7,739달러(700만 원), 가족 보험비는 2만 2,221달러(2,600만 원)가 지출된다.[11] 이마저도 평균일 뿐이며, 보장 내용이 사보험 종류에 따라 천차만별이라 보험이 있다고 해도 결코 안심할 수 없다. 미국에서 의료보험

(건강보험)이 없는 사람의 비율은 10.2%에 달한다.[12]

실제로 《미국의학저널The American Journal of Medicine》에 "2007년 미국 내 총 파산의 62.1%는 의료비 때문"이라는 충격적인 논문이 실리기도 했다.[13] 2014년 tvN 〈현장 토크쇼 택시〉에서 한 남배우가 미국에서 뇌동맥이 파열된 지주막하출혈로 수술을 받고 한 달 동안 입원했더니 45만 달러(당시 돈으로 5억 원)가 청구되었다고 밝히기도 했다.[14] 한국이었다면 환자 본인이 부담해야 할 금액은 1,000만 원을 넘지 않았을 것이다.

이런 상황에서 미국 사람들은 병원에 가기를 기피하게 되고, 병원에 가더라도 비싼 검사나 수술 등의 치료를 꺼리게 된다. 대신 환자들은 "어떻게든 안 아프게만 해주세요"라고 의사에게 요청한다. 의사가 환자에게 가장 많이 듣는 말이지만, 어떻게든 안 아프게 한다는 것은 매우 어려운 일이다. 아픈 원인을 알아야 치료를 할 수 있고, 아픈 원인을 알려면 검사를 해야 한다. 검사비는 수술비만큼이나 돈이 많이 들고 시간이 걸린다. 하지만 환자는 복잡한 병명이나 발생 원인을 알려고 하기보다는 일단 즉시 아프지 않기를 바란다.

더군다나 의사는 환자의 통증에 비교적 둔감하다. 매일 아픈 사람을 보기 때문에 환자가 겪는 통증에 무덤덤해진다. 또한 통증의 정도와 병의 심한 정도가 정확히 일치하지는 않는다. 응급실에서 환자가 아프다고 소리를 지르면 그 환자는 심각한 상태가 아니다. 정말 심각한 환자는 쇼크 등으로 의식이 희미해져 소리를 지를 수 없다. 게다가 통증은 상당히 주관적이다. 어떤 이는 고통으로 식은땀을 뻘뻘 흘리면서도 괜찮다고 하고, 다섯 살짜리 아이는 눈앞의 주사가 세상 어느 것보다 고통스럽다.

1975년에 '아프지 않으면 0, 말을 할 수 없을 정도로 아프면 10'으로 나타내는 통증 척도pain scale가 만들어졌다. 하지만 의사들 사이에서는 그다지 인기가 없었다. 앞서와 같은 이런저런 이유들 때문이었다. 하지만 환자들은 통증을 느낄 때 병원을 방문힌다. 미국의 경우 1차 의료기관을 이용하는 사람의 절반 이상이 통증 때문이었다. 20세기가 끝날 때까지 통증에 대한 의사와 환자의 이러한 관점 차이는 좁혀지지 않았다.

그러던 중 변화의 바람이 불었다. 1996년 미국통증학회American Pain Society에서 체온, 혈압, 심박 수, 호흡 수를 포함하는 네 가지 활력 징후에 더해 다섯 번째 활력 징후로 통증을 언급하면서, 환자의 통증에 대한 적극적인 치료와 관리가 필요하다고 주장했다. 때마침 《뉴욕타임스New York Times》를 비롯한 미국의 유수 언론들 또한 이를 적극적으로 지지하고 나섰다.

"저는 그들(의사)이 제 고통의 정도를 제대로 이해하지 못한다고 느꼈습니다."

"1992년, 미국 보건복지부 연구부서 산하기관의 보고서는 수술을 받은 사람들의 절반이 통증 완화가 충분히 이루어지지 않았다고 결론을 내리기도 했습니다."

"매년 우리는 통증이 과소 처리된다는 보고를 계속 받고 있습니다."[15]

"다양한 치료를 통해 만성 통증을 완화할 수 있습니다."

"만성 통증에 대해 부인할 수 없는 사실이 하나 있습니다. 대부분의 경우 통증은 치료되지 않았거나 치료되지 않고 있는 상태입니다. 작년에 미국통증학회가 실시한 조사에서, 암과 관련이 없는 통증을 가진 환자의 55%와 심한 통증을 가진 환자의 40% 미만만이 그들의 통증이 조절되고 있다고 말했습니다."[16]

이때부터 통증의 중요성이 부각되었다. 심지어 병원인증평가에서도 '통증 척도'를 따지기 시작했다. 이전까지 의사는 '어느 정도 아픈 건 참아야 한다'거나 '사람이 완전히 안 아플 수는 없다'고 생각했다. 하지만 이제는 환자의 고통을 3~4가 아니라 0까지 완벽히 없애야 한다는 압박감을 느끼기 시작했다.

더욱이 소비자 전성시대가 의학에도 도래했다. 이제 아픈 이들은 '환자'가 아니라 '의료 소비자'로서 병원과 의사를 평가하기 시작했다. 언론과 각종 단체가 이에 동참했다. 환자들은 정확한 진단과 치료보다는 당장 아프지 않을 것과, 본인이 원하는 마약을 포함한 특정한 약을 요구하기 시작했다. 자신의 요구를 거부할 경우 병원과 의사에 대해 형편없는 점수를 매겼다. 병원 점수가 공개되자 병원과 의사는 환자가 원하는 대로 해주고 좋은 평가를 받아야 했다. 이러한 변화는 환자의 삶의 질을 높였을지 모르지만 과도한 약 처방이라는 부작용을 낳았다.

또한 당시 의약품 광고가 허가되면서 1995년 3억 6,000만 달러(당시

3,000억 원)였던 의약품 광고비가 3년 만인 1998년에 13억 달러(당시 1조 2,000억 원)로 4배 가까이 급증했다. 제약회사는 환자와 의사 모두에게 자사의 약을 적극적으로 홍보하기 시작했다. 많은 환자들이 광고에서 본 약이 정말로 효과가 있는지 물어보고 또 처방을 원했다. 실제로 한국에서 의사들을 가장 힘들게 하는 환자 질문 중 하나가 "제가 간이 나빠서 피곤한 걸까요?"다. 이 모든 건 "간 때문이야"라는 특성 제약회사의 광고 때문이다.

비싼 의료비 때문에 제대로 치료받지 못하는 상황, 부각되는 통증의 중요성, 환자가 아니라 소비자로서 병원과 의사를 평가하는 풍토, 의약품 광고의 증가라는 완벽한 환경 속에서, 대재앙을 불러일으킬 악마가 1995년에 탄생했다. 다만 처음부터 악마로 보이면 사람들의 견제를 받기에, '혁신'이라는 탈을 쓰고 세계 최강의 국가에 등장해 전염병을 뿌리기 시작했다. 그것도 사람들이 많고 교류가 많은 뉴욕이나 로스앤젤레스 같은 대도시가 아니었다. 우리나라로 치면 강원도 같은 애팔래치아산맥 깊숙이 위치한 가난하고 소외되고 외진 작은 탄광도시와 녹슬어 가는 공장지대, 그리고 시골 농장이 근원지였다.[17] 세계화 시대의 혜택은커녕 온전히 피해를 받은 곳이었다. 그곳의 공장은 더 싼 노동력을 가진 다른 나라와의 경쟁에 밀려 하나둘 문을 닫기 시작했고, 폐쇄된 공장은 녹슬기 시작했다. 그래서 러스트 벨트rust belt였다. 철이 녹스는 가운데 사람들은 악마가 퍼뜨린 전염병에 걸려 쓰러져 갔다.

아마겟돈의 시작 : 옥시콘틴

아마겟돈이 시작되기 전부터 미국뿐만 아니라 전 세계에서 마약성 진통제는 많이 사용되고 있었다. 1984년 퍼듀 파마Purdue Pharma라는 제약회사에서 출시한 MS콘틴MS Contin이라는 약이 대표적이었다. 이 약 하나로 연간 1,700만 달러(170억 원)의 매출을 올리던 회사는[18] 특허권이 만료되자 새로운 마약성 진통제가 필요했다. 그렇게 나온 것이 1996년에 출시된 옥시콘틴이었다. 1917년에 이미 개발된 마약성 진통제 성분인 옥시코돈에 일명 혁신을 가한 제품이었다.

다음 그래프(그림53 좌측)에서 보듯이 기존의 마약성 진통제는 약의 농도가 급격히 상승해 환자가 행복감을 느끼게 하고 중독에 빠지게 한다. 급격히 상승한 약물 농도는 다시 급격히 하락해 환자가 통증을 느끼게 되고 통증을 조절하기 위해 또다시 약을 먹게 된다. 거기에다가 기존의 마약성 진통제는 효과가 4시간밖에 지속되지 않아, 약효가 떨

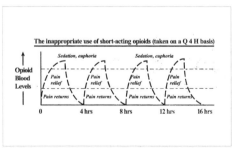
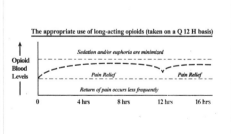

그림 53 기존 마약성 진통제(좌측)와 옥시콘틴(우측)의 시간 경과에 따른 혈류 내 농도 변화 비교

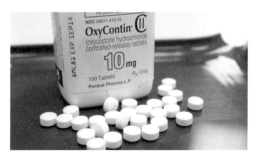

그림 54 혁신적인 마약성 진통제, 옥시콘틴

어지면 환자가 잠에서 깨어 다시 약을 먹어야 했다. 환자 입장에서 밤에 찾아오는 고통은 악몽과 같았다. 반면 그래프(그림53 우측)처럼 옥시콘틴은 제약 회사의 주장에 따르면 약 표면에 특수한 코팅을 해 약의 농도가 완만히 상승한다. 환자는 행복을 느끼지 못하고 중독에도 빠지지 않는다. 또한 12시간까지 효과가 지속되기에 옥시콘틴을 복용하면 밤새 통증으로 깰 걱정 없이 푹 잘 수 있다고 퍼듀 파마는 설명했다.

심지어 퍼듀 파마는 약물 용량이 무려 8배가량 늘어도 약의 농도가 급격히 상승하지 않고 완만하게 오래 유지된다고 했다. 마약 성분인 하이드로코돈hydrocodone이나 옥시코돈 5~10mg에 타이레놀을 섞은 기존의 마약성 진통제인 로타브Lortab나 퍼코셋Percocet은 효과가 4시간에 그쳤다. 하지만 옥시콘틴은 서서히 조금씩 효과가 나타나기에 마약 성분인 옥시코돈의 함량이 10mg, 20mg, 40mg, 80mg에 이어 나중에는 160mg인 진통제까지 출시되었다. 퍼듀 파마의 말대로라면 옥시콘틴은 중독도 안 되고 효과도 오래가기에 마약성 진통제로서 '이보다 더 좋을 수는' 없었다.

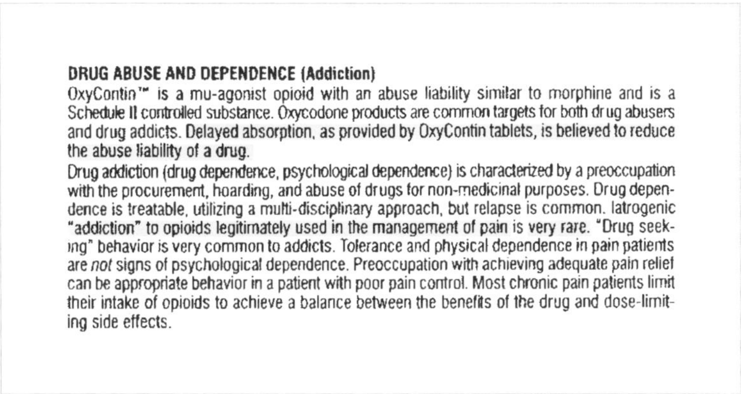

DRUG ABUSE AND DEPENDENCE (Addiction)
OxyContin™ is a mu-agonist opioid with an abuse liability similar to morphine and is a Schedule II controlled substance. Oxycodone products are common targets for both drug abusers and drug addicts. Delayed absorption, as provided by OxyContin tablets, is believed to reduce the abuse liability of a drug.
Drug addiction (drug dependence, psychological dependence) is characterized by a preoccupation with the procurement, hoarding, and abuse of drugs for non-medicinal purposes. Drug dependence is treatable, utilizing a multi-disciplinary approach, but relapse is common. Iatrogenic "addiction" to opioids legitimately used in the management of pain is very rare. "Drug seeking" behavior is very common to addicts. Tolerance and physical dependence in pain patients are *not* signs of psychological dependence. Preoccupation with achieving adequate pain relief can be appropriate behavior in a patient with poor pain control. Most chronic pain patients limit their intake of opioids to achieve a balance between the benefits of the drug and dose-limiting side effects.

그림 55   실제 옥시콘틴 설명서에 적혀 있는 문구

미국에서 모든 약과 음식의 안전성과 유효성을 검증하는 미국 식품 의약국FDA이 1995년 12월 옥시콘틴을 허가했다. FDA 허가가 중요한 이유는 의심 많고 까탈스러운 의사들이 유일하게 믿는 기관이 FDA였기 때문이다. 의사들이 가톨릭 신부라면, FDA는 교황청의 권위를 가지고 있었다. 특정 약이 FDA의 승인을 얻었다는 말은 약의 안전성과 효과가 검증되었다는 것을 뜻했다. 미국의 5등급 마약 분류 중 2등급에서는 "약물 남용 가능성이 높으며, 엄격한 제한 속에서 치료에만 허용된다. 약의 남용은 심각한 심리적 또는 신체적 의존성을 유발할 수 있다"라는 설명이 붙어 있는데, FDA는 2등급에 속하는 옥시코돈 성분의 옥시콘틴에 대해서만은 유일하게 다음과 같은 라벨을 붙이도록 허가했다. "옥시콘틴의 지연 흡수는 약물 남용의 가능성을 줄여준다 (Delayed absorption, as provided by OxyContin tablets is believed to reduce the abuse liability of a drug)." 2등급 마약성 진통제로서는 처음 있는 일이었다.

FDA 승인까지 얻은 퍼듀 파마는 기존의 마약성 진통제와 달리 '특수한 코팅 기법'이 사용된 옥시콘틴은 의존성과 중독성이 매우 낮고, 12시간 지속되는 혁신적인 신약이기에 밤에 자다가 아파서 깰 일이 없다며 대대적으로 홍보에 나섰다. 옥시콘틴이 출시되기 전까지만 해도 의사들은 마약성 진통제가 곧 마약이라고 생각해 말기 암 환자를 제외하고는 처방을 꺼렸다. 마약 자체의 의존성과 중독성, 호흡 억제 부작용 등을 우려했던 것이다. 하지만 옥시콘틴은 FDA의 승인을 받았다. FDA에 따르면 옥시코돈의 흡수 지연은 약물 남용의 가능성을 줄여주고 중독성은 매우 낮았다very rare. 게다가 제약회사는 의학 논문까지 언급하며 '중독의 위험이 1%의 절반'에 불과할 뿐이며, 중독은 매우 드문exquisitely rare 일이라고 재차 강조했다.[19] 그렇게 위험은 축소되었고, 효과는 과장되었다.[20]

퍼듀 파마는 약 홍보에서 멈추지 않았다. 제약회사는 시골이나 소도시의 광부나 블루칼라를 타깃으로 정했다. 몸은 아프지만 어떻게든 일을 계속해야 하는 그런 약자를. 그런 외진 지역의 의사들에게 어마어마한 로비를 시작했다. 영업 직원들은 의사들에게 약 이름이 새겨진 연필과 포스트잇부터 '다섯째 활력 징후'라고 통증을 강조하는 각종 자료와 벽에 거는 차트, 팸플릿 등을 뿌리기 시작했다. 병원 곳곳에서 퍼듀 파마와 옥시콘틴 이름이 눈에 띄었다.

이것은 시작일 뿐이었다. 의사들에게 진료실에 걸 수 있는 벽걸이 시계부터 점심 쿠폰, 주유권, 골프장 이용권은 물론이고, 심지어 고급 리조트에서 간단한 세미나를 열고 숙박권과 식사권을 나눠주었다. 1996년부터 2000년까지 5년간 5,000명 이상의 의사, 간호사, 약사가 퍼듀 파마가 연 세미나에 참석했다.[21] 물론 모든 것이 무료였다.

의사들은 점점 옥시콘틴이라는 약의 효과와 장점에 익숙해졌다. 의사가 약을 처방할 때 어려운 것은 수많은 유사 성분 약 중에서 하나를 고르는 일이다(처방전 칸에 타이레놀의 성분인 아세트아미노펜만 쳐도 다른 이름의 약이 수십 개 뜬다. 의사는 그 많은 약 중 하나를 선택해야 한다). 퍼듀 파마의 막대한 로비로 '통증' 하면 자연스럽게 '옥시콘틴'이 의사들의 머릿속에 각인되기 시작했다. 의사들은 기존의 진통제로 효과를 보지 못한 환자에게 자연스럽게 "새로운 신약이 나왔는데 그걸 한번 써보죠"라며 옥시콘틴을 처방하기 시작했다.

퍼듀 파마의 홍보는 의사들에서 그치지 않았다. 2000년까지 퍼듀 파마는 "내 삶을 되찾았어요I Got My Life Back"라는 홍보 영상을 1만 5,000개나 만들었다. 더 이상 통증을 느끼지 않게 되자 행복해진 사람들이 나오는 비디오였다. 삶을 되찾은 사람들이 직접 옥시콘틴이라는 말은 하지 않지만, 영상 아래에 옥시콘틴이라는 자막이 떴다. 회사는 환자들에게 옥시콘틴을 한 달간 무료로 사용할 수 있는 쿠폰을 나눠주기까지 했다.[22] 퍼듀 파마가 공략한 것은 의사와 환자(아니 소비자)만이 아니었다. 회사는 영업 사원에게 실적에 따른 막대한 인센티브를 제공했다. 1996년 100만 달러(10억 원)였던 전체 영업 보너스가 2001년에는 4,000만 달러(400억 원)로 40배가 늘었다. 영업 사원이 분기당 보너스로 10만 달러(1억 원)를 받는 것이 가능해졌다.[23] 결과는 대성공이었다. 옥

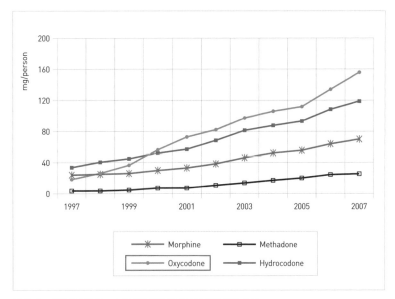

그림 56　미국의 1인당(mg) 치료용 마약성 진통제 사용 증가 추이

시콘틴이 나오기 전에는 1억 7,000만 달러(1,700억 원)의 연 매출을 올렸던 퍼듀 파마가 2000년에는 그 6배인 10억 달러(1조 원)가 넘는 매출을 기록했다. 퍼듀 파마의 마약성 진통제인 옥시콘틴은 화이자의 발기부전 치료제인 비아그라Viagra마저 넘어섰다. 옥시콘틴의 성공을 지켜보던 다른 제약회사들도 너도나도 마약성 진통제 시장에 뛰어들었다.

　옥시콘틴이 나오기 전까지는 암 환자를 보는 의사들이 마약성 진통제를 가장 많이 썼다. 하지만 2000년이 되자 1차 의료를 담당하는 의사들이 마약성 진통제를 가장 많이 처방하게 되었다. 의사들은 암은 물론이고 수술 후 통증, 허리 통증 등 거의 모든 통증에 옥시콘틴을 처방했다. 심지어 치과 의사들도 사랑니를 뽑은 환자에게 옥시콘틴을 처방할 정도였다. 암을 제외한 일반 만성 통증에 대한 처방 건수가 1997년 67만 건에서 5년 후인 2002년 620만 건으로 10배 가까이 증가했다.[24] 그래프(그림56)에서 알 수 있듯이 모든 마약성 진통제의 사용량이 급격히 늘어났다. 그중에서도 옥시콘틴의 성분인 옥시코돈이 단연 압도적으로 증가했다.

첫 번째 파동: 계획된 사기

"여기 전염병이 돌고 있는 것 같아."

1997년 버지니아주에 있는 인구 10만 명의 작은 소도시인 로어노크의 검시관은 버지니아의 남서부에서 1명의 옥시콘틴 관련 사망자를 처음 보게 되었다. 다음 해에는 3명, 그다음 해에는 16명으로 관련 사망자가 늘었다.[25] 옥시콘틴으로 인한 사망자뿐 아니라 강력 범죄마저 폭증하기 시작했다. 대재앙의 시작이었다. 옥시콘틴은 켄터키, 버지니아, 오하이오 같은 시골이나 외진 주부터 시작해 미국 전체로 퍼져 나갔다. 1980년대 크랙의 유행이 가난한 흑인 사회와 슬럼가를 초토화했다면, 1990년대 후반부터 2000년대까지 옥시콘틴의 유행은 가난하거나 중산층에 속하는 백인 사회와 중서부 러스트 벨트를 휩쓸었다.

옥시콘틴이 내세웠던 특수 코팅은 약을 천천히 흡수시켜 약물의 혈중 농도를 일정하게 유지해 효과가 지속적으로 나타나게 한다. 이렇게

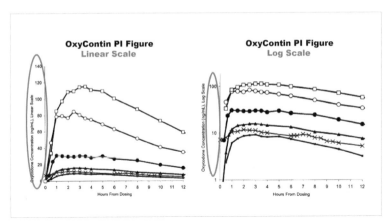

그림 57　시간 경과에 따른 혈류 내 옥시콘틴 농도 변화
좌측: 실제 변화, 우측: 교묘하게 그래프 세로의 척도를 로그로 조작해 농도 변화가 크지 않는 것처럼
모두를 속였다.

특수 코팅한 약을 서방정이라고 한다. 오늘날 매우 흔하게 쓰인다. 가장 기본적인 당뇨약인 메포민Metformin 뿐만 아니라 두통약인 타이레놀에도 서방정이 있다. 약 뒤에 붙은 ER(Extended Release), XR(eXtended Release), SR(Sustained Release), SL(Sustained reLease), DR(Delayed Release), LA(Long Acting) 모두 같은 뜻이다. 서방정은 특성상 쪼개 먹거나 씹어 먹으면 코팅 효과가 사라진다. 일반적인 타이레놀은 500mg인데 서방정은 650mg으로 함유량이 1.3배가량 높다. 하지만 옥시콘틴의 경우 최소 10mg에서 최대 160mg까지 용량이 무려 16배 차이가 난다. 아무리 약을 천천히 방출하는 서방형이라고 해도 말도 안 되는 고용량이었다.

　게다가 교묘한 함정이 숨겨져 있었다. 옥시콘틴의 지속성과 안정성을 증명한 그래프(그림57 우측)를 보면 세로 눈금이 1-10-100으로 올

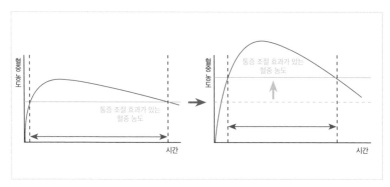

그림 58 약물 농도와 진통 효과가 나타나는 시간 상관관계. 약물 농도(빨간색)가 높아지면, 시간이 흐르면서 내성이 생겨 진통 효과가 나타나는 약물의 농도(파란색)가 올라가고, 그 결과 효과가 나타나는 시간(보라색)이 짧아진다.

라간다. 원래는 0-10-20-30으로 올라가야 하는데 속임수를 쓴 것이다. 고함량의 옥시콘틴은 농도가 급격히 올라가는 동시에 급격히 떨어지면서, 제약회사가 주장한 것과는 달리 일정한 농도를 유지하지 못했다. 퍼듀 파마는 옥시콘틴의 약효가 지속적으로 유지된다고 대대적으로 홍보했지만 처음부터 거짓이었다. 옥시콘틴은 약 효과가 서서히 조금씩 나타난다고 해서 기존의 다른 마약성 진통제(5~10mg)보다 고용량(10mg, 20mg, 40mg, 80mg, 160mg)으로 출시되었다. 원래 5mg을 하루 여섯 번 쓰면 1일량이 30mg이다. 그런데 옥시콘틴은 20mg을 하루 두 번 써서 40mg을 사용했다. 여기서 모든 문제가 시작되었다.

　마약성 진통제가 혈중 농도 10mg으로 통증이 조절될 때, 혈중 농도를 적정한 20mg이 아니라 과도한 40mg으로 올려서 약을 쓰게 되면 어떻게 될까? 그래프(그림58)와 같이 시간이 지나면 혈중 농도 10mg으로 조절되던 통증이 20mg이 되어야 조절된다. 같은 진통 효과를 내기 위해서는 다음번에 농도를 더 높여야 한다. 거기에다가 통증 조절 농도가 올라가면 약의 용량을 늘려야 하고, 약 지속 시간마저 짧아진다(그림58 참조). 그러면 환자는 어떻게 할까? 하루 두 번 먹어야 하는 옥시콘틴을 세 번, 네 번 먹게 된다. 고용량이라는 특성으로 말미암아 내성이 생기고 약을 과용하게 되는 것이다.

혈압약이나 당뇨약과는 다르게 진통제만의 위험성이 있다. 혈압약, 당뇨약, 고지혈증약은 하루에 한 번만 먹는다. 오늘 내가 약이 없다고 해서 빌려서 먹지도 않는다. 하지만 진통제는 아프면 먹고, 약이 없으면 다른 사람에게 빌려서 먹는다. "내가 요즘 허리가 아파(잠이 안 와, 너무 졸려 등)"라고 하면 옆 사람이 "내가 아플 때 먹는 약(수면제, 신경안정제, 각성제)이 있는데 줄까?"라며 손쉽게 약을 건넨다. 약을 건네받으면 '친구가 먹고 있으니 괜찮겠지'라고 생각해 선뜻 물과 함께 삼킨다.

그 어떤 당뇨 환자도 '음, 내가 혈당 조절이 잘 안되는군. 그럼 먹던 약을 2배로 먹어서 혈당을 컨트롤해야지'라고 생각해서 의사와 상의 없이 임의로 약의 용량을 조절하지 않는다. 하지만 진통제는 다르다. 고통이 심하면 환자가 한 알 대신 한 번에 두세 알을 먹거나, 하루 세 번 먹는 약을 대여섯 번 복용하기도 한다. 일반 약은 '천장 효과'로 인해 약을 많이 먹는다고 해도 효과가 증가하지 않는다. 하지만 '천장 효과'가 적거나 없는 마약류 진통제나, 수면제를 포함한 신경안정제는 용량이 늘어나면 일시적으로 효과가 증가한다. 물론 장기간 복용하면 내성이 생기고, 이런 내성으로 인해 같은 효과를 얻기 위해 약을 과다 복용하게 된다. '과다 복용 ⇒ 내성 ⇒ 과다 복용'이라는 악순환이 발생하는 것이다. 나는 수면제인 졸피뎀을 한 알이 아니라 열 알을 먹어야 겨우 잠드는 이를 본 적이 있다. 약을 임의로 복용하다 '과다 복용 ⇒ 내성 ⇒ 과다 복용'이라는 전형적인 중독 패턴에 빠지는 것이다.

술, 향정신성 약물, 마약성 진통제를 복용하는 환자 중에서 안타깝게도 이런 이들이 있다. 영화 〈다크 나이트The Dark Knight〉에서 최고의 조커 연기를 한 히스 레저Heath Ledger는 2008년 1월 22일 약물 과다 복용으로 사망했다. 그의 몸에서는 마약성 진통제만 해도 옥시콘틴, 퍼코셋, 바이코딘Vicodin 이렇게 세 종류가 나왔고, 신경안정제인 발륨Valium(성분명: diazepam)과 자낙스(성분명: alprazolam), 수면보조제인 유니솜Unisom(성분명: doxylamine)과 수면제인 레스토릴Restoril(성분명: temazepam)까지 검출되었다.[26] 처음에는 조커 역에 과도하게 몰입한 나머지 우울증을 앓다 자살한 것으로 알려졌다. 하지만 결국 약물 과다 복용으로 인한 사망으로 판명되었다. 보험사도 이를 받아들여 110억원에 달하는 보험금을 유가족에게 지불했다.

의사라면 통증이 심한 경우 기존 약의 용량을 늘리거나 다른 약으로 교체한다. 거의 같은 종류의 마약성 진통제를 세 가지나 투여하는 경우는 있을 수 없다. 또한 효과가 약한 수면 보조제를 수면제와 같이 처방하는 경우는 드물다. 처방전만 봐도 불면증과 우울증 그리고 신체적 통증을 겪고 있던 히스 레저가 여러 약을 임의로 복용하고 있었고, 이미 마약성 진통제와 신경안정제에 중독된 상태였다는 것을 짐작할 수 있다. 마약류 사망 원인 중 하나가 이처럼 환자가 많은 약을 임의로 투약하는 경우다.

마약성 진통제 자체가 환자의 임의 복용으로 의존과 중독 가능성이 높은 상황에서 퍼듀 파마는 그래프를 교묘히 조작했다. 이뿐만 아니었다. 그들은 "병원에서 마약성 진통제를 광범위하게 사용하더라도 중독은 드물고rare", "중독 위험이 1% 미만"이라는 논문을 반복 인용하며 안전하다고 홍보했다. 다른 통증 관련 학회에서도 퍼듀 파마가 언급한 말을 인용하며 마약성 진통제의 의존성이 1% 미만이라고 주장했다. 이에 다수의 의사들이 마약성 진통제의 중독성이 매우 낮다고 믿었다.

하지만 퍼듀 파마가 주장한 "1% 이하의 매우 희박한 중독 가능성"이라고 쓴 논문은 어디에도 없었다. 퍼듀 파마가 인용한 주장이 의사들 사이에서 가장 신뢰도가 높은 저널인 《뉴잉글랜드 저널 오브 메디신New England Journal of Medicine》에 나온 것까지는 틀린 사실이 아니었다. 1980년 1월 10일 자였다. 하지만 그건 정교한 실험을 거쳐 정식으로 발행된 '논문'이 아니었다. 단순한 '독자 사연'에 불과했다(To the editor: 편집자에게). 그것도 입원한 환자들에게 단기간 처방한 것에 불과했다. 이것도 나중에 옥시콘틴이 문제가 되고 나서야 출처를 찾아내면서 밝혀진 사실이었다. 의사들은 '논문에 나와 있다고 하니까' 그냥 믿었다. 나중에야 옥시콘틴 등이 문제가 되자 장기간 마약성 진통제를 복용할 때의 중독 가능성에 대한 연구들이 쏟아지기 시작했다. 한 연구에서 비암성 통증으로 1년간 다섯 번 이상의 마약성 진통제를 처방받은 외래 환자의 경우 41.3%가 하나 이상의 문제적 행동을 보였으며, 13.2%는 중증 이상의 중독 및 의존 증상을 보였다.[27] 퍼듀 파마가 주장한 1% 미만과 13.2%는 차이가 너무나 컸다.

ADDICTION RARE IN PATIENTS TREATED
WITH NARCOTICS

To the Editor: Recently, we examined our current files to deter-
mine the incidence of narcotic addiction in 39,946 hospitalized
medical patients[1] who were monitored consecutively. Although
there were 11,882 patients who received at least one narcotic prep-
aration, there were only four cases of reasonably well documented
addiction in patients who had no history of addiction. The addic-
tion was considered major in only one instance. The drugs im-
plicated were meperidine in two patients,[2] Percodan in one, and
hydromorphone in one. We conclude that despite widespread use of
narcotic drugs in hospitals, the development of addiction is rare in
medical patients with no history of addiction.

JANE PORTER
HERSHEL JICK, M.D.
Boston Collaborative Drug
Surveillance Program
Waltham, MA 02154   Boston University Medical Center

1. Jick H, Miettinen OS, Shapiro S, Lewis GP, Siskind Y, Slone D.
   Comprehensive drug surveillance. JAMA. 1970; 213:1455-60.
2. Miller RR, Jick H. Clinical effects of meperidine in hospitalized medical
   patients. J Clin Pharmacol. 1978; 18:180-8.

그림 59 퍼듀 파마는 단순한 '독자 사연'을 옥시콘틴의 안정성을 홍보하기 위해 인용했다.

1995년 옥시콘틴이 등장하고 대대적인 광고로 무수히 많은 옥시콘
틴이 처방된 후, 퍼듀 파마의 주장과 달리 어마어마하게 많은 중독 환
자와 금단 증상을 겪는 이들이 생겼다. 일부 의사들이 옥시콘틴의 금
단과 중독 증상에 대해 문제를 제기하자, 퍼듀 파마 측은 이런 현상
이 금단 증상이 아니라 통증이 충분히 조절되지 않아 생긴 '유사 중
독pseudoaddiction'이라며 기존에 없던 의학 용어까지 만들어 냈다. 그러
면서 더 많은 양의 마약성 진통제를 쓰면 그런 현상이 없어진다고까지
주장했다. 하지만 옥시콘틴으로 인한 사망자가 늘어나고 약에 대한 의
문이 계속 제기되면서 수십 건의 소송이 진행되었다. 그렇게 옥시콘틴
에 대한 문제가 제기되던 중 2001년 9월 11일, 알카에다Al-Qaeda가 납
치한 비행기가 뉴욕 맨해튼의 세계무역센터에 충돌했다. 3,000명에 가
까운 사망자와 최소 6,000여 명의 부상자가 발생했다. 9.11 테러는 세
계무역센터를 무너뜨렸지만 한 회사를 살렸다.

"이번 국가의 비극으로 전국 신문의 1면에서 옥시콘틴이 삭제될 수

있었다."[28] 9.11 테러 당시 퍼듀 파마의 영업 담당자가 남긴 메시지였다. 미국은 '마약과의 전쟁' 대신 '테러와의 전쟁'을 선포했다. 그 결과 9.11 테러로 죽은 사망자보다 수십 배나 많은 이들이 마약으로 목숨을 잃게 되었다. 하지만 옥시콘틴의 위험성에 대한 문제 제기와 소송은 9.11 테러로도 완전히 막을 수 없었다. FDA는 2002년 1월 옥시콘틴과 관련해서 국내 최고의 통증 전문가로 이루어진 자문위원회를 열었다. 하지만 그렇게 모인 통증 전문가 10명 중 8명은 퍼듀 파마와 다른 제약회사의 대변인이거나 강연료를 받고 일하는 사람들이었다.[29] 결론은 예상한 대로였다. 퍼듀 파마와 직간접적으로 관련되어 있던 그들은 FDA에게 옥시콘틴의 적응증을 줄일 필요가 없다고 조언했다.

1995년 퍼듀 파마의 옥시코돈을 허가해 준 FDA의 주요 검시관 두 명이 FDA를 떠난 후 퍼듀 파마로 이직했다. FDA 진통제 부서의 책임자는 퇴직 후 아예 자문 회사를 차렸다. 그들은 "FDA에서 30년 이상의 경험"을 가졌다며 자신의 회사를 홍보했고, "성공적이고 효율적으로 제품을 시장에 출시할 수 있도록 도와줄 것"을 약속했다. 2018년 한 연구에서는 28개 제품을 승인하는 데 관여한 16명의 FDA 의학 검토자 중 11명이 그들이 규제한 제품을 만든 회사에서 현재 일하고 있다고 폭로했다.[30]

퍼듀 파마에게 옥시콘틴 160mg 알약을 폐기하도록 압력을 가했던 메인주의 검사마저 2001년 사직 후 퍼듀 파마의 고문으로 일했다. 통증 전문 의사와 FDA 직원, 검사에 이어 퍼듀 파마를 위해 일한 대표적인 인물이 있다. 2001년《타임Time》이 선정한 올해의 인물이자 9.11 테러 당시 뉴욕 시장으로 영웅 대접을 받았던 루돌프 줄리아니Rudolph Giuliani였다. 그는 2001년 12월 31일을 끝으로 뉴욕 시장에서 물러나 2002년 퍼듀 파마에 입사했다.

의사들은 고급 호텔에서 무료 식사 대접을 받았고, 제약회사를 감시해야 할 FDA 직원들은 퇴사 후 퍼듀 파마를 비롯한 제약회사에 취직해 고액의 월급을 받았다. 퍼듀 파마의 영업 직원들은 해마다 1억 원이 넘는 막대한 보너스를 받았고, 미국의 영웅이었던 전임 뉴욕 시장마저 퍼듀 파마를 위해 일했다. 제약회사와 관련된 이들이 돈에 중독되어 파티를 벌이는 동안 거리에서는 사람들이 마약에 중독되어 죽어갔다.

그동안 FDA가 한 것이라고는 옥시콘틴이 1조 원의 매출을 올린 2001년, 옥시콘틴에 가장 강력한 경고인 블랙 라벨을 붙여 약의 위험성과 오용에 대해 경고한 것이 전부였다. 담뱃갑에 끔찍한 폐암 사진을 붙이고 "경고: 흡연은 폐암 등 각종 질병의 원인! 그래도 피우시겠습니까?"라고 써 붙여도 사람들은 담배를 피운다. 이미 금단 증상으로 범죄까지 저지르게 된 중독자에게 블랙 라벨 따위는 낙서에 불과했다.

다른 마약은 왠지 불량한 이들이나 하는 것 같아 꺼려지는 게 있었다. 하지만 의사가 처방한 마약은 달랐다. 기존의 더럽고 불결한 마약에 비해 깨끗하고 청결해 보였다. 또한 기존의 코카인이나 헤로인 따위를 파는 '위험한' 마약 딜러가 아니라 '안전한' 병원과 약국에서 구입할 수 있었다. 약을 하는 이들도 '특수한' '소수의' '범죄자'가 아니라 '평범한' '다수의' '보통 사람'이었다. FDA가 의사에게 믿음을 준 것처럼 의사는 환자에게 믿음을 주었다. "(전문가인) 의사가 병원에서 처방한 약이라니까." 그래서 사람들은 기존의 마약보다 훨씬 더 쉽게 옥시콘틴에 빠져들었다.

제약회사가 더 강한 약을 만들기 위해 노력하듯, 마약중독자들 또한 더 강한 효과를 얻기 위해 여러 가지 방법을 시도했다. 옥시콘틴을 물과 함께 입 안에 넣은 후 삼키지 않고 불려서 알약을 입 밖으로 도로 꺼내 옷 등에 문질러 코팅을 벗겨내고 삼켰다. 코팅이 벗겨졌기에 천천히 흡수되는 대신 즉시 혈중 농도가 올라갔다. 기존의 마약성 진통제에 비해 농도가 4배에서 8배가량 높았기 때문에 효과와 함께 그 중독성은 어마어마했다. 사실상 옥시콘틴은 헤로인과 같은 효과를 나타냈다. 사람들은 이것으로 멈추지 않았다. 더 강한 효과를 얻기 위해 껍질을 벗긴 약을 코로 들이마시거나, 심지어 녹여서 주사기로 투입하기 시작했다.

약 설명서에는 굵은 글씨로 "알약은 한 번에 삼켜야 합니다. 부수거나 씹거나 가루로 만들어서는 안 됩니다. 부수거나 씹어서 복용하면 즉각적인 약의 방출과 흡수로 독성이 있을 수 있습니다"라고 적혀 있었지만, 빽빽한 글씨로 가득 적혀 있는 설명서를 유심히 읽는 사람은 아무도 없었다. 나중에 출시된 몸에 붙이는 펜타닐 패치의 경우 일부 중독자들은 더 빠르고 강한 효과를 위해 물에 끓여 마시기도 했고, 심지어 껌처럼 씹다가 사망하기도 했다.[31]

아픈 몸을 이끌고 탄광에서 석탄을 캐며 가정을 책임졌던 성실한 가장과, 썩은 사랑니를 뽑았던 10대 청년이 진통제로 옥시콘틴 한 통을 처방받아 복용하고는 자신도 모르는 사이에 중독되었다. 단순히 어디가 아픈 것이 전부였던 이들이 마약중독자가 되어 약을 사기 위해 범죄를 저지르다 감옥에 가거나, 약물 과용 혹은 자살로 묘지에 묻혔다. 미국에서는 1999년부터 2014년까지 마약성 진통제 과다 복용으로 16만 5,000명 이상이 목숨을 잃었고,[32] 같은 기간 200만 명 이상의 미국인이 마약성 진통제에 중독되었다. 2013년 한 해에만 2억 5,900만 통의 마약성 진통제 처방전이 나갔다. 미국 성인 한 명당 마약성 진통제 한 통을 처방받은 셈이다.[33]

소송은 끊임없이 제기되었다. 2003년 겨울 퍼듀 파마는 "65-0"이라는 제목으로 옥시콘틴과 관련된 모든 소송에서 이겼다며 보도 자료를 내기도 했다.[34] 심지어 퍼듀 파마의 대변인은 버지니아주 검사와의 회의에서 "문제는 약물 남용이지 약이 아닙니다"라는 말을 하기도 했다. 하지만 진실은 돈으로도 끝내 감출 수 없었다. 2007년 5월 퍼듀 파마는 효과를 과장하고 중독과 남용 등의 부작용을 축소하는 등 마케팅과 판매에서 부적절한 행위를 한 것에 대한 책임을 인정하고, 6억 3,400만 달러의 벌금을 지불하기로 검찰과 법원에서 합의했다.[35] 하지만 그러는 동안에도 옥시콘틴의 매출은 늘어만 갔다. 퍼듀 파마는 옥시콘틴으로 20년간 350억 달러(35조 원) 이상의 매출을 올렸다. 퍼듀 파마의 주인인 새클러 일가Sackler family는 《포브스Forbes》가 2015년에 선정한 미국에서 가장 부유한 가문 15위에 이름을 올렸다.[36]

재판은 2020년까지 20년 가까이 이어졌고, 결국 퍼듀 파마는 86억 달러(약 10조 원)의 민·형사상 벌금을 물게 되었다.[37] 하지만 퍼듀 파마의 소유주인 새클러 일가는 상당수의 재산을 빼돌린 후 회사를 파산

신청했다. 마약성 진통제에 의한 사망자 수는 2010년과 2011년을 정점으로 주춤하기 시작했다. 1996년 옥시콘틴이 처방된 지 무려 15년 만이었다. 마약성 진통제로 인한 문제는 이것으로 일단락되는 것처럼 보였다. 하지만 이는 모두의 착각에 불과했다.

두 번째 파동: 헤로인행 급행열차

앞서 말했지만, 의사로서 치료하기 가장 힘든 때는 환자가 자신의 병을 인정하지 않을 때다. '병식이 없다'고 하는데 이런 경우는 치료를 시작하기조차 어렵다. 몸이 아파서 마약성 진통제를 처방받아 먹던 중 그 약에 중독되면 자신이 마약에 중독되었다는 것을 받아들이기 어렵다.

금단 증상을 겪는 사람을 두고 '왜 끊지 못하지?' 또는 '왜 치료받을 생각을 못 하지?'라고 생각한다면 아직도 마약을 잘 모른다는 뜻이다. 의사가 "상태가 심각합니다", "중독이 의심되니 치료를 받아야 합니다"라고 말한들, 환자가 고개를 끄덕이며 "제가 생각해도 그런 것 같습니다. 어떤 치료를 받아야 하지요?"라고 묻는 이는 거의 없다. 자신은 중독이 아니라고 부정하거나, 분노를 표출하는 등 공격성을 드러내거나, 불안과 초조와 공포로 의사에게 화를 내고 욕을 하거나, 약을 달라고 울고불고하며 빌기도 한다. 하지만 환자의 상태가 심각한 것을 알아차린 의사는 환자뿐만 아니라 자신의 안전을 위해서도 마약성 진통제나 향정신성 약물을 처방하지 않는다. 문제는 그때부터 발생한다.

당장이라도 죽을 것 같은 환자는 수단과 방법을 가리지 않고 약을 구해서 한다. 옥시콘틴 40mg은 의사에게 처방을 받으면 대략 4달러(5,000원) 정도 한다(2001년 기준). 하지만 의사에게 합법적으로 처방을 받지 못해 불법으로 구하면 대략 10배인 40달러(5만 원)를 줘야 한다. 불법으로 약을 구입하면 가격이 5∼10배 높아진다.

마약에도 순서가 있다. 미국에서는 가볍게 마리화나로 시작한다. 마리화나만 하면 다행이지만, 앞에서도 말했듯이 "더 좋은 게 있다", "이게 진짜 약이지"라며 더 강한 약으로 넘어간다. 코카인이나 LSD, 엑스터시를 거쳐 헤로인에 이른다. 이렇게 마리화나에서 헤로인으로 가기까지 대개 몇 년의 시간이 걸린다. 앞서 설명했듯이 다운 계열인 헤로인은 업 계열인 코카인이나 환각 계열인 LSD 혹은 엑스터시보다 금단 증상이 훨씬 더 심하다. 헤로인 중독자는 하루도 채 넘기지 못하고 다시 헤로인을 하게 된다. 마약의 끝이 헤로인인 이유는 바로 이런 극심한 금단 증상에 있다.

2007년 5월 퍼듀 파마가 옥시콘틴의 위험성을 제대로 알리지 않았다는 이유로 법정에서 6억 3,400만 달러(약 7,000억 원)의 과징금을 물게 되면서 큰 파장이 일었다. 이전까지 아무 생각 없이 옥시콘틴을 처방하던 의사들은 자신들이 큰 실수를 해오고 있었던 것을 깨달은 것이다. 이에 의사들이 처방을 줄이기 시작했다. 하지만 이것은 문제를 더욱 악화시켰다. 이유는 간단했다. 옥시콘틴에 중독된 환자들이 옥시콘틴을 구할 수 없게 되자 심각한 금단 증상을 겪기 시작한 것이었다. 2014년

용량	합법 판매	불법 판매
	한 알당 가격	한 알당 가격
10 mg	$ 1.25	$ 5 to $ 10
20 mg	$ 2.30	$ 10 to $ 20
40 mg	$ 4.00	$ 25 to $ 40
80 mg	$ 6.00	$ 65 to $ 80
160 mg	$ 14.00	unknown

표 6   옥시콘틴의 합법·불법 판매 가격 비교

10월에는 바이코딘 같은 다른 마약성 진통제도 마약 분류 3등급에서 2등급으로 변경되면서, 최대 6개월 동안 처방되던 약이 한 달 이내로 처방되었고 같은 약을 다시 처방할 수도 없게 되었다. 그러자 마약성 진통제 공급이 급속도로 줄었다. 평소 처방 가격의 10배로 거래되던 불법 시장에서도 더 이상 마약성 진통제를 구하기가 어려워졌다.

이렇게 되자 마약성 진통제 대신 헤로인이 불법 시장에 등장했다. 헤로인이 옥시콘틴보다 가격 면에서 더 저렴할 뿐 아니라, 구하기도 쉽고, 코팅을 벗겨낼 필요가 없어서 더 간편했다. 주사로 투여하면 효과도 더 좋았다. 마약상들은 이제는 구하기 어려워진 마약성 진통제 대신 원래 팔고 있던 헤로인을 권하기 시작했다. 금단 증상을 겪고 있던 이들은 마약을 가릴 상황이 아니었다. 옥시콘틴 대신 헤로인 알약이 퍼져 나갔다. 헤로인 중독자 5명 중 4명이 그렇게 마약성 진통제에서 시작한 사람들이었다.[38] 결과는 비참했다. 헤로인 관련 사망자 4명 중

3명이 마약성 진통제 한 알로 약에 중독되어 안타깝게도 목숨을 잃어야 했다.[39]

놓쳐버린 기회

마약중독자에게는 처벌이 아니라 치료가 필요했다. 하지만 마약중독자들은 치료 대신 처벌을 받았다. 감옥을 나온 중독자들은 다시 마약을 찾았다. 마약성 진통제(모르핀, 헤로인 포함) 중독을 치료하는 데는 가장 먼저 날록손이 사용된다. 날록손이 몸에 들어가면, 의자(수용체)에 앉아 있는 마약을 끄집어낸 다음 자신이 앉아버린다(결합한다). 이런 기전으로 날록손은 아편계 마약(모르핀, 헤로인, 마약성 진통제, 펜타닐)이 과량으로 몸에 들어와서 호흡 마비가 발생했을 때 응급 치료제로도 사용된다. 날록손이 의자(수용체)에 떡하니 앉아 있으면 몸속에 마약이 들어와도 의자에 앉을 수 없어(수용체와 결합하지 못해) 효과가 나타나지 않는다. 마약을 해도 쾌락을 느낄 수 없다.

날록손 다음으로는 같은 마약성 진통제이지만 쾌락보다 통증을 줄여주는 부프레노르핀과 메타돈으로 치료한다. 독으로 독을 제어하는 방식이다. 부프레노르핀이나 메타돈은 옥시콘틴이나 헤로인, 펜타닐보다 의존성이나 독성이 훨씬 적어서 금단 증상과 갈망을 줄이는 데 효과적이다. 이렇게 날록손, 부프레노르핀, 메타돈을 적절히 조합해 치료하면 1년 안에 약을 끊을 확률이 50%에 달한다.[40] 아예 부프레노르핀과 날록손이 같이 들어 있는 '수복손Suboxone'이라는 약까지 나와 있다. 이러한 약물 치료로 마약(모르핀, 헤로인, 옥시콘틴 및 펜타닐 등 마약성 진통제 포함) 중독자의 사망률을 절반으로 줄일 수 있다.[41]

하지만 마약중독자가 수감 기간 동안 약물 치료를 받은 경우는 거의 없었다. 그 결과 석방 후 3개월 이내에 4명 중 3명이 헤로인을 다시 했다(조사에 포함되지 않은 이들까지 고려하면 헤로인을 다시 찾는 비율은 훨씬 높을 것이다).[42] 마약중독자는 범죄자인 동시에 환자다. 미국 정부에서는 이들을 범죄자로만 보면서 처벌을 강조하고, 환자로서 받아야 할 치료는 생략한 것이다. 마약중독자 10명 중 1명만이 치료를 받았기에 재발을 피할 수 없었다. 더군다나 큰 결심을 하고 마약중독 치료를 받으려고 해도 미국에서는 비싼 의료비 때문에 치료를 받기가 쉽지 않았다. 메타돈과 부프레노르핀 치료는 한 달에 60만 원, 날록손 치료는 한 달에 120만 원이 든다. 두 가지 치료를 모두 받으려면 약값만 한 달에 180만 원 정도를 내야 한다.[43] 비싼 약값 때문에 가난한 이들은 치료할 엄두조차 내지 못했다.

한국의 건강보험에 해당하는 미국의 메디케이드Medicaid조차 주마다 보장 범위가 달라 마약중독에 대한 약물 치료를 지원하지 않는 곳이 많았다. 다수의 마약 치료 센터 역시 현금 또는 개인 보험이 있는 사람만 치료했다. 마약중독 치료에 최소 1년이 걸리고 마약중독자 다수가 가난하기 때문에 자신의 돈으로 치료를 받는 것은 거의 불가능했다. 마약중독자를 1년 동안 치료하는 데는 1만 8,000달러(2,300만 원)가 들지만, 죄수를 1년간 수감하는 데는 3만 9,158달러(5,090만 원)⁴⁴가 든다. 마약중독자 치료비가 수감자 비용의 절반밖에 되지 않는다. 마약중독자는 치료를 받으면 50%가 약을 끊는다. 하지만 치료 없이는 거의 끊지 못한다. 마약중독자를 감옥에 가두는 것은 비용 측면에서나 재발 방지 측면에서 모두 비효율적이다. 하지만 미국은 마약과의 전쟁에서 대부분의 예산을 체포와 처벌에 사용하면서 마약중독자의 재발을 막는 데 실패했다.

옥시콘틴으로 인한 1차 마약 파동이 2010년에 정점을 찍었다면, 헤로인으로 인한 2차 마약 파동은 2010년에 급속도로 증가해 2015년 정점을 찍었다. 하지만 1, 2차 파동은 해일처럼 밀려올 3차 파동에 비하면 아주 작은 파도에 불과했다. 지금 한창 미국을 덮치고 있는 3차 파동은 겨우 시작에 불과해 끝나기는커녕 언제 정점을 찍을지조차 알 수 없다.

세 번째 파동: 펜타닐 쓰나미

한국인의 소울 푸드인 치킨은 항상 새로운 메뉴가 등장한다. 1970년대 프라이드치킨, 1980년대 양념 치킨, 1990년대 후반 간장 치킨에서 숯불 치킨, 기름에 튀기지 않고 굽는 치킨, 파채가 들어가는 파닭 등 다양한 요리가 개발되었다. 이렇게 기업들이 신상품을 끊임없이 개발하는 이유는 단 하나다. 더 많은 소비자를 끌어들여 이윤을 극대화하기 위해서다. 다양한 메뉴로 소비자를 유혹하는 것은 요리만이 아니다. 마약도 마찬가지다. 일종의 (불법) 기업인 마약 카르텔 또한 계속 혁신을 통해 신제품을 출시한다. 또한 소비자가 더 쉽게 약을 할 수 있도록, 그러니까 접근성을 높일 수 있도록 노력한다. 사람이 자기 몸에 주사기로 약을 투입하는 것은 상당히 어려운 데다 거부감마저 든다. 마약상은 크랙이나 빙두처럼 열을 가한 후 태워서 연기를 마시는 프리베이스 방식이나, 알약은 기본이고 알록달록한 색깔을 입혀 마약이 아닌 캔디처럼 생긴 약을 만들어 낸다. LSD 같은 경우는 작은 우표 형태로 입 안에 넣어 녹여 먹도록 만들었다. GHB(물뽕)는 아예 액체 형태여서 물이나 술에 타서 먹을 수 있다.

두 가지 이상의 마약을 섞어 신제품을 만들기도 한다. 업 계열인 코카인과 다운 계열인 헤로인을 섞은 스피드볼이 그것이다. 다운 계열인 헤로인이 사람을 조금 처지게 하기 때문에 업 계열의 코카인으로 단점을 상쇄해 더 큰 황홀감을 느끼게 한다. 상극인 물과 불을 동시에 사용해 더 강력한 마법을 발휘하는 것이다. 업 계열보다 다운 계열이 중독성과 의존성이 더 강해서 이 스피드볼은 자연스럽게 코카인 중독자를 헤로인 중독자로 만든다. 이렇게 중독된 이들은 마약을 더 자주 하게 되고, 마약을 끊을 수 없게 된다.

원가를 낮춰서 이윤을 극대화하는 건 필수다. 코카인에 베이킹파우더를 섞어 피우는 크랙과, 필로폰에 카페인을 섞은 야바가 대표적인 경우다. 필로폰(30%)에 카페인(60%)을 섞어 만든 야바는 필로폰 함량을 낮춰 더 저렴하면서 강한 효과를 낸다. 끝으로, 영원한 단골을 만들어야 한다. 그러기 위해서는 더 강한 중독성이 필수다. 마약상은 대마초를 10배 농축한 해시시, 해시시보다 2배 강한 해시시 오일을 만들었다. 모르핀보다 헤로인이 최소 2배에서 10배까지 강하다.

기업, 아니 마약상에게 코카인, 헤로인, 필로폰보다 더 강력하고 좋은 마약이 있다. 바로 펜타닐이다. 누가 가장 먼저 펜타닐을 마약 시장에 도입했는지는 아직 밝혀지지 않았다. 마약이 불법이라는 특성상 영원히 알 수 없을지도 모른다. 하지만 펜타닐을 약으로 가장 먼저 개발한 사람은 제약회사 얀센Janssen을 세운 폴 얀센Paul Janssen 이다. 펜타닐은 1959년 폴 얀센이 개발한 마약성 진통제로, 1981년에 특허가 풀린 이후 오래전부터 사용되고 있었다. 2013~2015년 무렵 말기 암 환자를 돌보는 호스피스 치료를 할 때 자주 사용해서 내게도 매우 익숙한 약이다. 그때만 해도 펜타닐로 이렇게 많은 사람들이 죽어갈 것이라고는 정말 생각조차 하지 못했다.

마약상은 어느 순간 펜타닐에 주목했다. 기존의 헤로인에 펜타닐을 섞어 몰래 팔기 시작한 것이다. 이유는 단순했다. 펜타닐이 헤로인보다 훨씬 싸고 구하기 쉬운 데다 효과도 좋았기 때문이다. 더군다나 필로폰이나 옥시콘틴, 펜타닐 같은 합성마약은 헤로인이나 코카인처럼 자연 상태에서 일일이 채취해 여러 단계를 거쳐 가공할 필요가 전혀 없다. 헤로인과 코카인을 유통 판매하던 멕시코 마약 카르텔까지 직접 펜타닐을 생산하기 시작했다. 클릭 몇 번으로 중국에서 펜타닐 전 단계인 NPP나 4-ANPP를 수입한 다음 멕시코 내 '마약 공장'에서 펜타닐을

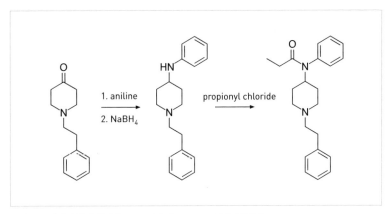

그림 60　펜타닐 합성법(좌측: NPP, 가운데: 4-ANPP, 우측: 펜타닐)

합성했다. 말이 공장이지 큰 방 하나 정도의 크기면 펜타닐을 만들 수
있었다.

　헤로인은 1회 순수 용량이 10~30㎎인데 펜타닐은 0.05~0.1㎎으
로 200분의 1에서 300분의 1의 용량으로 같은 효과를 낸다(참고로 1g이
1,000㎎이다). 카르텔과 마약상은 1g으로 30명분의 헤로인 대신 1만 명
분의 펜타닐을 만들 수 있다. 우편 봉투에 담긴 한 줌의 가루로 몇천 명
분의 펜타닐을 생산하는 것이 가능하다. 게다가 저 멀리 아프가니스탄
황금 초승달지대와 동남아시아 황금 삼각지대에서 아편으로 생산한
헤로인이나, 콜롬비아 산악지대의 코카 잎으로 만든 코카인에 비해 펜
타닐은 생산 및 유통 과정을 몇 단계나 줄일 수 있었다.

　생산과 유통 과정의 단순화는 원가를 절감할 뿐만 아니라 체포되거
나 마약을 압수당할 가능성마저 낮추는 일석이조의 효과를 가져왔다.
헤로인이 사골을 오래 끓여낸 육수라면, 펜타닐은 인공 조미료 같았다.

펜타닐은 훨씬 더 저렴한 비용에, 극소량만으로, 간단하게 강렬한 맛을 낼 수 있었다. 심지어 카르텔은 아예 미국 전역으로 펜타닐 원료를 직수입해 미국 내에서 펜타닐을 합성하는 등 생산 및 유통 과정을 단순화하는 데 힘썼다. 펜타닐이 문제가 되자 미국 정부는 중국 정부에 펜타닐의 원료가 되는 NPP나 4-ANPP의 수출을 막아달라고 요청했지만, 양국 간의 외교 마찰로 인해 협조가 거의 이루어지지 않고 있다.

1차 파동의 주역인 옥시콘틴은 암시장에서 0.04g(40mg)이 25~40달러(3~5만 원)에 거래되지만, 헤로인은 1회 가격(무게는 0.1g이지만 순도가 낮아 실제로는 0.03g 정도다)이 15~20달러(2만~2만 6,000원)이다.[45] 옥시콘틴을 비롯한 마약성 진통제에 대해 단속과 규제가 심해지자 이에 비례해 마약성 진통제의 암시장 가격은 더 올라갔고, 많은 중독자들이 비싼 옥시콘틴에서 싼 헤로인으로 넘어갔다. 그런데 펜타닐 가격은 거리에서 한 알에 4~5달러(5,000~6,000원)만 주면 살 수 있는 수준으로 헤로인의 반의반 값에 불과하다. 중독자들은 옥시콘틴(3~5만 원)에서 헤로인으로, 헤로인에서 펜타닐로 넘어갔다.

카르텔의 노력은 여기서 그치지 않았다. 펜타닐을 하얀 헤로인white heroin, 합성 헤로인synthetic heroin, 흰 염소(염소는 헤로인의 별칭) 등으로 네이밍하며 기존의 헤로인 중독자로 하여금 친숙함을 느끼게 했다. 알약 또한 알록달록한 무지개색으로 꾸며 '무지개 알약rainbow pill'으로 부르며 신약에 대한 거부감마저 없앴다. 심지어 기존에 있던 합법적인 마약성 진통제인 옥시콘틴, 퍼코셋과 똑같은 모양의 펜타닐 마약을 생산해 판매하고 있다. 펜타닐은 멕시코 마약 카르텔에게는 혁신 그 자체

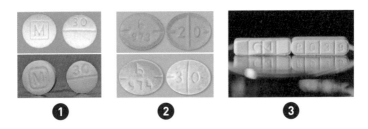

그림 61 ① (위)실제 약인 옥시코돈, (아래)펜타닐이 포함된 가짜약, ② (위)실제 약인 애너릴, (아래) 메스암페타민이 포함된 가짜약, ③ (흰색)신경안정제인 자낙스, (노란색)펜타닐이 포함된 가짜약

였다. 기존의 헤로인보다 훨씬 강력해서 더 많은 중독자를 양산하는 동시에 단골 고객이 생겼으며, 생산과 유통 과정의 단순화를 통해 원가를 줄여 더 큰 이익이 생겼다. 마약 카르텔 입장에서는 이익이 큰 폭으로 증가했기 때문에 제품 가격까지 낮춰 시장을 더 확대할 수 있었다.

펜타닐의 성공을 지켜본 멕시코의 여러 카르텔은 너도나도 할 것 없이 펜타닐을 생산하기 시작했다. 20년간의 특허를 통해 독점을 보장해 주는 의약품과는 달리 불법 마약 시장에서는 누구나 펜타닐을 만들어 판매할 수 있었다. 중국 소녀China Girl, 친구Goodfella, 잭팟Jackpot, 캐시Cash 등 다양한 이름의 펜타닐이 등장했다. 1960~1970년대의 대마초, 1980년대의 크랙과 코카인, 1990년대 후반부터 2000년대의 마약성 진통제 옥시콘틴, 2010년대 초중반의 헤로인에 이어 2010년대 중반부터는 펜타닐이 미국 마약 시장을 지배하기 시작했다. 우리가 방송에서 본 미국 필라델피아 켄싱턴의 '좀비 거리'가 그 결과다.

펜타닐의 장점인 '극소량의 강력한 효과'는 생산자에게는 복음과도

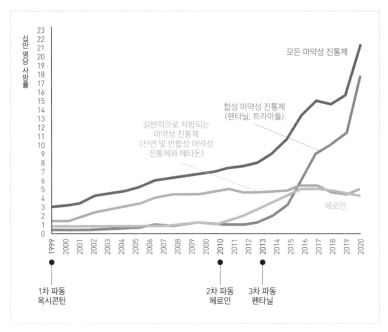

그림 62 점점 거세지는 미국의 마약 파동

같지만 소비자에게는 저주와도 같다. 퍼듀 파마가 생산한 옥시콘틴의 경우, 약물 과용으로 사망하는 사례가 종종 있기는 했지만 그래도 약에 포함된 양은 일정하고 불순물이 없었다. 하지만 멕시코의 여러 마약 카르텔마다 제각각의 방법으로 생산한 펜타닐은 양이나 농도가 들쭉 날쭉한 데다 각종 불순물까지 첨가되었다. 펜타닐은 치사량(2mg)도 매우 적어서 헤로인 1회 투여량의 5분의 1, 필로폰 1회 투여량의 15분의 1만 투여해도 호흡 마비로 사망에 이르렀다. 마약 중에서 펜타닐이 가장 위험한 이유가 바로 여기에 있다. 2022년 11월에 미국 마약단속국은 펜타닐이 들어간 가짜 처방약 10개 중 6개가 치사량의 펜타닐을 함

유하고 있다고 발표하기도 했다.[46]

그 결과가 지금의 3차 펜타닐 파동이다. 실제로 2021년 미국에서 약물 과다 복용으로 사망한 10만 7,622명 중 무려 3분의 2가 펜타닐 사용자다. 미국 질병통제예방센터CDC에 따르면 2022년 18~49세 미국인의 사망 원인 1위는 우리가 흔히 아는 자살, 교통사고, 총기사고가 아닌 펜타닐 오남용이다.[47]

지금까지 살펴본 미국의 마약 파동을 간략히 정리하면 이렇다. 돈에 눈이 멀어 타락한 제약회사가 1995년 미국 땅에 옥시콘틴을 퍼뜨렸다. 1996년에 시작되어 2010~2011년에 정점을 찍은 옥시콘틴의 1차 파동이었다. 옥시콘틴 공급이 줄자 옥시콘틴에 중독된 사람들이 헤로인으로 갈아탔다. 2010년에 시작해 2015~2016년에 정점을 찍은 헤로인의 2차 파동이었다. 때를 놓치지 않고 멕시코 카르텔은 펜타닐을 자체 생산했다. 이렇게 옥시콘틴과 헤로인에 이어 펜타닐의 3차 파동이 2013년에 시작되었고, 이후 사망자가 급속도로 증가하고 있다. 지금 미국에서는 7분에 한 명씩 펜타닐로 사망하고 있다. 더 끔찍한 것은 이 파동이 아직 정점을 지나지도 않았다는 사실이다.

한 제약회사의 탐욕이 결국 펜타닐이라는 지옥을 불러왔다. 죽지 않아야 할 수많은 이들이 죽음을 맞이했고, 앞으로 더 많은 이들이 죽어나갈 것이다.

4장

이 땅의 마약

"하늘 아래 새로운 것은 없다."

전도서

'아편굴'과 '주사옥'의 등장

1840년 영국이 아편을 팔자 그것을 막기 위해 전쟁까지 치렀던 청나라는 1900년 초 세수를 확보하기 위해 정부에서 양귀비 재배를 적극적으로 권장했다. 청나라의 아편 생산량은 1860년에 이미 영국으로부터의 수입량을 넘어섰다. 1900년에는 국내 생산량이 수입량의 10배를 넘어 세금의 50% 이상을 아편 판매로 충당했다.[1] 1880년대에는 인구의 5%인 2,000만 명이, 1900년대에는 인구의 10%에 해당하는 무려 4,000만 명이 아편 중독에 빠진 것으로 추정된다.[2] 청나라는 이렇게 아편에 중독되어 스스로 무너졌다.

조선에서도 오래전부터 아편과 대마를 재배하고 있었다. 『세종실록지리지世宗實錄地理志』에서 이미 앵속(양귀비)과 대마를 약초로 분류하고 있었고, 생산도 전국에서 이루어지고 있었다. 『동의보감 탕액편湯液篇』에는 아편이라는 용어까지 등장할 뿐 아니라 양귀비꽃에서 아편을 추출하는 법까지 상세하게 설명되어 있다. 아편 문제가 심각해진 것은 19세기 중반 이후 많은 중국인이 왕래하고 머물면서부터였다. 1901년 8월 12일 자 《황성일보》를 보면 한성 시내에 아편 판매소가 43~44곳이나 되었고, 1일 아편 판매량도 무려 3만 인분에 달했다.[3]

조선에 아편이 널리 퍼진 상황에서 1910년 일본이 조선을 점령했고, 1914년에는 제1차 세계대전이 일어났다. 모르핀은 강력한 진통제로 당시만 해도 전쟁 필수품이었다. 전쟁으로 인해 전 세계에서 모르핀의 수요가 폭증하면서 모르핀의 원료인 아편 가격이 급상승했다. 일본은 식민지 조선을 쌀 생산지뿐만 아니라 아편 생산지로 주목했다.[4] 일본 본토에 비해 조선의 토지와 임금이 싸고, 한반도의 기후가 양귀비 재배에 적합했기 때문이다. 1919년 6월 조선총독부는 '조선아편취체령取締'을 제정해 아편 제조를 국가의 통제 아래 두고 관리하기 시작했다.

1931년 만주사변을 일으키고 중국 대륙을 침략한 일본은 대규모 아편이 필요했다. 1928년 806kg이었던 조선의 아편 생산량은 만주사변이 일어난 1931년에 5,654kg으로 늘어났고,[5] 제2차 세계대전 후반인 1944년에는 3만 7,811kg으로[6] 16년 만에 50배 가까이 증가했다. 국가에서 재배하는 양이 이 정도이니 아편과 모르핀이 민간에 안 퍼질 수가 없었다. 그 결과 아편을 피우는 '아편굴'과 모르핀 주사를 맞는 '주사옥'이 폭발적으로 증가했다. 주사옥은 1930년대 서울 시내에만 100여 곳, 아편굴은 서울은 물론이고 전국 각지에 등장했다.[7] 1930년대 중반 아편굴 단속으로 적발된 인원만 4,612명에 달할 정도였다.[8]

의료시설이 부족하고 낙후했던 것도 아편 확산에 영향을 주었다. 사

그림 63　1930년 1월 8일 자《조선일보》에 실린 마약중독 해독제 광고. '20회 이내의 주사로 전치(全治)'한다고 선전하고 있다.

람들이 아편을 가정상비약으로 사용하기 위해 양귀비를 직접 키웠기

때문이다.

"웬만한 가정에 다 있었어요. 상비약이었으니까. 배 아픈 데 특효약

이었어. … 배가 아프면 성냥 알보다 작게 해서 먹었는데. … 한두 뿌

리씩은 재배했어요."[9]

　일부 의원에서는 모르핀을 만병통치약으로 홍보했다. 그 어떤 병이든, 얼마나 아프든, 심지어 병명조차 알지 못해도 일단 팔뚝에 주사 한 대만 맞으면 씻은 듯이 낫는다고 했다. 당시 만병통치약이었던 '모루히네'는 바로 모르핀을 일본식으로 발음한 것이었다.[10] 물론 통증은 하루만 지나면 재발했고, 환자는 주사를 맞기 위해 다시 병원을 찾아야 했다. 그렇게 조선은 아편과 모르핀에 중독되어 갔다.

　1941년에는 일본의 다이닛폰제약에서 '필로폰(히로뽕)'이라는 이름으로 메스암페타민 성분의 피로회복제를 만들어 팔기 시작했다. 1945년 일본이 패전하자 조선에는 다량의 아편과 모르핀이, 일본에는 필로폰 재고가 풀리면서 두 나라에서 큰 사회적 문제가 되었다. 광복 직후 일제가 남기고 간 마약은 1만 1,400 kg 가량의 생아편과 9,980 kg 가량의 모르핀 등으로, 시가로는 20여억 원에 달했다. 이 중 절반가량만 회수되었고, 회수되지 않은 상당량의 아편은 민간에 퍼져 나간 것으로 추정된다.[11] 1949년 서울의 마약중독자는 5~10만 명으로 서울 인구의 3.5~7.1%, 전국의 마약중독자는 적게는 12만 명에서 많게는 18만 명으로 추산되었다.[12]

격동의 정치 그리고 마약

1961년 5월 16일 쿠데타로 집권한 박정희에게는 불법적인 집권의 명분이 필요했다. 그가 내세운 명분은 '경제 개발'과 '사회악 제거'였다. 1962년 국가재건최고회의에서는 내대적인 양귀비 단속에 나섰다. 그렇게 적발된 양귀비 재배 면적은 1962년 무려 15만 417평으로, 전년도의 3만 9,138평에 비해 4배 가까이 늘어났다. 이런 단속이 효과가 있었는지 다음 해인 1963년에는 6,199평으로 대폭 감소했다.[13]

박정희 정부는 양귀비 단속에 이어 1965년에는 마약을 밀수, 탈세, 도벌, 폭력과 함께 '5대 사회악'으로 규정했다.[14] 이제 마약은 단순히 사람의 몸을 해치는 데서 더 나아가 '국가 경제의 생산성을 좀먹는 망국의 도구'가 되었다. 마약 사범 단속 건수와 인원은 1961년 237건, 269명에서 1965년 1,975건, 2,386명[15]으로 크게 늘어났다.

그러던 중 1965년에 '메타돈 파동'이 터졌다. 약국에서 팔고 있던 일반 의약품 중에 합성마약인 메타돈이 들어간 약이 있었던 것이다. 제2차 세계대전 당시 진통제로 개발된 메타돈은 나중에 모르핀이나 헤로인 중독 치료제로 쓰이기는 하지만, 중독성과 의존성이 있어 엄연한 마약이었다. 서울대 약대 출신인 관서제약의 임국선 씨가 메타돈을 진통제에 섞은 후 정부의 허가를 받고 대규모로 팔고 있었다. 진통제에 합성마약을 넣어서 판 것은 관서제약의 임국선 씨 혼자만이 아니었다. 조사 결과 무려 16개 제약회사에서 만든 23종의 진통제에 마약이 들어 있었던 것으로 밝혀졌다. 마약을 진통제로 속여 판매한 제약회사들은 고위 공무원과 국회의원 등에게 뇌물을 제공해 탈이 없도록 했다. 그 당시에는 약의 성분 등에 대한 검사가 거의 이루어지지 못했다. 이런 틈을 노린 계획 범죄였던 것이다. 그때 의도치 않게 메타돈에 중독된 사람은 1만 5,000명에서 2만 명에 이르렀다.[16] 미국의 옥시콘틴과 같은 파동이 한국에서 30년 전에 이미 일어난 것이다. 그나마 메타돈이 옥시콘틴에 비해 중독성이 훨씬 약해 다행이었다. 이 사건으로 정부는 대대적인 마약 단속에 나섰다. 아편과 모르핀에 이어 메타돈까지 단속에 나서면서 1970년에는 마약 사범이 979명[17]으로 줄어들었다. 정부가 마약과의 전쟁에 성공하는 듯 보였다. 그런데 1970년대에 반전이 일어났다.

대마는 오래전부터 한반도에서 기르고 있었다. 덥고 습한 한국에서 촉감이 까끌까끌하고 바람이 잘 통하는 삼베는 여름철 최고의 옷으로 수의壽儀와 상복으로도 많이 쓰였다. 삼베 줄기는 옷으로 만들고, 잎과 꽃은 대마로 피웠다. 1957년 마약법 제정 당시 인도 대마인 '칸나비스 사티바cannabis sativa'를 마약으로 규정했을 뿐 국산 대마에 관해서는 법률 규정이 없었다.

6.25전쟁 후 미군이 들어오면서 주한 미군은 멕시코산 대마를 국내에 들여와 피웠다. 그러다 우연히 미군이 한국산 대마를 접하게 되었다. 한국산 대마는 값도 싸고 쉽게 구할 수 있는 데다 환각 성분인 THC 함유량이 높아 인기가 좋았다. 바늘 가는 데 실이 가고 수요가 있는 곳에 공급이 있듯, 주한 미군이 주둔하던 기지촌 근처에서는 '해피 스모

크'라는 이름으로 한국산 대마가 본격적으로 팔리기 시작했다. 그러다가 아주 잔인하고 끔찍한 사건이 터졌다.

1970년 3월 5일 동두천의 한 집이었다. 당시만 해도 마당을 가운데 두고 안채에는 집주인이 살고 사랑채는 세를 주는 경우가 흔했다. 참사도 그런 주택에서 일어났다. 사랑채에 사는 젊은 부부는 아침 늦은 시간인데도 일어나지 않았다. 셋방에서는 부부의 세 살 된 딸의 울음소리만 들렸다. 때마침 마당을 쓸고 있던 집주인 이 씨의 아내 최 씨가 아이 울음을 듣고 마당에서 셋집 가족을 불렀다. 하지만 아이만 자지러지게 울 뿐 부부의 대답은 들리지 않았다. 아이의 울음소리에 걱정이 된 최 씨는 셋집 방문을 열었다가 눈앞에 펼쳐진 끔찍한 장면을 보고 바닥에 그만 주저앉고 말았다. 남편 김 씨와 임신 5개월의 아내 정 씨의 목이 반쯤 잘려 있었고, 어린 딸은 검붉은 피 웅덩이 속에서 온몸에 피를 뒤집어쓴 채 울고 있었다.

출동한 경찰은 김 씨 방의 옷장이 열려 있고 옷이 흐트러져 있었으나 반지, 카메라, 시계 등이 그대로 있는 점으로 보아 강도 살인이 아니라 원한 관계로 발생한 사건으로 보고 수사를 시작했다.[18] 집에서는 주사기와 해피 스모크 60갑, 대량의 대마초가 발견되었다. 조사 결과 김 씨가 미군 피엑스PX에서 일하며 대마초를 비롯한 마약을 팔아온 것으로 밝혀졌다. 사건 당일 밤에도 두 명의 미군이 김 씨 방에서 나오는 것을 한 이웃이 목격했기에 수사는 어렵지 않았다. 얼마 못 가 미 7사단 제3여단 소속 병사 제임스 E. 월터(22세) 상병과 존 W. 브라운(22세) 하사가 범인으로 체포되었다. 평소 김 씨와 마약을 자주 거래해 오던 두 병사는 대마초를 피우다 약발이 부족하다며 김 씨에게 더 강한 아편을 요구했고, 김 씨는 현금이 아니면 줄 수 없다고 거절했다. 이에 앙심을 품은 두 미군이 새벽에 김 씨의 집에 침입해 부부를 잔인하게 살해한 것이다.

이 사건으로 주한 미군과 마약, 그중에서도 대마 문제가 크게 부각되었다. 대마가 '살인을 유발할 수 있는 약물'로 도마 위에 오른 것이다.[19] 한국 정부는 급히 환각 성분인 THC 및 THC가 포함된 물질을 금하고, 1973년 3월에는 '습관성의약품관리법'을 개정하면서 기존의 'THC 함유물'을 '대마초'로 변경해 적시했다. 이전에는 대마나 의심되는 물질을 피우더라도 THC가 포함되어 있는지 여부를 검사를 통해 밝혀내야 했다. 하지만 1973년 법 개정 이후로는 대마초로 즉시 처벌이 가능하게 되었다.

때마침 미국에서는 베트남전쟁의 패색이 짙어가고 반전 시위가 거세지고 있었다. 위기에 몰린 리처드 닉슨 대통령은 1971년에 국가비상사태를 공포하면서 '공공의 적 제1호'로 마약을 지정하고 마약과의 전쟁을 선포했다. 1973년에는 마약 범죄를 전담하는 미국 마약단속국DEA을 창설했다. 베트남 참전 용사의 상당수가 아편과 헤로인에 중독되어 있었고, 베트남전쟁에 반대하며 반전과 평화를 외치던 시위자와 히피의 상당수가 대마초를 피웠다. 정부의 조치는 이들을 단속하기 위한 방편이었다.[20]

한국의 상황도 비슷했다. 미국의 히피 문화가 한국에서 유행하면서 장발, 청바지, 생맥주, 통기타와 함께 대마초도 유행했다. 미국의 '히피

문화'가 베트남전쟁에 반대하며 '반전'과 '평화'의 가치를 추구했다면, 한국의 '대학생 문화'는 당시 유신정권에 반대하며 '저항'과 '자유'를 외쳤다. 1975년은 정치적으로 매우 혼란한 해였다. 1975년 2월 12일에는 헌정 사상 최초로 유신헌법과 대통령 신임 여부를 동시에 묻는 국민투표가 실시되었다. 국민투표는 79.8%의 투표율에 73.1%의 찬성으로 가결되었다. 4월 9일에는 '인민혁명당 사건'에 대해 사형 선고가 내려지고 선고 18시간 만에 사형이 집행되는 유례 없는 일이 벌어지기도 했다. 5월 13일에는 유신헌법을 반대하거나 왜곡하고 이를 보도하면 영장 없이 체포하는 '긴급조치 9호'가 발표되었다.

정치만이 문제가 아니었다. 1973년 10월 중동전쟁 이후 발생한 1차 오일 쇼크로 1973년 14.8%를 기록했던 경제 성장률이 1974년 9.5%, 1975년 7.9%로 급락했다.[21] 경제 성장을 슬로건으로 내걸었던 박정희 정권에게 최대의 위기가 닥쳤다. 정권 차원에서는 국면을 타개할 강력한 무언가가 필요했다. 바로 대마초였다. 1975년 12월 4일과 5일, 《경향신문》이 이장희, 윤형주, 이종용 등 세 명의 가수가 대마초를 피운 혐의로 구속되었다고 보도했다.[22]

이것이 시작이었다. 당시 한국 록 음악의 대부라 불리던 신중현, 〈월남에서 돌아온 김 상사〉의 가수 김추자, 그리고 이수미, 김세환부터 조용필까지 모두 불려 가 조사를 받았다. 방송 출연 중단은 물론이고, 일부는 끌려가 고문을 당했다. 당시 가수들은 미 8군 클럽에서 자주 공연했기에 대마초를 흔히 접했다. 대마초인지도 모르고 한두 번 피워본 적도 있었다. 하지만 과거에 피웠을 뿐 현재 피우지 않는 건 그리 중요하지 않았다. 최고의 스타들이 수갑을 찬 채 범죄자가 된 모습은 국민들에게 커다란 충격을 주었다. 국민의 이목이 연예인에게 쏠리는 건 당연한 일이었다. 박정희 정권은 1975년의 정치 경제 위기를 '대마초 파동'으로 단번에 덮을 수 있었다.

1970년에 대마 사범은 단 7명(전체 마약류 사범의 0.7%)에 불과했으나 정부의 강력한 단속으로 1975년과 1976년에는 각각 952명(65.8%)과 1,460명(82.3%)으로 급증했다.[23] 하지만 1979년에는 479명까지 줄어들며 정부의 마약 근절 정책이 성공하는 듯 보였다. 1970년 이전까지만 해도 한국에서 마약이라고 하면 아편과 모르핀이었다. 1965년에 잠시 메타돈이 등장했고, 1970년대는 대마의 전성시대였다. 하지만 여기서 끝이 아니었다. 한국에서 진정한 마약은 1980년대에 등장했다. 물론 1970년대에 이미 새로운 마약이 한국에서 대규모로 생산되고 있었다. 이때까지는 주로 생산만 할 뿐 많이 소비하지는 않았다. 그런데 1980년대부터 한국은 마약을 본격적으로 소비하기 시작했다.

코리아 커넥션

마약은 가난한 나라에서 생산되어 부유한 나라에서 팔린다. 한국에서는 마약을 만드는 경우가 흔하지 않다. 마약을 만들더라도 대부분 소규모에 그친다. 마약은 주로 해외에서 대량으로 만들어 국내로 밀반입된다. 땅덩이도 좁은 한국에서 마약을 대규모로 생산하는 것이 쉽지 않기 때문이다. 거기에다가 모든 나라는 마약 투여자, 즉 소비자보다 생산자와 유통업자에게 무거운 형량을 부과한다. 그런 상황에서 굳이 국내에서 위험을 무릅쓰고 마약을 직접 생산할 필요가 없다. 가난한 나라에서 더 싼 가격에 안전하게 마약을 생산할 수 있다. 콜롬비아에서 코카인을, 예멘에서 카트를, 아프가니스탄에서 아편과 헤로인을, 미얀마와 태국에서 아편과 야바를 비롯한 메스암페타민을, 북한에서 아편과 히로뽕을 대규모로 만들 수 있는 데는 다 이유가 있다. 국민이 가난하고, 마약 생산을 단속해야 할 정부가 무능한 동시에 부패했기 때문이다.

한국도 과거에는 가난했다. 자원도 없고 땅도 좁은 한국은 오로지 수출에만 의존해서 발전해 왔다. 수출 주도형 국가인 한국이 수출한 품목 중에는 마약도 있었다. 성분명 메스암페타민. 일본에서는 필로폰, 한국에서는 히로뽕, 미국에서는 아이스 또는 크리스털, 북한과 중국에서는 빙두로 불렸다.

2022년 현재 우리나라 마약 사범 수는 1만 8,359명이다. 이 중 절반(46.1%)에 해당하는 8,489명이 투약 사범이다. 투약 사범 중에는 향정신성 약물 투약 사범이 6,082명으로 73.1%를 차지한다. 마약(코카인, 헤로인 등) 투약 사범은 극히 적다. 국내에서 마약류 통계를 낼 때 히로뽕을 향정신성 약물에 포함시켜 정확한 비율은 알 수 없으나, 향정신성 약물 대부분이 히로뽕이고 그다음이 대마(1,988명, 23%)다. 2021년 실시된 마약류 사용자 실태조사를 봐도 히로뽕이 전체 마약중독자의 42%를 차지해 28%의 대마초에 비해 압도적으로 많다는 것을 알 수 있

유형별 마약류	밀조	밀수	밀매	밀경	투약	소지	기타	합계
합계 (점유율)	4	1,392	3,492	1,714	8,489	1,032	2,272	18,395
	(0.0)	(7.6)	(19.0)	(9.3)	(46.1)	(5.6)	(12.4)	(100)
마약	0	51	162	1,613	293	63	369	2,551
향정	4	924	2,735	0	6,208	787	1,377	12,035
대마	0	417	595	101	1,988	182	526	3,809

표 7 2022년 범죄유형별 단속 현황(단위: 명)   ※( )는 구성비 %

다.[24] 한국에서는 히로뽕을 많이 소비하지만, 앞서 말한 이유로 히로뽕을 거의 생산하지 않는다. 실제로 국내에서 만들다가 적발된 경우는 2022년 기준 겨우 3건(8g)에 불과하다. 대부분은 밀수(66건, 135kg)[25]로 외국에서 들여온다.

제2차 세계대전 당시 일본과 독일에서는 남녀노소, 군인, 노동자 가리지 않고 수백만 명이 필로폰을 복용했는데 왜 금단 증상이나 중독 등이 큰 문제가 되지 않았을까? 필로폰, 그러니까 히로뽕은 왜 한국에서 가장 많이 하는 마약이 되었을까? 1945년 패전 후, 일본군이 보유하고 있던 다량의 필로폰 재고가 암시장을 통해 흘러나왔다.[26] 이 때문에 1940년대 말 필로폰 중독자가 50만 명을 넘어 사회 문제가 되었다. 그래도 그나마 운이 좋았다. 제2차 세계대전 당시 다이닛폰제약에서 만든 필로폰에는 1mg, 독일의 페르비틴에는 3mg의 메스암페타민이 들어 있었다. 더욱이 주사가 아니라 알약이었다.

마약은 앞에서 말한 '천장 효과'가 없거나 약해서 약의 효능이 투여량에 비례한다. 오늘날 주사로 투여하는 필로폰인 히로뽕(일명 작대기)에는 대략 $30mg$의 메스암페타민이 들어 있다. 일본에서 팔린 $1mg$의 필로폰이나 $3mg$인 독일의 페르비틴보다 10~30배 더 높은 고용량이다. 주사가 알약보다 3배 더 효과를 낸다는 점까지 고려하면, 제2차 세계대전 당시 알약이었던 필로폰과 페르비틴은 오늘날 주사 히로뽕의 30분의 1에서 100분의 1 정도의 효과밖에 없었다. 만약 제2차 세계대전 당시에 오늘날 히로뽕처럼 주사기로 $30mg$을 군인에게 투여했다면, 과도한 흥분과 환각 등으로 독일군 전차는 자기들끼리 충돌하고 폭격기는 땅으로 추락해 오히려 전쟁이 더 빨리 끝났을지 모른다.

1941년부터 일부 규제에 나선 독일과 달리 일본에서는 1951년에 뒤늦게 '각성제취체법'을 도입하고 단속에 나섰다. 1954년에는 일본 전국에서 5만 5,000명이 체포되기에 이르렀다. 이후 일본 정부의 꾸준한 단속으로 1957년부터는 히로뽕 관련 체포자 수가 1,000명 아래로 줄어들기 시작했다. 일본이 '히로뽕 제국'이라는 오명을 씻는 듯 보였다. 하지만 1970년부터 다시 필로폰 사범 수가 1,000명을 넘어서더니 1976년에는 1만 명을 넘어섰다.[27] 이웃 나라 한국에서 필로폰을 생산해 공급하기 시작했기 때문이다.

지금의 펜타닐이 중국에서 원료를 수입해 멕시코에서 가공한 후 미국에서 팔리는 것처럼, 주로 대만에서 슈도에페드린이나 에페드린을 가져와서 한국(부산)에서 필로폰을 생산한 후 일본에 파는 '코리안 커넥션'이었다(하얀 결정체인 히로뽕을 생산한다고 해 '화이트 트라이앵글'이라고도 한다). 일본 자국 내에서 필로폰 제조 단속이 심해지자, 상대적으로 단속이 약한 한국으로 '교수'(마약 제조자를 이르는 은어. 기술 수준에 따라 총장, 학장, 교수 순이다)들이 건너와 필로폰을 생산하기 시작했다. 1975년 당시 일본의 GDP는 5,215억 달러로 한국의 218억 달러에 비해 24배 많았다. 2021년 미국의 GDP는 23조 달러로 멕시코의 1조 2,700억 달러보다 18배 많다. 시공간의 차이는 있지만, 마약 생산을 둘러싼 상황은 당시나 지금이나 비슷하다. 가난한 한국은 부유한 일본에게 필로폰을 만들어 공급하는 생산지가 되었다.

"돼지 잘 크냐?" 한국은 1968년에 최초로 돼지고기 27t을 일본에 수출한 이래 지속적으로 돼지를 사육하고 도축해 일본에 공급해 왔다. 돼지를 사육하면 악취와 오·폐물이 발생한다. 선진국인 일본에서는 직접 돼지를 키우지 않고 한국에서 생산한 돼지를 직수입했다. 그 결과 일본과 가까운 부산과 김해 등지에 돼지 축산업이 발달하게 되었다. 일본에서는 돈가스나 카레에 들어가는 안심과 등심을 주로 수입했고, 한국에서는 수출하고 남아도는 삼겹살과 목살, 앞다리와 뒷다리살 등을 이용하면서 삼겹살 구이와 족발이 유행하게 되었다.[28] 이 당시 히로뽕을 제조할 때 발생하는 냄새를 숨기기 위해, 영화 〈마약왕〉에서처럼 악취가 심한 돼지 사육장 안에 비밀 공장을 차리고 히로뽕을 제조하기도 했다. 이때 나온 "돼지 잘 크냐?"라는 말은 히로뽕 사업이 잘되냐는 뜻이었다. 가난했던 한국은 그렇게 돼지고기와 히로뽕을 부유한 일본으로 나란히 수출했다.

히로뽕은 한국에서 만든 수출품 중에서 부가가치가 가장 높은 상품이었다. 대만(홍콩 등)에서 14만 원에 1kg의 원료를 사서 11단계를 거치

	1kg당 가격	원가 대비 가격
대만(홍콩)	원료	
한국 밀수업자	원료당 14만 원	1배
원료 중간 상인	원료당 20~50만 원	1.4~3.6배
합성	원료당 70~80만 원	5~5.9배
판매	300~400만 원	21.4~28.6배
일본까지 운반	50~150만 원 수고비	
일본 측 밀수업자	850~1,200만 원	60.7~85.7배
일본 내 판매 총책	1,700~4,000만 원	121.4~285.7배
지역 내 판매 총책	2,700~5,100만 원	192.6~364.3배
도매업자	3,400~9,100만 원	252.9~650배
소매업자	5,100만 원~3억 4,000만 원	364.3~2,428.6배
일회용 주사	1억 7,000만 원~10억 원	1,214.3~7.142.9배

표 8 제조 및 유통 과정에 따른 히로뽕 가격 상승폭

면 1억 7,000만 원에서 10억 원에 달하는 상품이 만들어졌다. 원가 대비 최소 1,000배에서 최대 7,000배에 달했다. 한국에서 제조한 히로뽕 5kg을 쇼핑백에 넣어 일본으로 나르기만 해도 당시 돈으로 750만 원을 벌 수 있었다(1978년에 라면이 50원, 1979년에 30평대 압구정 현대아파트가 2,000만 원이었다. 오늘날로 따지면 1억 원이 넘는 돈이다).

필로폰 사업을 독차지한 일본의 야쿠자가 얼마나 많은 돈을 벌었는지는 상상에 맡긴다. 미국의 마피아, 중국의 삼합회에 이어 일본의 야쿠자가 세계 3대 범죄 조직이 될 수 있었던 것도 필로폰 사업에서 벌어

들이는 막대한 수입 덕분이었다. 일본 야쿠자는 한국의 폭력 조직과 손을 잡고 수많은 교수, 그러니까 필로폰 제조자를 만들어 냈다.[29] 한국인은 일본인의 필로폰 제조 공정을 옆에서 지켜보면서 자연스레 합성 과정을 배워나갔다. 현대차가 처음에는 미쓰비시와 기술협력을 맺고 다양한 자동차를 개발하다 어느 순간 독자적으로 자동차를 개발할 수 있었듯이, 시간이 흐르자 한국 또한 일본인 기술자 없이 필로폰을 생산하기 시작했다.

실제로 1982년 일본 필로폰 시장의 88.3%를 한국산 필로폰이 차지했다.[30] 필로폰은 그 어떤 한국산 제품과 비견할 수 없을 만큼 일본 시장을 완전히 장악했다. 영화 〈마약왕〉의 주인공 이두삼의 모델이 된 실존 인물 이황순은 어마어마한 부를 누렸다. 하지만 한국산 필로폰의 전성기는 딱 여기까지였다. '코리아 커넥션'의 심각성을 느낀 한국과 일본 양국 정부는 대대적으로 필로폰 밀수 단속에 나섰다. 한일양국은 1981년 10월 28일과 29일 '한일 세관실무회의'를 개최에 이어, 1982년 7월 22일과 23일 제1차 '한일 마약대책회의'를 하며 서로 힘을 뭉쳤다. 필로폰 단속은 유사 이래 한국과 일본이 가장 긴밀하게 협조한 일이었다. 일본에서 유통되던 한국산 필로폰은 1982년 88.3%에서 2년 후인 1984년 5.2%로 급감했고, 1990년에는 심지어 0%가 되었다.[31] 두 나라의 공조는 완벽한 성공을 이루어 냈다. 하지만 이 성공은 한국에 재앙을 불러왔다.

한국에서 일본으로 수출되지 못한 필로폰이 부산항에 쌓여만 가자 한국의 필로폰 생산업체와 밀수꾼 그리고 조직폭력배가 큰 타격을 입게 되었다. 그러자 필로폰 관계자들은 새로운 시장을 탐색했다. 바로 1980년대에 경제 호황을 맞은 대한민국이었다. 국내에서 생산한 필로폰을 국내에서 팔면 굳이 위험을 감수하며 일본까지 밀수할 필요가 없었다. 국경을 건너지 않으면 필로폰 가격도 훨씬 저렴해졌다. 필로폰은 국내에서 히로뽕이라는 이름으로 풀리기 시작했다. 1980년까지만 해도 국내 마약류 사범은 743명에 그쳤다. 이 중 히로뽕 사범은 겨우 78명(10.5%)밖에 되지 않았다.

하지만 전두환 정권의 3S(스포츠Sports, 섹스Sex, 스크린Screen) 정책과 1982년 1월 5일 자정부터 실시된 통금 해제와 맞물려 히로뽕이 유흥가를 중심으로 윤락녀, 유흥업소 종사자들에게 급속히 퍼져 나갔다. 수요와 공급이 맞아떨어진 것이다. 그 결과 히로뽕 사범은 1980년 78명에서 2년 후인 1982년 501명으로 7배가 늘었다. 서울 올림픽이 열리던 1988년 전체 마약류 사범은 3,939명으로 8년 만에 5배 이상 늘어났고, 히로뽕 사범은 3,320명으로 전체 마약류 사범의 84.3%를 차지했다. 단 8년 만에 1980년보다 40배 이상 증가한 것이다.[32]

대만-한국-일본으로 이어지는 코리아 커넥션에서 히로뽕을 생산하고 일본으로 밀수하던 곳이 부산이었기에 부산은 히로뽕의 중심이 되었다. 1988년 히로뽕 사범 중 부산(2,006명, 60.4%)에서 절반 이상이 적발되었다. 부산에 이어 서울(530명, 16.0%), 대구/경북(296명, 8.9%), 마산/경남(262명, 7.9%)이 뒤를 이었다.[33] 히로뽕이 부산에서 경부선 축을 따라 서울로 흘러가게 된 것이다.

한국의 1970년대가 대마의 전성시대였다면, 1980년대는 히로뽕의 전성시대였다. 부산 완월동 사창가와 유흥업소를 장악한 칠성파는 1970~1980년대 일본 야쿠자 및 영화 〈마약왕〉의 실존 인물 이황순과 손잡고 히로뽕 사업에 뛰어들어 큰돈을 벌기도 했다. 하지만 그 어떤 것도 영원하지 못했다.

범죄와의 전쟁, IMF 그리고 월드컵

전두환의 3S 정책으로 한국의 마약 산업과 이를 바탕으로 한 범죄 조직이 급격히 성장했다. 이에 노태우는 1990년 10월 13일 특별 선언을 통해 범죄와의 전쟁을 선포했고, 마약과 마약 조직에 대한 집중 단속이 이루어졌다. '범죄와의 전쟁'은 1961년 박정희 정권의 '깡패소탕령', 1980년 전두환 정권의 '삼청교육대'에 이은 것이었다. 정부는 이미 전년도인 1989년 2월 13일 대검찰청에 마약과를 신설해 마약에 대해서는 어느 정도 준비를 해둔 상태였다. 칠성파 두목인 이강환도 이 범죄와의 전쟁을 피해 갈 수 없었다. 1980년 히로뽕 밀조 혐의로 한 차례 구속되어 5년간 징역을 살고 나온 그는 1991년에 다시 검거되었다. 범죄와의 전쟁은 마약에 대해서도 효과가 있었다. 1990년 4,222명이었던 마약 사범 수가 1991년 3,133명으로 급감했고, 1992년에는 2,968명으로 연이어 감소했다.[34] 범죄와의 전쟁은 국내 마약 산업 구조를 완전히 바꾸어 놓게 되었다.

한국은 가난했던 1970년대에 히로뽕을 생산해 부유한 일본에게 팔았고, 1980년대에는 일본으로 수출 길이 막히자 히로뽕 생산과 소비를 동시에 했다. 1990년대 초반 검찰은 범죄와의 전쟁 연장선에서 '마약과의 전쟁'[35]을 선포하고 마약 생산과 유통을 집중 단속했다. 마약 유통은 막지 못했지만 마약 생산만은 완벽하게 막아 국내에서 히로뽕 생산이 급감하게 되었다. 국내에서 히로뽕 생산이 어려워지자 히로뽕 가격이 폭등했다. 1988년경 5,000원에서 1만 원 정도에 거래되던 일회용 히로뽕이 검찰의 단속 강화로 10배 이상 올라 1991년경 10~15만 원 선에서 거래되었다.[36] 그 결과 한국의 일회용 히로뽕 가격이 일본의 1~10만 원(1,000~1만 엔), 미국의 5~7만 원(50~70달러)보다 더 비싼 기이한 현상이 일어났다. 이렇게 되자 한국에서 히로뽕을 생산해서 일본으로 파는 일이 완전히 사라졌다.

기존에 히로뽕을 제조하던 한국인 '교수'들은 중국으로 건너가 활동하게 되었다. 비유를 하자면, 일종의 인재 유출이 마약 업계에서도 일어난 것이다. 그 결과 1995년부터 중국이 히로뽕 생산지가 되어 한국과 일본에 수출하는 '뉴 화이트 커넥션'이 만들어졌다. 한국은 히로뽕 생산지에서 소비지로 바뀌게 되었으며, 이러한 현상은 지금까지도 유지되고 있다.

하지만 안타깝게도 노태우 정권이 실시한 범죄와의 전쟁은 잠시 효과를 내는 데 그쳤다. 1992년 2,968명으로 급감했던 마약 사범이 1993년 6,773명으로 한 해 만에 2배 이상 증가했다. 1993년에 갑작스럽게 마약 사범 수가 증가한 것은 첫째, 세계화 시대에 발맞춰 외국산 마약류의 밀수가 늘었고, 둘째, 범죄와의 전쟁 등으로 구속되었던 마약 사범이 출소해 활동을 재개했으며, 셋째, 1993년 김영삼 정부가 경찰에 마약류 사범 단속에 대한 높은 근무평정을 부여함으로써 경찰의 단속 활동이 강화된 까닭이었다.[37] 이에 김영삼 대통령은 1994년 1월 14일 대검찰청에 민생침해범죄소탕 추진본부 및 추진협의회를 설치해 가정파괴 사범, 조직폭력 사범, 마약 사범, 인신매매 사범 등 4대 강력 사범에 대한 집중적인 예방 및 단속 활동을 전개했다. 그 결과 임기 동안 마약 사범의 증가를 억제할 수 있었다.[38]

하지만 마약 사범 수는 1997년도에 6,947명에서 IMF 사태 이후 1998년도에 8,350명으로 급격히 증가하고 1999년도에는 1만 589명으로 사상 처음으로 1만 명을 넘어섰다. 공급 측면에서는 일확천금을 노리고 마약류 거래에 뛰어든[39] "IMF형 마약 범죄"가 급증했고, 소비 측면에서는 국가 경제난에 따른 정신적 고통에서 벗어나려고 마약을 투약했기 때문이었다.[40] IMF가 영향을 미친 건 단순히 마약 사범 수만이 아니었다. 외환 위기로 인해 비싼 마약에 대한 수요가 감소하자, 마약 공급 사범은 박리다매 전략[41]으로 가격을 30% 가까이 낮춰 수요를 더욱 늘리려고 했다. 그 결과 히로뽕 1g의 도매 가격이 1997년도 기준 18만 원에서 11만 원으로, 소매 가격이 134만 원에서 99만 원으로, 1회 투약(0.03g) 가격 또한 11만 원에서 8만 원으로 모두 급감했다.[42]

2002년 들어 마약 사범이 1만 673명에서 7,546명으로 30%나 급감했는데 이는 월드컵 덕분이었다. 2002년 월드컵을 앞두고 정부는 외국산 마약류 밀반입이 급증할 것으로 예상하고 대대적인 마약 단속에 나섰다. 검찰은 2002년 1월 17일 마약 사건 통합 수사 지침을 제정해 대검찰청 마약부 중심의 통합 수사 체제로 전환하고 전국 단일 수사지휘 체계를 확립했다.[43] 경찰은 네 차례에 걸쳐 마약류 범죄 집중 단속을 벌였다. 경찰은 월드컵 경기가 열리기 두 달 전인 4월 8일부터 월드컵 시작 2주 전인 5월 17일까지 40일간 특별 단속에 나서기까지 했다.[44] 그 결과 2003년부터 2006년까지 7,000명 수준으로 마약 사범이 유지되었다. 하지만 특별 단속의 효과는 오래가지 못했다. 2007년에 다시 1만 649명으로 전년 대비 38% 증가했다. 특히 2015년 이후로 인터넷, 다크웹, 텔레그램을 통한 마약류 유통이 확산되어 마약 사범 수가 급격히 증가했고,[45] 최근 외국의 대마 합법화 추세에 따라 대마 사범까지 대폭 늘어 2022년에는 1만 8,395명으로 역대 최대 수치에 이르게 되었다.

일본의 야쿠자와 연계했던 칠성파를 비롯한 부산의 조직폭력배는 1980년대의 전성기를 끝으로 쇠퇴했지만, 그들이 퍼뜨렸던 히로뽕은 여전히 한국에서 맹위를 떨치고 있다. 부유해진 한국은 더 이상 히로뽕을 생산하지 않지만 더 많은 히로뽕을 소비하고 있다. 2021년 한국의 마약 사범 수는 1만 6,153명이고, 이 중 히로뽕이 포함된 향정신성 약물사범 수는 1만 631명[46]으로, 같은 해 일본의 마약 사범 수(1만 3,862명)와 히로뽕 사범 수(7,821명)[47]보다 더 많다. 일본이 지난 10년간 1만~1만 4,000명 사이의 마약 사범 수를 유지하는 동안, 한국의 마약 사범 수가 크게 늘면서 한국이 필로폰 원조인 일본을 역전한 것이다. 일본 인구(약 1억 2,600만 명/2021년 기준)가 한국 인구(약 5,200만 명/2021년 기준)보다 2.5배 정도 많다는 점을 감안하면 더욱 안타까운 일이 아닐 수 없다.

이렇게 마약 사범 수가 역전된 데에는 한국의 마약 사범 수가 꾸준히 증가한 탓도 있지만, 일본의 마약 사범 수가 증가하지 않은 영향이 더 컸다. 일본의 필로폰 사범자 수는 1984년 2만 4,022명을 정점[48]으로 서서히 감소했다. 1980년대 후반부터 일본의 거품 경제가 꺼진 데다 일본 정부가 강력한 야쿠자 탄압에 나선 덕분이었다. 일본에서 필로폰이 급속하게 전파된 배후에는 야쿠자라는 거대한 배후 세력이 있었다.[49] 마약(필로폰과 마리화나)은 도박 다음으로 야쿠자의 가장 큰 수입원이었다.[50] 일본에서 단속되는 마약 사범의 70%가 야쿠자였으며,[51] 전체 마약 범죄의 40%가 야쿠자에 의해 이루어졌다[52](한국의 경우도 크게 다르지 않아, 1992년의 경우 검거 사범 1만 5,311명 중 44%가 폭력 조직원으로 폭력 조직이 밀반입부터 판매까지 전 과정에 관여했다[53]). 또한 필로폰 사범자 중 재범자는 무려 52.1%를 차지했는데, 이는 필로폰의 특성상 의존성이 높을 뿐 아니라 야쿠자 등 주요 공급 조직에 의한 안정적인 공급이 이루어지고 있었기 때문이었다.[54]

야쿠자로 인한 폐해가 커지자 심각성을 느낀 일본 정부는 1992년 '폭력단 대책법(일명 폭대법)'에 이어 2011년 '폭력단 배제 조례'를 통해 지방자치단체에 야쿠자로 등록될 경우 본인 명의의 휴대폰 개설, 은행 거래, 주택 매매를 막아 사실상 신용 불량자와 같이 만들었다. 심지어 조직에서 탈퇴했어도 5년이 지나야 각종 제한을 풀어주는 '5년 룰'[55] 까지 만들어 인권 침해의 소지가 있을 정도로 야쿠자를 몰아붙였다. 그 결과 2011년 7만 300명에 달했던 야쿠자의 수가 2020년 2만 5,900명 으로 급감했다.[56] 오늘날 일본 사회에서 야쿠자는 젊은이는 없고 노인 만 남아 있는 집단이 되어 〈야쿠자와 가족The Family〉, 〈멋진 세계Under the Open Sky〉 등의 영화에서처럼 오히려 동정받는 처지로 전락했다.[57] 야쿠자가 몰락함에 따라 야쿠자의 주요 사업인 마약도 위축될 수밖에 없었다. 하지만 안타깝게도 한국에서는 1980년대에 시작된 히로뽕 전 성시대가 지금까지도 이어지고 있다.

진화하는 마약

10년이면 강산이 변하듯, 한국의 마약 시장도 변화해 왔다. 부산의 유 흥가에서 시작된 오랜 전통의 히로뽕이 여전히 대세인 가운데, 최근에 는 클럽을 중심으로 서울(25%)과 인천·경기(33.5%) 등 수도권의 마약 사범이 절반 이상을 차지한다. 또한 엑스터시와 LSD, GHB(물뽕)에 더 해 코카인과 야바까지 다양한 종류의 마약이 퍼져 나가고 있다.[58] 또한 2013년부터 2015년까지 1,100여 명 선으로 잠잠하던 대마초 사범의 경 우 최근 미국의 일부 주, 캐나다 등의 대마 합법화 추세에 따라 여행자, 유학생 등이 대마 관련 제품을 밀수하거나 피우는 사례가 급격히 늘어 나 2022년에는 3,809명[59]으로 7년 만에 4배 넘게 급증했다.

마약 사범은 20~30대(57.2%)가 절반 이상을 차지하는데, 최근에는

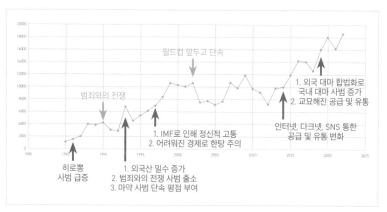

그림 64 국내 마약 사범 증감 요인 분석(1990~2020). 단속을 강화해도 3~5년 후에 다시 원상태로 돌아온다는 것을 알 수 있다.

마약 사범의 연령이 낮아지고 있어 우려를 낳고 있다(그림65). 인터넷과 SNS 등의 확산과 함께 이를 통한 광고·유통·배급으로 손쉽게 마약을 접할 수 있기에 젊은 층의 마약류 범죄가 대폭 증가한 것으로 보인다. 특히 19세 이하 마약 사범은 2011년 41명에서 2022년 481명으로 역대 최대치를 기록했을 뿐 아니라 지난 11여 년 사이에 약 12배 가까이 증가했다. 이들이 전체 마약 사범에서 차지하는 비율도 0.4%에서 2.6%까지 늘어났다.[60] 검거되지 않은 10대 마약 사용자까지 포함하면 실제로는 그 비율이 더 높을 것으로 짐작된다. 인터넷과 스마트폰, SNS 등에 익숙한 10대는 SNS나 메신저의 비밀 채팅방을 통해 더 쉽게 마약을 접하고 구매하며 심지어 팔기까지 한다. 특히나 돈이 없는 10대 청소년은 마약 할 돈을 벌기 위해 마약 유통이나 판매 등에 적극적으로 가담할 가능성이 높다.

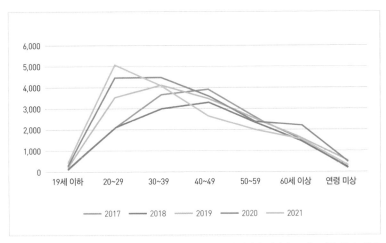

그림 65　국내 마약 사범의 연도별·연령별 현황. 마약 사범의 나이가 어려지고 있는 것을 알 수 있다. (단위: 명)

또한 과거 마약 사범이 40~50대가 주류였다면, 최근 5년간 20~30대가 급속히 증가하며 마약의 주요 소비층이 되었다. 그래프(그림65)를 보면 40대 이상부터 마약 투여자 수가 감소하는데, 나이가 들면서 마약 사범이 줄어드는 이유 중 하나는 마약 투여자의 높은 사망률이다. 헤로인 투여자의 경우, 사망률이 일반인에 비해 무려 17배나 더 높다.[61] 자살, 약물 과용, 각종 질병, 범죄 등으로 목숨을 잃는 것이다.

40~50대가 주로 모텔이나 집에서 혼자 조용히 히로뽕을 맞았다면, 20~30대는 클럽이나 파티룸 등에 단체로 모여서 일종의 놀이처럼 히로뽕, LSD, 엑스터시 등의 각종 마약을 하기에 상황이 더욱 심각하다. "파티룸 꾸며놓고 '마약 파티'… 마약 검거 역대 최대"[62], "호텔 파티룸서 '마약파티' 벌인 20대 7명 입건"[63] 등 기사 제목에서 알 수 있듯

이 마약을 하는 방식이 최근 들어 완전히 달라졌다. 친구따라 강남 가듯 친구들끼리 모여 함께 하기에 거부감 없이 더욱 쉽게 마약을 하게 된다. 특히 마약 복용자에 대한 설문조사[64]에서 마약을 처음 접한 시기에 대해 묻자, 20세 이전이 무려 18%로 매우 높게 나타났다. 마약의 첫 사용 또한 호기심과 다른 사람의 권유 때문이라고 답한 비율이 5명 중 3명 이상이었다.[65] 젊은이들은 다 같이 모여 더 쉽게 마약을 하는 경향이 두드러진다.

더욱이 우리나라 어린이·청소년의 주관적 행복지수는 표준점수 79.5점으로 OECD 22개국 중 최하위다.[66] 경쟁적 사회에서 학업이나 성적에 대한 과도한 스트레스를 어릴 때부터 받기 때문인 것으로 보인다. 이는 성인이 되어서도 이어져 한국의 자살률은 압도적으로 높은 OECD 42개국 중 1위다.[67] 이런 상황에서 가장 손쉽게 쾌락을 누릴 수 있는 방법 중 하나가 중독성이 있는 게임, 도박, 술, 그리고 마약을 하는 것이다. 다행히 아직까지는 청소년 마약 복용 비율이 0.6%[68]로 OECD 국가 중 가장 낮지만, 앞서 언급했듯이 10년 만에 11배가 증가해 더욱 우려를 낳고 있다.

마약 사용자의 연령이 어려지는 것은 단순히 약을 쉽게 시작한다는 문제만 내포하는 것은 아니다. 마약중독자가 약을 끊는 계기는 새 삶을 꾸려야겠다는 생각(37%)이 들 때다.[69] 가정이나 직업이 있는 40~50대의 경우, 책임져야 할 가족이 있어 약을 끊으려는 동기가 강하지만, 책임질 사람이 없거나 직업이 없는 20~30대의 경우 이런 동기가 부족해 마약을 끊기가 어렵다. 거기에다가 마약류 중독자들이 대개 10~20대에 마약류를 시작하여 중년까지 단약과 재발을 반복한다는 점[70]을 감안하면, 젊은 나이에 마약을 시작할 경우 더 긴 세월 동안 마약을 하게된다. 현재 마약 사범자의 연령이 젊어졌다는 사실에 비추어 보면 앞으로 한국의 마약 문제는 더욱 심각해질 것으로 보인다.

마약은 하나의 상품으로 생산-유통-판매-소비의 단계를 거치는데, 소비뿐만 아니라 생산과 유동 측면에서도 다양한 변화가 나타나고 있다. 생산 측면에서 보면, 일부 농촌이나 산간 및 도서 지역에서 고령층 주민들이 양귀비를 재배하다 발각되거나 소규모로 대마초를 키우다 적발되는 경우를 제외하면 한국에서 마약을 제조하거나 생산하는 일은 극히 드물다. 마약을 생산하는 것은 실제 큰돈이 안 되고 적발되기 쉬운 데다 큰 처벌을 받는다. 그래서 주로 외국에서 들여온다. 위험이 외주화된 것이다.

대부분의 마약은 해외에서 수입해서, 즉 밀수를 통해 들어온다. 그럼 한국에 들어오는 마약은 대부분 어디에서 오는 걸까? 놀랍게도 라오스다. 2022년 히로뽕을 밀반입하다 단속된 66건 중 무려 21건이 라오스발이었다. 라오스 다음으로는 미국 17건, 태국 13건 등이었다. 2020년과 2021년에만 해도 히로뽕의 절반 이상이 태국에서 들어왔는데, 2022년 들어 라오스발이 급증한 이유는 태국인 마약류 사범이 수사기관의 추적을 피하기 위해, 라오스로 우회하여 국내로 밀수입했기 때문이다. 한국 내에서 히로뽕을 제조하다 적발된 경우는 극히 드물다. 메스암페타민과 카페인을 섞은 야바도 총 34건 중 태국발이 19건에 달한다. 특이하게도 엑스터시는 전체 61건 중에서 네덜란드 18건, 독일 11건, 미

국 9건, 베트남 8건 등으로 유럽에서 많이 들어왔다.[71]

그러면 외국에서 생산된 마약을 누가 한국으로 들여오는 걸까? 2022년 마약 밀수를 하다 적발된 사람은 총 1,392명이다. 이 중 한국인이 841명으로 가장 많고 이어 태국인이 301명, 중국인이 110명, 베트남인이 85명이다(참고로 한국에 체류하는 전체 등록 외국인 195만 명 중 중국인이 85만 명, 베트남인이 23만 명, 태국인이 20만 명이다[72]). 뉴스나 영화에서는 주로 강남 클럽에서 백인들과 한국인들이 마약을 하다 적발되는 모습을 보여주기에 미국인이나 해외 유학생, 연예인 등이 많을 것으로 예상한다. 하지만 의외로 동남아시아와 중국 사람들이 마약 밀수와 투약을 많이 한다. 태국, 베트남 등에서 온 외국인 노동자가 많아지면서 이들이 국제우편으로나 직접 마약을 밀수해 같은 국적 사람들을 대상으로 팔고 있다. 같은 국적 사람끼리 농장이나 산업단지, 기숙사, 유흥업소 등에서 은밀하게 투약하기 때문에 적발이 어렵다.

가장 큰 변화는 거래 방식이다. 전통적인 마약 거래는 '손손' 방식이었다. 범죄 조직 간에 마약을 대규모로 거래하거나, 마약상과 구매자가 소규모로 사고팔 때도 한 손으로는 마약을, 다른 한 손으로는 돈을 건넸다. 범죄 조직 간에 거래할 때, 마약을 사는 입장에서는 상대가 마약을 주지 않고 돈만 뺏을 수 있고, 마약을 파는 입장에서도 마찬가지로 상대가 돈을 주지 않고 마약만 강탈할 수 있기에 혹시나 발생할지 모를 상황에 대비해서 조직원을 동원해 현장 거래를 했다. 많은 인원이 마약 거래 장소까지 이동하는 과정에서 정보가 샐 위험이 컸고, 이런저런 비용도 만만치 않았다. 경찰 입장에서는 마약 거래 현장을 덮치는 것보다 더 좋은 건 없었다. 돈과 마약을 모조리 압수하는 것은 물론이고, 판매 조직과 구매 조직 모두 일망타진할 수 있기 때문이다.

과거에는 범인을 추적하는 데 통장, 휴대폰, 이메일만 있으면 충분했다. 통장 거래 내역, 휴대폰 통화 내역과 문자 메시지, 주고받은 이메일만 있으면 누가 무엇을 얼마에 사고팔았는지 손쉽게 알 수 있었다. 하지만 시대가 변했다. 범죄자들은 접속자나 서버를 확인할 수 없는 다크웹을 통해 정보를 공유하고 연락하기 시작했다. 휴대폰 통화나 문자 메시지가 아니라 해외 채팅 어플(위챗, 텔레그램)이나 SNS로 메시지를 보내고, 현금이나 통장 거래가 아닌 추적이 불가능한 비트코인 등의 암호화폐로 거래하면서 추적을 피하고 있다. 이미 인터넷을 통해 불법으로 마약을 유통하거나 구입한 사범은 2018년 1,516명에서 2022년 3,092명으로 2배 이상 늘었다. 전 세계 다크웹을 통한 거래 가운데 74%, 다크웹을 이용한 판매의 90%가 마약류로 알려져 있다.[73]

유통에서 가장 중요한 밀수 또한 대면 방식이 줄고 비대면 방식이 늘고 있다. 2022년 마약 밀수 적발 사례를 보면 국제우편 461건(전체 적발 사례의 60%), 특송화물 196건(25%), 항공여행자 112건(14%) 순이었다.[74] 사람을 통한 밀반입의 경우 언제나 '노새', 그러니까 마약을 옮기는 사람이 마약을 들고 도망칠 위험이 있지만 국제우편이나 특송화물의 경우에는 이런 일이 없다. 국제우편이나 특송화물을 제3의 인물에게나 장소로 보낸 후 찾아오면 단속에 걸릴 위험도 낮아진다. 심지어 비용마저 비교할 수 없을 정도로 저렴하다. 세관에서 걸려도 물건만 잃을 뿐 사람은 안전하다.

실제로 2023년 4월 14일 시흥시의 한 다세대주택에서 검거된 30대 중국인 최 모 씨의 경우 주위에 우편물이 수북이 쌓인 우편함, 즉 사람이 살지 않는 곳을 골라 해외의 현지 공급책에게 중국 채팅 어플(위챗)로 주소를 알려주었다. 현지 공급책은 국제우편으로 물건을 보냈고, 주문한 마약이 도착할 예정이라는 알림을 받은 최 모 씨는 주소에 적힌 빈집에서 미리 기다리고 있다가 집배원이 도착하면 즉시 마약을 받아가는 방식으로 교묘히 수사망을 피했다. 이런 방식으로 중국인 최 모 씨는 다섯 차례에 걸쳐 히로뽕 400g을 받아 국내에 유통했다.[75]

판매상과 구매자의 거래 방식도 대면에서 비대면으로 바뀌고 있다. 손과 손으로 마약과 돈을 교환하던 '손손' 방식에서, 돈이 입금되면 마약상이 CCTV가 없는 특정 장소에 작은 마약을 몰래 숨긴 뒤 구매자에게 메시지를 보내 찾아가게 하는 일명 '던지기' 방식으로 진화한 것이다. "통신단자함 철제 기둥 난간에 넣어놓은 상태에서 사진을 찍어서 그 사진을 전송해 줍니다. 그러면 위에 있는 '상선'이라고 불리는 사람이 구매자한테 그 사진을 보내면서 어디에 가면 그 물건이 있으니까

그림 66 손손 방식에서 (아파트 우편함 등을 이용한) 던지기 방식으로 진화한 마약 거래

찾아가라"라고 말이다.[76]

던지기 수법은 무엇보다 안전하다. 판매상과 구매자가 직접 만나지 않기 때문에 서로 폭력에 노출되지 않고, 경찰에게 체포될 위험도 적다. 판매상은 '한 달에 2,000만 원 이상 벌고 싶은 분', '일당 100만 원 이상 벌고 싶은 분'이라며 사람들을 모아 이들을 마약 운반책(일명 드로써dropper)으로 쓴다. SNS의 발달은 마약의 광고, 판매는 물론이고 운반책 모집 또한 더욱 쉽게 만들었다. 이처럼 마약의 밀수부터 유통, 판매, 배달까지 모든 것이 익명에 점조직으로 운영되기 때문에, 특정 단계에서 경찰에 발각되어 마약 사범이 잡히더라도 예전처럼 고구마 캐듯이 줄줄이 관련자들이 잡혀가는 경우는 드물다. 더욱이 판매상은 당일 배송까지 도입해 '전국 어디든 당일 배송'이라고 광고한다. 실제로 구매자들은 주문한 지 6시간 이내에 마약을 받기까지 했다.[77]

역설적으로, 불법적인 마약 거래에서 가장 중요한 것은 믿음과 신뢰다. 마약 거래가 불법이기 때문에, 약이 가짜 밀가루(일명 똥술)여도 거래가 끝나고 약을 투여한 후에야 그 사실을 알게 된다. 약의 농도나 불순물 유무에 따라 투약자의 생명마저 위태로울 수 있다. 그렇다고 경찰에 신고할 수도 없다. 그렇기에 텔레그램 등에서 대화방을 운영하는 마약상은 구매자와의 대화, 구매 인증샷, 구매 후기 등을 올려 구매자에게 믿음을 주려고 노력한다. 다크웹에서는 구매자들이 올린 후기를 통해 약의 불량이나 배송 사기 등의 정보가 공유된다. 실제로 다크웹 이용자의 95% 이상이 이를 긍정적으로 평가하고 있다. '온라인 비대면 거래'는 기존의 '길거리 대면 거래'보다 폭력에 덜 노출되고, 오염된 약물이 적어 제품 품질에 대한 신뢰가 높다. 이제 마약은 다크웹이나 채팅 어플을 통해 주문하고, 가상화폐로 지불하며, 배송이나 던지기 수법으로 전달된다. 마약 거래가 처음부터 끝까지 비대면으로 진행되는 것이다. 이 같은 마약 거래의 진화로 경찰 추적을 피해 쉽게 마약을 거래할 수 있게 되면서 더 많은 이들이 마약의 유혹에 노출되고 있다.

또한 한국만의 특이점이 있다. 한국의 의료 접근성은 세계적 수준을 자랑한다. 2020년 우리나라 국민 1인당 의사에게 외래 진료를 받은 횟수는 연간 14.7회로 OECD 국가 중 가장 많고, 다른 나라의 평균 5.9회에 비해 2.5배나 높다.[78] 높은 수준의 의료 접근성은 국민의 건강권을 보장하는 데 기여하기도 했지만 여러 가지 부작용도 낳았다. 그중 하나가 약물 오남용이다. 2021년 한 해 동안 의료용 마약류를 포함한 향정신성 약물을 처방받은 사람은 무려 1,884만 명(중복 포함)에 이른다. 이들에게 약 1억 338만 건의 처방전과 18억 2,787만 정의 약이 나갔다.[79] 한 해에만 전 국민이 1인당 약 36정을 처방받은 셈이다.

앞서 말했듯이 중추신경 흥분제이자 구조적으로 히로뽕과 비슷한 펜터민, 일명 나비약(또는 눈사람약)이나 수면제인 졸피뎀을 비롯한 신경안정제, 마약성 진통제인 펜타닐 등은 의존성이나 중독성이 심하다. 이런 이유로 불법 거래를 하거나 범죄에 사용될 가능성이 높다. 하지만 이에 관해서는 제대로 된 조사나 통계가 없어 정확한 실상조차 파악하기 어렵다. 특히 마약류 식욕 억제제는 2022년 기준 120만 명에게 2억 4,300만 정이 처방되었는데, 가장 많이 처방받은 상위 30명이 1인당 평균 4,970정을 타 갔다.[80] 이는 하루에 열 알 넘게 먹을 수 있는 양이다.

자신이 복용하지 않고 불법 거래를 위해 처방받은 것이 분명하다.

　또한 병원에서 처방받은 펜타닐 패치가 불법으로 유통되며 사람들을 중독에 빠뜨리고 있다. 일부 마약상은 펜타닐 중독자나 아르바이트생을 모아 승합차에 태운 후, 마약성 진통제나 수면제 등을 마구잡이로 처방하는 속칭 '뚫린 병원'에서 펜타닐을 처방받게 해 인터넷에서 파는 치밀한 판매 술책마저 보이기도 했다.[81] 용량에 따라 1만 원에서 1만 5,000원 정도인 펜타닐 패치는 의원급에서 처방받으면 3,000원에서 5,000원이면 한 장을 구입할 수 있다. 패치 한 장이 3일 동안 효과를 내는데, 한 달 치인 열 장을 처방받아 3~5만 원 정도에 구입하면 한 장에 3만 원씩 총 30만 원을 받고 팔 수 있다. 이런 불법 행위로 25만 원이상의 수익이 나는 것이다. 마약상들은 일부 타락한 의사와 약사의 암묵적 협조 아래 펜타닐을 합법적으로 처방받아 판매한 차액으로 어마어마한 이윤을 남기고 있다.

　생산과 밀수를 하는 해외 마약상에게 한국은 '신세계'와 같다. 히로뽕 분말 1kg은 우크라이나에서 6,000달러, 미국에서 1만 달러, 홍콩에서 2만 3,000달러이지만 한국에서는 8만 4,000달러이다.[82] 한국에서 히로뽕은 미국에서보다 8배 이상 비싼 가격으로 거래된다. 코카인 또한 한국에서 1g당 341달러(45만 원)인데 미국에서는 101달러로 한국이 3배 이상 비싸다.[83] 이뿐만이 아니다. 태국산 야바는 현지에서 3,000원이지만 한국에서는 3~5만 원에 거래된다. 무려 10배 이상 차이가 난다. 이처럼 한국은 전 세계에서 마약 가격이 가장 높은 나라에 속한다. 마약상 입장에서는 마약 밀수에 성공만 한다면 돈을 가장 많이 벌 수 있는 나라가 바로 한국이다.

또한 마약 조직에게 한국은 경쟁이 적고 무한한 가능성이 열려 있는 블루오션이다. 호주나 유럽, 미국의 마약 시장은 이미 경쟁이 치열한 레드오션이다. 미국 12세 이상 인구 중 1년간 마리화나를 피워본 적이 있는 사람은 17.9%(일생 동안은 45.7%)이고, 코카인을 한 적이 있는 사람은 1.9%(일생 동안 14.2%)다.[84] 이처럼 미국에서는 마약을 경험한 사람이 상당히 많다. 하지만 한국의 경우 정확한 통계는 없지만, 일생 동안 그야말로 '마약'을 한 번이라도 해본 사람이 전체 인구의 1%도 되지 않을 것으로 추정된다.

앞으로 동남아시아나 북한 등의 마약 조직이 한국에 마약을 들여오기 위해 무수히 많은 시도를 할 것으로 예상된다. 국내에 이미 같은 국적의 사람들이 상당수 들어와 있기 때문에 이들을 통해 마약류 밀수를 시도할 것으로 보인다. 만약 이들이 한국인과 손잡고 대규모로 마약을 밀수, 유통, 판매할 경우 국내 마약 문제는 더욱 심각해질 수밖에 없다.

범죄자와 환자 그리고 정치

제20대 대통령으로 당선된 윤석열 대통령은 2022년 10월 21일 '경찰의 날' 기념식에서 "마약과의 전쟁에서 반드시 승리해 달라"라고 경찰에게 부탁했다. 대통령에 이어 한동훈 법무부 장관도 2023년 4월 21일

국회 당정협의회에서 "마약 유통, 제조, 밀수, 상습적 흡입에 대해 놀랄 만큼 강력 처벌하고 많이 잡아내겠다. '악' 소리 나게 강하게 처벌하겠다"라고 밝혔다.[85] 사실상 '마약과의 전쟁'을 선포한 것이다.

마약과의 전쟁의 원조는 모두 알다시피 리처드 닉슨 미국 전 대통령이다. 공화당 출신의 대통령 리처드 닉슨은 전임 민주당 출신 대통령 린든 존슨Lyndon Johnson이 내세운 '빈곤과의 전쟁'을 모방해 마약과의 전쟁을 내세웠다. 1969년 대통령이 된 그는 베트남전쟁에 대한 반전 운동과 시위를 억제할 방편으로 마약과의 전쟁을 선포하고 헤로인뿐 아니라 마리화나와 LSD, 엑스터시를 1급 마약으로 규정해 시위하는 젊은이들을 감옥에 가두었다. 리처드 닉슨이 야당인 민주당 사무실을 도청한 워터게이트 사건으로 사임한 이후에도 후임 대통령들은 마약과의 전쟁을 이어갔다.

하지만 미국은 국내에서는 마약과의 전쟁을 선포했지만, 국외에서는 미국 중앙정보국 등을 동원해 라틴아메리카와 동남아시아의 우익 정부나 우익 반군을 지원하여 오히려 국내로 코카인과 헤로인이 유입되는 모순적인 상황을 만들었다.

미국에서는 정권의 성향과 상관없이 마약 생산자든, 공급자든, 투약자든 가리지 않고 감옥에 가두었다. 일반 범죄자에게 감옥이 '학교'라면, 앞서 말했듯이 마약 범죄자에게 감옥은 '마약 사관학교'다. 특히 마약을 생산하고 유통한 공급자뿐 아니라, 단순 투약자까지 가두는 커다란 실수를 저질렀다. 그 결과 아무리 단속하고 처벌해도 해마다 마약 관련 수감자는 늘어만 갔다. 특히 1980년대 크랙이 등장하면서 늘어나

그림 67 　 미국의 인구 10만 명당 주 및 연방 관할 남성 수감자 비율. 닉슨 대통령이 1971년 '마약과의 전쟁'을 선포한 이후 미국 남성 수감률은 거의 5배 증가했다.

는 수감자를 감당할 수 없게 되자 사설 교도소까지 등장했다. 1994년 부터는 마약과의 전쟁 결과로 해마다 100만여 명이 투옥되었고, 10년 이 지난 2005년에는 수감자 수가 200만 명으로 늘었다.[86] 미국은 1970년대 1차 마리화나, 1980년대 2차 코카인(크랙)에 이어, 1995년 옥시콘틴에서 시작된 3차 펜타닐 전쟁까지 50년 넘게 마약과의 전쟁을 치르고 있지만 마약 범죄는 더 심각해지고 있다. 미국은 마약과의 전쟁에서 완전히 패한 것이다. 처음부터 순수하지 못한 정치적 동기로 시작한 데다, 나라 밖에서는 공산주의를 막기 위해 마약의 유통을 용인하였기에 마약과의 전쟁은 처음부터 실패할 수밖에 없었다.

그런 상황에서 미국은 2014년부터 마약의 시발점인 마리화나를 합법화했다. 거대한 산불을 끄기 위해 사투를 벌이면서, 사람들이 산에서 담배를 피우도록 허락한 것과 마찬가지였다. 그 결과는 불 보듯 뻔했다. 앞서 말했듯이 상당수의 사람들은 마리화나만 하지 않고 다음 약으로 넘어갔다. 마리화나 판매소 또한 마리화나만 팔지 않고 다른 마약까지 팔았다. 심지어 허가를 받지 않은 불법 판매소까지 성행했다. 마리화나로 인해 이미 이곳저곳에서 새로운 산불이 발생하기 시작했다. 마약중독자들이 "나는 마약을 조절할 수 있다"라는 착각에 빠진 것처럼, 인기와 표에 중독된 정부 역시 "마약을 통제하에 둘 수 있다"라는 착각에 빠져서 돌이킬 수 없는 실수를 저질렀다. 마약상이 돈을 위해 마약을 팔듯, 정치인은 표를 위해 마리화나를 합법화한 것이다.

그리고 여기 태평양 건너에서 마약과의 전쟁을 시작한 또 다른 이가 있다. 한국이 광복을 맞이한 해인 1945년에 태어난 그는 검사로 재직할 당시 범죄와의 전쟁으로 큰 인기를 얻었다. 그는 정계에 입문해 필리핀에서 마닐라에 이어 두 번째로 큰 도시인 다바오의 시장이 되었다. 그는 공권력에 더해 자신의 사병 부대인 '다바오 척살대Davao Death Squads'까지 동원해 범죄 조직을 소탕했다. 그가 시장으로 취임한 1988년부터 22년 동안 1,000명 이상의 시민이 범죄자라는 이유로 사살되었다. 2016년 6월 대통령이 되어서도 그는 범죄(마약)와의 전쟁을 선포했다. 2020년 7월까지 4년간 경찰의 마약 단속에 저항하다가 사살된 시민만 공식적으로 5,810명에 달한다. 인권 단체들은 재판 없는 '초법적 처형'까지 합치면 사망자가 3만 명을 훌쩍 넘을 것으로 추산한

그림 68 '마약과의 전쟁'으로 대통령까지 된 로드리고 두테르테

다.[87] 심지어 그는 자신이 시장일 때 마약 용의자를 직접 죽였으며, 중국인 소녀를 유괴하고 성폭행한 남성 세 명을 스스로 총살한 적이 있다고도 인정했다.[88] 그는 영장이나 재판 없이 단순히 범죄자라는 의심만으로 사람들을 처형했다.[89] 그는 범죄(마약)와의 전쟁을 반정부 세력이나 진보 활동가들을 척결하는 데 이용했다는 의혹을 받고 있다. 로드리고 두테르테Rodrigo Duterte 전 필리핀 대통령의 이야기다.

보수 대통령인 리처드 닉슨과 로드리고 두테르테 모두 집권 초기에 마약과의 전쟁을 내세웠다. 보수 세력은 개인의 자유와 선택을 중시한다. 개인이 저지른 잘못은 그 개인이 선택한 결과이므로 책임도 개인에게 있다고 본다. 따라서 잘못을 저지른 사람을 범죄자(가해자)로 보고 처벌하려고 한다. "약물 오남용은 질병이 아니라 결정이다."[90]

반대로 진보 세력은 개인의 잘못을 사회 구조적 문제로 환원하는 경향이 있다. 잘못을 저지른 사람을 범죄자로 처벌하기 전에 잘못된 제도나 시스템을 고치려고 한다. 여기서 한 걸음 더 나아가 범죄자의 인권을 중시한다. 마약 문제에 관해 보수 세력은 '마약 사범=범죄자'로 보고 단속과 처벌을 강화하려고 하는 반면, 진보 세력은 '마약 사범=환자'로 보고 치료를 강조하는 경향이 있다. 실제로 노무현 정부 당시인 2006년 법원이 마약류 중독자에 대해 집행유예를 선고할 때 치료보호를 실시하도록 '치료보호 조건부 보호관찰'을 도입하기도 했다.

보수 세력에게 마약(범죄)과의 전쟁은 늘 매력적이다. 미국 공화당은 마약과의 전쟁이 '정치적 필승 전략'임을 깨닫고[91] 이를 당의 정책으로 내세웠다. 마약과 범죄가 '악'이라면 그 악에 맞서 싸우는 자신들은 자연히 '선'이 된다. 9.11 테러 직후 부시 대통령이 '테러와의 전쟁'을 선포하며 이라크, 이란, 북한을 '악의 축axis of evil'으로 규정한 것도 같은 이유에서다. '테러=악'이라는 등식이 성립하면 '테러에 맞서는 미국=선'이라는 등식도 자연히 성립한다(이런 이분법적 프레임을 보수 세력만 쓰는 것은 아니다. 진보 세력도 '부자와 강자=악', '가난한 자와 약자=선'이므로 '부자와 강자를 배격하고 가난한 자와 약자 편에 서는 자신=선'이라고 생각한다).

'범죄는 악'이라는 인식 프레임은 매우 강력해서 '범죄자(가해자)의 인권을 지켜줘야 한다'는 진보 세력의 주장은 '범죄자(가해자)의 인권보다 피해자의 인권이 우선'이라는 보수 세력의 주장 앞에 종종 힘을 잃는다. '마약 사범은 환자'이기 때문에 처벌 대신 치료가 필요하다는 주장 또한 '마약 사범은 범죄자'라는 주장에 밀려 다수의 지지를 얻지 못한다. 심지어 진보 세력 내에서도 '마약 범죄자를 치료하는 비용으로 가난한 이들을 돕자'는 주장이 제기된다. 그래서 진보 세력에게 마약은 아픈 새끼손가락과 같다. 진보 세력이 정권을 잡으면 마약과 범죄 문제가 가급적 부각되지 않기를 바라는 경향이 있다.

더욱이 필리핀의 로드리고 두테르테나 미국의 리처드 닉슨, 한국의 전두환 사례에서 보듯이, 범죄나 마약과의 전쟁은 자연스럽게 정부의 단속과 규제로 이어진다. 보수 정권이 '범죄(마약)와의 전쟁'을 하는 동안 정치적 탄압도 가했기에 진보 정권은 '범죄(마약)와의 전쟁'을 부정적으로 볼 수밖에 없다. 보수 정권에 저항했던 진보 세력의 일부가 마리화나를 피웠던 전력이 있기에 마약에 대한 강력한 처벌을 자신들에 대한 정치적 공격으로 여기기도 한다.

이와 같은 이유로 마약에 대한 태도가 정치 성향에 따라 달라진다. 실제로 미국의 한 연구는 이러한 주장을 뒷받침한다. 미국 성인의 59%가 마리화나의 오락적 사용에 대해 찬성했는데, 보수적인 공화당 지지층(45%)보다 진보적인 민주당 지지층(73%)에서 더 적극적으로 찬성했다.[92] 이에 진보 성향인 버락 오바마 대통령은 2013년 마약 1급인 마리화나에 대해 각 주의 법률에 따르라고 하면서 사실상 합법화의 길을 열었다.

또 다른 연구에서는 흑인의 경우 대다수(85%)가 마리화나의 사용을 지지하는 것으로 나타났다.[93] 세대 간에도 차이가 분명한데, 18~29세는 72%가 찬성한 반면 75세 이상은 30%만 찬성했다. 시대에 따라서도 다른 결과를 보였는데, 1969년에는 마리화나 찬성률이 12%에 불과했지만 2008년에는 32%, 2019년에는 67%로 급격히 높아졌다.[94] 정치 성향뿐만 아니라 인종, 나이, 시대에 따라 마리화나 사용에 대한 태도가 뚜렷하게 갈리는 것을 알 수 있다.

한국에서 마약 사범이 2018년 1만 2,613명, 2019년 1만 6,044명, 2020년 1만 8,050명으로 단 2년 만에 50% 가까이 폭발적으로 증가했을 때도, 진보 언론과 정부는 마약 사범의 치료를 강화하기는커녕 사람들의 관심이 쏠리는 것을 우려해 침묵으로 일관했다. 물론 정부가 아무것도 안 한 것은 아니었다. 정부는 전국 21개 의료기관을 '마약류 중독자 치료 병원'으로 지정하고 보건복지부와 지방자치단체가 치료비의 절반씩 부담하기로 했다. 약물중독자는 마약류 관리법과 '마약류 중독자 치료보호 규정'에 따라 최대 1년간 전액 무료로 치료받을 수 있다. 하지만 보건복지부가 2017년에 확보한 예산은 겨우 1억 2,700만 원에 불과했고 그것도 그 중 5,000만 원이 홍보비로 사용되어 실제 치료 지원액은 7,700만 원으로 생색내기에 불과했다.[95] 그렇게 정부는 허울뿐인 지정 병원 수만 유지했을 뿐 사실상 치료보호제도를 유명무실화했다.[96] 4년이 지난 2021년에도 전체 지원 예산이 고작 2억 800만 원에 불과했다. 입원 환자 한 명을 치료하는 데 월 200만 원 정도 든다는 점을 감안하면, 연간 열 명도 치료하기 어려운 수준이었다. 그마저도 제대로 지급하지 않아 다수의 지정 병원들은 경영난에 마약중독자 치료를 중단하고 말았다. 가장 안타까운 일은 2017년 206명, 2018년 136명으로 우리나라에서 마약류 중독 환자를 가장 많이 치료한 강남을지병원이 2019년 정부의 지정 병원에서 빠진 것이었다. 서울시와 보건복지부에서 받지 못한 미수금이 5억 원에 달했기 때문이었다.[97]

강남을지병원이 지정 병원에서 빠진 2019년부터 현재까지 국내 마약류 중독 환자를 가장 많이 치료하고 있는 인천참사랑병원의 천영훈 원장은 한 신문사와의 인터뷰에서 "(매우 치료하기 힘든) 마약 환자를 받아 입원 치료를 하는데 치료비 절반을 부담해야 할 지자체가 예산 부족을 핑계로 승인해 주지 않으면 병원 입장에선 치료비를 떼이는 상황"이라며 "지정 병원 제도를 거창하게 도입해 놓고도 준비된 예산이 없어 아무런 실효가 없다"라고 한탄했다.[98] 민간에서 마약중독재활센터를 세워 24시간 운영하고 있으나, 국가의 지원이 전무하여 경제적 어려움뿐 아니라, 자격 조건, 허가 등의 여러 가지 문제로 난관을 겪고 있다. 의학적 치료조차 되지 않는 상황에서 다음으로 이어져야 할 사회 복귀와 재활 등은 꿈도 꿀 수 없는 것이 현실이다.

정부의 방치 속에 치료보호기관 지정 병상 수는 2017년 330개에서 2021년 292개로 줄어들었고, 같은 기간 의사 수도 170명에서 132명으로 감소했다. 21개의 지정 병원 중 2022년 현재 실질적으로 마약 치료를 하고 있는 병원은 인천참사랑병원과 국립부곡병원 단 두 곳뿐이다 (상반기 마약 치료 환자의 96%를 이 두 병원에서 담당했다). 14개 지정 병원에서는 아예 마약 환자를 받지 않았다.[99] 하지만 진보 정권은 마약이 이슈화되는 것을 두려워해 사실상 아무런 조치를 취하지 않다가, 막상 정권을 잃게 되자 "한동훈 장관님, 마약과의 전쟁 말고 치료가 필요합니다"[100] 같은 말로 보수 정권의 마약 정책을 비판하고 나섰다.

보수 세력이 정권을 잡으면 마약과 범죄 문제를 부각하려고 한다. 그것도 정권 초기에 말이다. '이전 정권이 잘못해서 늘어난 범죄와 마약을 정의로운 보수 정권이 퇴치하겠다'는 의미일 것이다. 과거의 선례를 보면, 1990년 노태우의 범죄와의 전쟁이나 2002년 월드컵을 앞두고 실시된 강력한 마약 단속 등을 통해 2~3년간 마약 사범 수를 일시적으로 줄일 수 있었다. 하지만 풍선을 힘(단속)으로 눌러봤자, 바람(수요)을 빼지 않는 한 결국 몇 년 후 다시 원상복구된다는 사실을 역사가 증명한 바 있다. 공급을 줄이는 단속과 함께 수요를 감소시키는 치료가 적극적으로 이루어져야 한다. 안타깝지만 보건복지부의 '마약류 중독자 치료보호사업' 예산은 정부가 바뀐 2023년에도 진년도와 동일한 4억 1,000만 원으로 책정되어 있다. 지자체의 예산을 더해도 8억 2,000만 원[101] 으로 터무니없이 적은 액수다. 이유는 서로 다르지만, 마약중독자 치료를 위한 실질적인 예산 지원은 진보 정권에서도 보수 정권에서도 제대로 이루어지지 못했고, 또 못하고 있다.

처음부터 불순한 동기로 마약과의 전쟁을 시작했던 리처드 닉슨과 50년째 전쟁을 이어가고 있는 미국은 사실상 전쟁에서 패배했다. 앞으로 얼마나 더 많은 이들이 죽을지 아무도 모른다. 한편 검사 시절, 마약과의 전쟁을 통해 인기를 얻은 로드리고 두테르테는 검사에서 시장으로, 시장에서 대통령까지 올랐기에 그의 마약과의 전쟁은 개인적으로 대성공이었다.

마약과의 전쟁을 선포한 한동훈 장관과 보수 정권은 과연 전쟁에서 승리할 수 있을 것인가? 2023년 6월 26일 법무부는 마약사범재활팀을 신설했다. 한동훈 장관은 이어진 인터뷰에서 "많이 잡고, 강하게 처벌하고, 제대로 치료하겠다"[102]라며 마약과의 전쟁에 대한 확고한 의지를 밝혔다. 그는 어쩌면 로드리고 두테르테의 성공을 꿈꾸고 있을지 모르지만, 리처드 닉슨의 실패를 결코 잊어서는 안 될 것이다. 마약과의 전쟁은 공급을 줄이는 강력한 단속·처벌과 수요를 줄이는 적극적인 치료가 병행될 때 비로소 성공할 수 있다. 개인을 넘어선 공동체 차원의 실효성 있는 성공이 그 어느 때보다 절실할 때다.

처음에는 약이었다. 병이 왜 생기는지, 병을 어떻게 고칠 수 있는지 알수 없었던 과거에 마약은 당장 사람을 괴롭히던 통증을 마법처럼 사라지게 하는 만병통치약이었다. 하지만 19~20세기에 과학과 의학의 발전으로 마취제와 항생제, 수술 등이 나날이 향상되며, 마약은 장점보다는 단점이, 효과보다는 위험성이 부각되었다. 한때 사람을 고통에서 구해주었던 마약은 원래의 위상을 잃고 추락하기 시작해 어느 순간부터 사람을 치료하는 천사가 아니라 파멸로 이끄는 악마가 되었다.

물론 마약도 발전했다. 아편에서 모르핀으로, 모르핀에서 헤로인으로 진화했다. 코카 잎에서 코카인이 탄생했고, 대마초는 액상으로 만들어졌다. 이뿐만 아니다. LSD, 엑스터시, 메스암페타민에 이어 옥시코돈, 펜타닐까지 새로운 마약이 속속 등장했다. 마약은 몇 가지를 제외하면 더 강해지고 더 위험해졌다.

변한 건 마약의 종류와 질만이 아니다. 마약의 생산과 유통, 판매 방식까지 최첨단으로 진화하고 있다. 가상화폐, SNS, 채팅 어플, 다크웹, 국제우편, 국제특급EMS, 퀵서비스까지 도입되어 공급자와 소비자가 더쉽고 안전하고 빠르고 편리하게 마약을 사고팔 수 있게 되었다. 하지만 그만큼 마약의 감시와 단속은 더 어려워졌다.

게다가 최근 한국에서는 10대 청소년 마약 사범이 10년간 11배 증가했다. 더 어린 나이에 마약을 접하고 있어 앞으로 문제가 더욱 심각해질 것이다. 2020년과 2021년 전 세계에 불어닥친 코로나로 인해 마약의 공급과 유통에 잠시 어려움이 있었지만, 이제 예전처럼 국가 간에 사람과 물류의 이동이 증가하면서 마약이 더욱더 활개를 칠 것으로 보인다.

마약에 대한 글을 쓰는 동안 커피를 달고 살았다. 하루에 세 잔, 심지어 네다섯 잔을 마시기도 했다. 늦은 밤까지 자지 않고 책을 쓰기 위해서였다. 콜롬비아 수프리모와 에티오피아 예가체프를 주로 마셨다. 내가 마시는 커피의 생산지에는 공통점이 있다. 콜롬비아와 에티오피아 두 나라는 가난하고 빈부격차가 심하며 부패한 나라다. 게다가 이 두 나라는 마약으로도 유명하다. 콜롬비아는 세계 제1의 코카인 생산 국가이고, 에티오피아는 껌처럼 씹는 카트를 생산한다. 나는 흰 잔에 담긴 검은 커피를 보면서 가끔 생각하곤 했다. '이 두 나라에서 코카와 카트를 생산하지 않으려면 어떻게 해야 할까?'

마약을 대규모로 생산하는 것을 막으려면 다른 농작물이 아편이나 코카, 카트에 비해 수익성이 같지는 않더라도 비슷해야 한다. 지금처럼 농작물 대신 마약을 재배할 때 몇 배 이상의 이익을 거둘 수 있다면 농민들은 결코 마약을 포기하지 않을 것이다. 농민들이 마약 경작을 포기하지 않더라도 강력하고 청렴한 정부가 등장하면 적어도 대규모 생산은 막을 수 있다. 마약이 생산되지 않으려면 부유한 국민과 강력하면서도 깨끗한 정부, 즉 선진국이 되어야 한다. 하지만 20세기 동안 후진국에서 선진국이 된 나라는 대만과 한국이 유일하다. 그렇기에 가까운 미래에 콜롬비아가 선진국이 되어 코카인을 더 이상 재배하지 않는 일은 일어나기 힘들 것이다. 설령 콜롬비아가 잘사는 나라가 되어 더 이상 코카를 재배하지 않더라도 인근의 가난한 볼리비아나 페루에서 코카 농사를 지을 것이다. 결국 전 세계가 모두 똑같이 잘살게 되지 않는 한 마약 생산은 막을 수 없다. 21세기 세계 최강국 미국이 아프가니스탄을 침공해 20년간 점령했지만 아프가니스탄을 정상적인 국가로도 만들지 못했고 양귀비 재배조차 막지 못했다.

가난한 나라의 마약 생산을 막을 수 없으니 마약 유통, 그중에서도 해외에서 국내로 들어오는 밀수를 차단해야 한다. 북한에서 두만강을 넘어 중국으로 필로폰이 넘어오는 순간 가격이 5배가 된다. 코카인 1kg이 멕시코에서 미국으로 들어오는 순간 6,940달러에서 6만 9,000달러로 10배나 뛴다.[1] 1970년대 한국에서 300~400만 원이던 필로폰 1kg이 일본으로 건너가면 1,700~4,000만 원까지 올랐다. 마약은 국경을 넘는 순간 가격이 5~10배로 뛴다. 강력히 단속하면 가난한 나라에서 부유한 나라로의 마약 밀수는 줄어들긴 하지만, 완벽히 막을 수는 없다. 불법의 대가가 너무나 달콤하기 때문이다. "일자리 없이 노는 한국 청년들이 1회당 수백만 원씩 받고 태국 등지에서 마약을 운반해 온다."[2] 이는 마약 밀수뿐만 아니라 마약 유통과 판매에서도 마찬가지다. "경찰이 누군가를 체포하더라도 그 사람의 자리를 대신하기 위해 네 명의 사람들이 더 대기하고 있습니다."[3]

이에 더해 세계화 시대에 국경을 넘나드는 사람과 물건은 상상을 초월한다. 2022년 전자상거래를 통한 수입통관 건수만 해도 9,612만 건이며,[4] 우리나라에 1년 동안 들어오는 수입 컨테이너만 해도 1,429만 9,875개에 6억 5,739만 4,707t이나 된다.[5] 같은 해 우리나라로 들어온 내외국인 수도 997만 명에 이른다.[6] 이 어마어마한 물건과 사람 가운데 마약을 100% 찾아내기란 아무리 노력해도 불가능에 가깝다. 그리고 국내로 들어오는 마약을 100% 차단하더라도 한국 사람이 외국에 나가서 마약을 하는 것까지 막을 수는 없다(물론 외국에서 마약을 해도 국내에서 처벌은 받는다). 또한 아무리 처벌을 강화해도 마약 범죄를 막을 수 없다. 처벌이 일정 수준 이상 올라가면 범죄를 줄이는 효과가 적거나 없어진다. 어차피 범죄자는 10년 형이나 20년 형이나 무기징역이나 사형이나 거기서 거기라고 느낀다.

생산과 유통 측면에서 마약을 만들어서 파는 이유는 단 하나다. 그 어떤 상품보다 더 큰 이윤을 남기는 최고의 고부가가치 사업이기 때문이다. 엄격한 밀수 단속으로 마약 공급이 줄게 되면 국내 마약 가격이 폭등한다. 마약 가격이 폭등하면 더 많은 이들이 밀수에 나서게 된다. 밀수, 공급, 유통을 엄격히 단속해도 기껏해야 몇 주나 몇 개월의 공급을 끊을 수 있을 뿐 마약 반입을 완전히 막을 수는 없다. 실제로 콜롬비아의 마약왕이자 메데인 카르텔을 이끌었던 파블로 에스코바르가 사살된 이후에도 콜롬비아에서 미국으로의 마약 공급은 전혀 줄어들지 않았다. 오히려 그의 자리를 노리고 다른 마약 카르텔끼리 전쟁을 벌였고, 그 피해는 고스란히 선량한 콜롬비아 주민들에게 돌아갔을 뿐이다.

공급은 수요를 낳고 수요는 공급을 낳는다. 공급과 공급-수요를 이어주는 유통, 판매를 막는 동시에 수요를 줄여야 한다. 수요가 줄면 자연스럽게 가격이 떨어진다. 마약 수요가 줄어 가격이 떨어지면 굳이 위험을 무릅쓰고 마약을 공급할 이유가 없다. '하이 리스크high risk(고위험), 하이 리턴high return(고수익)'에는 많은 이들이 뛰어들지만 '하이 리스크high risk(고위험), 로우 리턴low return(저수익)'에는 아무도 뛰어들지 않는다. 미국의 유명한 진보학자 노엄 촘스키Noam Chomsky 또한 이렇게 말한 바 있다.

"마약 문제는 수요가 근본적인 원인이지 공급에서 생기는 것이 아닙니다. 이 정도의 추리는 상식입니다. 따라서 모든 문제의 근원은 미국에 있는 것이지 콜롬비아에 있는 것이 아닙니다."[7]

마약을 하는 경우는 크게 두 가지다. 처음 하는 경우와 다시 하는 경우. 이 둘은 마약을 하는 계기가 서로 완전히 다르다. 마약을 처음 하는 경우는 대부분 호기심이나 유혹, 다른 사람의 권유 때문이다. 마약을 처음 하는 것을 막는 가장 좋은 방법은 교육이다. 이 책을 쓴 이유도 바로 마약을 제대로 알리기 위해서다. 이 책에서는 그저 "나쁘니까 하지 마라"라고 하지 않는다. 오히려 마약의 처음(호기심)부터 끝(감옥, 사망, 자살)까지를 가감 없이 설명해서 자연스레 마약의 위험성을 자각하도록 집필했다.

어떤 마약상이 한 말이 있다. "돈을 벌고 싶으면 펜타닐을 권하고, 인생을 망치고 싶다면 펜타닐을 해라." "마약은 입구는 있지만 출구는 없다"라고 할 만큼 시작 자체가 매우 위험하므로 애초 손을 대지 않는 것이 가장 중요하다. 마약을 권하는 이는 친구가 아니라, 악마다. 마약을 처음 하는 것을 막는 데는 마약을 악으로 보는 마약과의 전쟁이 효과적이다.

마약을 하는 또 다른 부류의 사람은 마약중독자다. 마약을 하는 이들 중 일부는 "나는 남과 다르다", "나는 마약을 조절할 수 있다"라고 생각할지 모른다. 모든 중독자는 처음에 다 그렇게 생각한다. 특히 업 계열의 코카인이나 히로뽕 중독자가 흔히 이런 착각을, 즉 스스로 조절할 수 있다는 '조절 망상'에 빠지고는 한다. 하지만 그러다 몸과 마음이 다 망가지고 나서야 자신이 중독자인 것을 깨닫는다. 마약에 중독되면 계속 마약을 하기 위해 도둑질이나 매춘, 심지어 강도와 살인까지 저지르고 주변 사람마저 마약중독자로 만든다.

마약 투약자가 다시 마약을 하지 않게 하려면 처벌보다 치료가 효과적이다. 앞서 말했지만, 헤로인 중독자의 경우 감옥에서 나온 지 3개월 안에 4명 중 3명[8]이 다시 헤로인을 한다. 하지만 치료를 받으면 2명 중 1명은 약을 끊을 수 있다. 미국의 경우 죄수를 1년간 수감하는 데만 3만 9,158달러(5,090만 원)가 든다. 한국의 경우에도 재소자 1인당 연간 수용비가 2023년 현재 3,100만 원에 달한다.[9] 수감 비용 외에 마약 관련 범죄로 인한 피해는 측정조차 불가능하다. 하지만 마약중독자를 1년 동안 치료하는 데는 1년에 1만 8,000달러(2,300만 원)밖에 들지 않는다. 수감 비용의 절반에 불과하다. 더구나 치료비가 미국의 반의반도 안 하는 한국에서는 치료 비용이 훨씬 적게 든다. 그렇기에 마약중독자는 감옥에 가둘 것이 아니라 환자로 간주해 적극적으로 치료해야 한다.

하지만 안타깝게도 2022년 마약 치료보호를 받은 인원은 총 421명에 불과하다.[10] 이마저도 대부분 자의적 치료였고, 검찰이나 경찰이 의뢰한 경우는 2018년부터 2022년까지 5년간 42명에 그쳤으며, 처벌 대신 치료를 받은 치료감호 인원은 2022년 고작 18명밖에 되지 않았다. 같은 해 마약 투약 혐의로 단속된 인원만 8,489명임을 감안하면 마약 투약자의 대부분이 치료받지 않거나 받지 못하고 있음을 알 수 있다. 마약 사범을 감옥에 가두기만 해서는 문제가 해결되지 않는다. 감옥이 마약 사관학교의 역할을 하면서 마약 투약자들은 약을 끊는 것이 아니라 마약에 더 빠져들기 때문이다. 적극적인 치료가 매우 절실하다.

또한 마약 사범과는 별개로 환자가 마약성 진통제를 포함한 향정신성 약물을 의사의 지시 없이 임의로 복용하지 않도록 교육하는 것도 필요하다. 앞서 말한 히스 레저를 포함해 다양한 이들은 수면제인 졸피뎀, 다이어트 약인 펜터민, 마약성 진통제 등을 자의로 복용하다 중독된 경우였다.

해외에서 이루어지는 마약 생산은 막을 수 없다. 대신 국내에서 일어나는 마약 밀수와 유통, 판매를 강력하게 단속하고 처벌해 공급을 줄여야 한다. 동시에 교육을 통해 마약에 대한 경계심을 높이고 치료를 통해 재범을 줄여서 마약에 대한 수요도 줄여야 한다. 이 두 가지 방법을 통해 마약을 '하이 리스크, 로우 리턴' 사업으로 만들어야 마약이라는 전염병의 대유행을 막을 수 있을 것이다.

우리는 살면서 무수히 많은 선택을 한다. 오늘도 글을 쓰기 위해서 커피를 마시는 나는 메뉴판을 보면서 고민한다. 입술에 닿을 때는 한없이 부드럽지만 목을 넘어갈 때는 고소한 콜롬비아 수프리모를 마실까,

아님 입 안 가득 과일 향이 차는 와인과 같은 에티오피아 예가체프를 마실까? 내가 콜롬비아 수프리모를 고르면 콜롬비아 농부들이 코카 농사 대신 커피 농사를 더 지을까? 혼자만의 상상을 해본다.

눈앞에 마약이 있다고 가정해 보자. 담배처럼 만 마리화나든, 캔디처럼 생긴 알약이든. 선택의 순간이다. 할 것인가, 말 것인가? 콜롬비아 농부가 코카와 커피, 아프가니스탄 농부가 밀과 양귀비 중에 하나를 선택하는 것처럼, 잠재적 마약 소비자인 우리에게도 언젠가 눈앞에 놓인 마약을 보며 결정을 내려야 할 순간이 올지도 모른다. 이 책을 읽는 우리는 콜롬비아의 코카 농부나 멕시코의 마약 카르텔, 헤로인과 히로뽕을 생산하는 북한 정부를 막을 수는 없다. 눈앞에 놓인 마약에 NO라고 말할 수 있는 게 전부다. 하지만 내가 NO라고 하면 내 옆 사람도 NO라고 말하기 쉬워진다. 그렇게 나와 당신이 NO라고 하면 다른 사람도 우리의 영향으로 NO라고 할 가능성이 높아진다. 그렇게 우리 모두가 NO라고 하면 마약의 수요가 줄어들고 그에 따라 가격이 떨어진다. 수많은 이들이 NO라고 할 때, 콜롬비아와 아프가니스탄의 농부들은 마약 대신 다른 대안을 찾게 될 것이다. 그렇게 우리의 선택이 모여 세상을 바꾼다.

이 책의 집필은 마약에 대한 순수한 호기심으로 시작되었다. 마약이 나쁜 건 알지만 왜 나쁜지 궁금했다. 사람들은 나쁜 걸 알면서도 왜 마약 농사를 짓고 마약을 팔고 있는지 알고 싶었다. 독자들도 비슷한 궁금증으로 이 책을 펼쳤을 것이다. 궁금증이 어느 정도 해소되었기를 바란다. 낯선 내용이라 최대한 쉽게 쓰려고 노력했고, 같은 내용을 여러 번 언급하기도 했다. 각종 논문과 연구를 뒤져가며 최대한 자세히 글을 쓰려고 했으나, 마약 자체가 불법이다 보니 한계가 있을 수밖에 없었다. 마약의 기전과 신경전달물질에 대해서는 아직도 명확하게 밝혀지지 않은 것이 많다. 혹여 부족하거나 부정확한 내용이 있더라도 이런 상황을 고려해 독자 분들이 널리 이해해 주셨으면 좋겠다.

손자병법을 쓴 손자가 제일 중요시한 것은 '부전이승 최선승不戰而勝 最善勝', 즉 전쟁 없이 이기는 것이 최선의 승리라는 것이었다. 하지만 마약은 전쟁 없이 이기는 것이 불가능한 상황이다. 전쟁을 피할 수 없다면 '지피지기백전불태知彼知己 百戰不殆', 적을 알고 나도 알고 싸워야 할 것이다. 이 책이 적을 알고 나를 아는 데 조금이라도 도움이 되기를 바란다.

마약은 판도라의 상자다. "절대 열지 말라"라는 말이 오히려 호기심을 불러일으킬 수도 있지만, 상자 속에는 온갖 고통과 죄악이 담겨 있을 뿐이다. "지식이 있는 사람은 무엇이든 깨달을 수 있지만 지혜가 있는 사람은 시도하지 않는다"라는 말이 있다. 이 책이 마약에 대한 단순한 지식이 아니라 지혜를 전달하는 역할을 할 수 있기를 희망한다. 눈앞에 천사의 탈을 쓴 악마가 나타나 우리를 유혹할 때 흔들리지 않기를 두 손 모아 기도한다. 당신의 선택은 당신뿐만 아니라 가족, 그리고 더 나아가 사회를 변화시킨다. 우리는 바꿀 수 있다.

감사의 글

이 책이 나오기까지 많은 도움을 받았다. 가장 먼저, 『자칼의 날』을 쓴 작가 프레더릭 포사이드Frederick Forsyth가 쓴 『코브라』가 없었다면 나는 아예 마약, 특히 코카인에 대한 관심조차 가지지 않았을 것이다. 그의 소설 『코브라』가 있었기에 나는 마약에 호기심을 가질 수 있었다.

1년 전에 『히틀러의 주치의들』(드러커마인드, 2023)을 쓰면서 각 나라의 역사와 마약, 그중에서도 북한과 아돌프 히틀러Adolf Hitler를 공부하며 조사한 것이 많은 도움이 되었다. 아돌프 히틀러 또한 코카인을 비롯한 많은 마약을 했다. 아돌프 히틀러가 마약중독자였는지에 대해서는 『히틀러의 주치의들』에서 자세하게 설명하고 있다. 역사에 관심 있는 분들은 꼭 읽어보시기 바란다.

검찰청이 매년 발간하는 「마약류 범죄백서」는 한국의 마약 범죄에 대해 다양한 세부 정보를 담고 있어서 집필할 때 많은 도움을 받았다. 하지만 향정신성 약물에 대한 세부 사항이 없는 점과 히로뽕을 따로 분류하지 않는 점이 아쉬웠다. 꼭 개선되었으면 한다. 보건복지부 및 가톨릭대학교에서 함께 발간한 「2021년 마약류 사용자 실태조사」를 통해 한국 마약중독자의 실태에 좀 더 가까이 다가갈 수 있었다.

한국에서 가장 많은 마약중독 환자를 치료하는 인천참사랑병원의 천영훈 병원장님께 깊은 감사의 말씀을 전한다. 일면식도 없는 가운데 연락을 드렸지만 바쁘신 와중에도 흔쾌히 인터뷰에 응해주셨다. 메스암페타민의 치료 방법과 마약 컨트롤 타워의 필요성 등 많은 부분을 알 수 있었다. "힘들지만, 한 사람의 삶이 드라마틱하게 바뀌는 모습을 보면서 힘을 낸다"라는 말씀에서 환자를 대하는 의사의 참 자세 또한 배울 수 있었다.

유엔 산하 마약범죄사무소인 UNODCUnited Nations Office on Drugs and Crime의 도움도 컸다. 「The UNODC Global Report on Cocaine 2023」을 몇 번이나 읽었는지 모른다. 코카인에 대해서는 International Crisis Group의 「Deeply Rooted: Coca Eradication and Violence in Colombia」 리포트가 단연 압도적이었다. 이 리포트를 수차례 읽으면서, 개인적으로 이 책에서 가장 뛰어난 부분 중 하나라고 생각하는 '가난한 농부의 딜레마'(2부 1장 3절)를 쓸 수 있었다.

북한 마약에 대해서는 이관형 박사의 박사학위논문인 「북한 마약 문제 연구 : 국가주도형 초국가적 조직범죄 특성을 중심으로」(2021, 고려대학교 대학원), 한국 마약의 역사에 대해서는 조석연 씨의 『마약의 사회사』(현실문화, 2021)가 큰 도움이 되었다. 언젠가 인연이 된다면 밤새 같이 이야기를 나누고 싶다. 베스 메이시Beth Macy의 저서 『Dopesick』는 영어가 부족한 내가 책 전체를 번역해 읽을 정도로 훌륭한 책이었다. 이 책의 번역본이 꼭 나와 많은 이들이 읽을 수 있기를 희망한다.

용기를 내어 대마와 히로뽕 등에 대한 경험담을 들려주신 김대성 씨(가명)를 비롯한 마약 경험을 공유해 주신 익명의 여러분들께도 감사드린다. 진료할 때도 말했지만, "대마 절대로 하지 마세요. 단 한 번도 안 됩니다"라고 당부드린다. 마약은 천사의 탈을 쓴 악마다. 당신에게 잠시 천국을 보여준 뒤 끝없는 지옥으로 끌고 갈 것이다. 그러니 절대 속으면 안 된다.

이 외에도 수많은 책과 자료의 도움이 있었다. 이 책을 쓸 수 있게 물심양면으로 도와준 동아시아의 히포크라테스 출판사 김선형 편집팀장에게 이 자리를 빌려 감사의 말을 전한다. 김선형 팀장은 겨우 A4 용지 넉 장 분량의 내 원고를 읽고 책으로 만들어보자고 했다. 김선형 팀장이 없었다면 이 책을 쓸 생각도 하지 않았을 것이다. 출간 준비 중인 『몸을 말하다』도 잘 부탁드린다.

아내는 내가 한 달이 넘는 기간 동안 퇴근 후 집 앞 스타벅스에서 커피를 마시며 글을 쓰게 배려해 주었다. 아내에게 사랑과 감사를 표한다. 내 딸 서희와 아들 서준이는 마약 걱정 없는 사회에서 살기를 간절히 희망한다. 긴 글 읽어주신 모든 분들께 감사드린다.

그림·표의 저작권 및 출처

그림

1 위키미디어커먼즈 (왼쪽) ⓒ①Wesalius, (오른쪽) ⓒ①②Crohnie

2 위키미디어커먼즈 (왼쪽) ⓒ①tanja niggendijker, (가운데) ⓒ①②George Chernilevsky, (오른쪽) ⓒ①②DMTrott

3 위키미디어커먼즈 ⓒ①②Gaius Cornelius

4 Ⓢ

5 Ⓢ

6 Ⓢ

7 위키미디어커먼즈 ⓒ①②James Heilman, MD

8 ⓒ양성관

9 Ⓢ

10 위키미디어커먼즈 ⓒ①②Ferdinand Reus

11 위키미디어커먼즈 ⓒ①Marcello Casal Jr./ABr

12 국립중앙박물관, 공공누리 제1유형

13 Ⓢ

14 Ⓢ

15 Ⓢ

16 위키미디어커먼즈 ⓒ⓪Ordercrazy

17 위키미디어커먼즈 (위 왼쪽) ⓒ①Chmee2, (위 오른쪽) ⓒ①②Cannabis Tours, (아래 왼쪽) ⓒ⓪CFynn, (아래 오른쪽) Ⓢ

18 위키미디어커먼즈 ⓒ①②JJ Harrison (https://www.jjharrison.com.au/)

19 (왼쪽) Ⓢ, (가운데) ⓒ셔터스톡, (오른쪽) ⓒ셔터스톡

20 위키미디어커먼즈 ⓒ①②Frank Vincentz

36 ©Crisis Group

37 관세청, 공공누리 제1유형

38 (왼쪽) ⓢ , (오른쪽) ©셔터스톡

39 (위) ©Macrotrends LLC, *"Coffee Prices - 45 Year Historical Chart"*,
    macrotrends, www.macrotrends.net/2535/coffee-prices-historical-chart-
    data(dollars/pound), 2023년 7월 30일 접속, (아래) ©Crisis Group,‘Deeply
    Rooted: Coca Eradication and Violence in Colombia’, *LATIN AMERICA
    REPORT N° 87*, International Crisis Group, 26 FEBRUARY 2021.

40 ©United Nations, *Cocaine global report 2023*, UNODC, 2023.

41 ©Crisis Group, Deeply Rooted: Coca Eradication and Violence in
    Colombia’, *LATIN AMERICA REPORT N° 87*, International Crisis Group, 26
    FEBRUARY 2021.

42 ⓢ

43 ⓢ

44 위키미디어커먼즈 ⓒⓘⓞ Cerveaugenie

45 위키미디어커먼즈 ⓒⓘⓞ Stephen Rice

46 ©셔터스톡

47 제작 이미지

48 ⓢ

49 위키미디어커먼즈 ⓒⓘⓞ Radspunk

50 ⓢ

51 위키미디어커먼즈 ⓒⓘⓞ Derek Redmond and Paul Campbell

52 제작 이미지, OECD (2023), Health spending (indicator). doi:
    10.1787/8643de7e-en

53 ⓢ

54 ©Toby Talbot

55 ⓢ

56 ©ASIPP Publishing, Laxmaiah Manchikanti, et al., ‘Therapeutic Use,
    Abuse, and Nonmedical Use of Opioids: A Ten-Year Perspective’, 《*Pain*

Physician》, 2010, Sep-Oct 13(5), pp.401-435.

57 Ⓢ

58 Ⓢ

59 Ⓢ

60 Ⓢ

61 Ⓢ

62 제작 이미지, CDC/NCHS, *National Vital Statistics System, Mortality, CDC, WONDER: US Department of Health and Human Services*, CDC; 2020.

63 Ⓢ

64 ©양성관

65 ©대검찰청, 「마약류 범죄백서」, 2021. p.220

66 (왼쪽) ©셔터스톡, (오른쪽)

67 제작 이미지, BJS, Bureau of Justice Statistics Prisoners Series

68 Ⓢ

표
───

1 「암성 통증 관리 지침 권고안」 5판 참조.

2 ©양성관

3 *"Drug Scheduling"*, Drug Enforcement Administration, www.dea.gov/drug-information/drug-scheduling, 2023년 7월 30일 접속.

4 'Deeply Rooted: Coca Eradication and Violence in Colombia', *LATIN AMERICA REPORT N° 87*, International Crisis Group, 26 FEBRUARY 2021.

5 ©양성관

6 National drug Intelligence Center, *OxyContin Diversion and Abuse*, January 2001에서 재인용.

7 대검찰청, 「마약류 범죄백서」, 2022.

8 "히로뽕 지하제국 탐험-코리언 커넥션", 《월간조선》 1983년 12월호 재구성.

참고문헌

1부 마약 하는 사람

1장 시작: 천국을 엿보다

1 「암성 통증 관리 지침 권고안」 5판 참조.

2 김동구 엮음(2013), 『이우주의 약리학 강의 제 7판』, 의학문화사, p.328.

3 조석연 지음(2021), 『마약의 사회사』, 현실문화, p.8.

4 허준 지음, 양승엽 옮김(2011), 『동의보감: 탕액편』, 물고기, p.159.

5 "마음을 낱낱이 분석해주마—지그문트 프로이트", 《의사신문》, 2011.12.12.

6 토머스 헤이거 지음, 양병찬 옮김(2020), 『텐 드럭스』, 동아시아, p.124.

7 양성관 지음(2021), 『나의 아픔, 너의 슬픔』, 행복우물, 요약 발췌.

8 Park, S. C., Kim, D., & Lee, H. W.(2018), 'Zolpidem Use and Suicide Death in South Korea: A Population-Based Case-Control Study', *Psychiatry Investigation*, 15(9), pp.877-883.

9 Dae Bum Kim MD, Joon Sung Kim MD, Cheal Wung Huh MD 2, 'Propofol compared with bolus and titrated midazolam for sedation in outpatient colonoscopy: a prospective randomized double-blind study', *Gastrointestinal Endoscopy*, Volume 93, Issue 1, January 2021, pp.201-208.

10 강철원, 안아람, 손현성, 김현빈 지음(2019), 『중독 인생』, 북콤마, p.95.

11 조성남 외 공저(2021), 『마약류 중독의 이해와 치료』, 학지사, p.20.

12 "우유주사 중독女들 침대에 몰아 놓은 뒤⋯", 《중앙일보》, 2012.9.25.

13 강철원, 안아람, 손현성, 김현빈, 위의 책, p.95.

14 "'프로포폴' 에이미, 유명 연예인 다 있었다. 폭탄발언", 《OSEN》, 2012.11.9.

15 WHO(1993), *The ICD-10th Classification of Mental and Behavioural Disorders: Diagnostic criteria for research*, Geneva 참조, https://www.spo.go.kr/site/spo/02/10201060106002018112901.jsp

16 미국 마약단속국 누리집 참조, https://www.dea.gov/drug-information/drug-scheduling

17 대검찰청,「마약류 범죄백서」, 2021, pp.3-36.

18 보건복지부 국립정신건강센터,「2021년 마약류 사용자 실태조사」(수행기관: 가톨릭대학교, 2021.5) 참조.

19 *Key substance use and mental health indicators in the United States: Results from the 2020 National Survey on Drug Use and Health* (HHS Publication No. PEP21-07-01-003, NSDUH Series H-56) 참조.

20 박용우(2005),「비만 환자에서 펜터민(Phentermine)의 유효성 및 안전성」,《대한비만학회지》, 제14권, 제1호 참조.

21 "6중 추돌 원인은 다이어트 약?… 식욕억제제 효과에 가려진 그늘",《주간조선》, 2023.3.2.

22 "'전쟁났다' 횡설수설… 車 6대 박은 20대女, 차량서 발견된 약",《중앙일보》, 2023.3.2.

23 톰 스탠디지 지음, 차재호 옮김(2006),『역사 한 잔 하실까요?』, 세종서적, p.319.

24 9인의 정신과 의사 지음(2023),『그대의 마음에 닿았습니다』, 플로어웍스, p.107.

25 최강 지음(2021),『도핑의 과학』, 동녘 사이언스, p.21.

26 톰 스탠디지, 위의 책, p.320.

27 위의 책.

28 〈소설작품 지킬 앤 하이드의 재미있는 14가지 이야기〉, 글쓰는 마술사의 인사이트, 2020.4.28.

29 영화 〈더 울프 오브 월스트리트〉 대사 중에서.

30 테오필 고티에 외 지음, 조은섭 옮김(2020), 『해시시 클럽』, 지식의 편집, p.117.

31 박태우 기자, 《경향신문》, 2013.1.8.

32 이정구 기자, 《TV 조선》, 2017.4.22.

33 노르만 올러 지음, 박종대 옮김(2022), 『마약중독과 전쟁의 시대』, 열린책들, p.60.

34 위의 책, p.91.

35 위의 책, p.131.

36 조성남 외, 위의 책, p.23.

37 백승만 지음(2022), 『전쟁과 약, 기나긴 악연의 역사』, 동아시아, p.303.

38 박진실 지음(2019), 『대마이야기』, 지식과 감성, p.138.

39 대한민국의학한림원 홈페이지 참조, https://www.namok.or.kr/
webzine/201910/sub1.php

40 "Sixty percent of 12th graders do not view regular marijuana use as
harmful", 《National Institutes News》, Wednesday, December 18, 2013.

41 월터 아이작슨 지음, 인진환 옮김(2015), 『스티브 잡스』, 민음사, p.65.

42 위의 책, p.80.

43 박성규 지음(2019), 『약국에 없는 약 이야기』, MID, p.289.

44 "환각… 비밀의 문이 열리고 있다", 《The Science Times》, 2018.5.23.

45 박성규, 위의 책, p.277.

46 위의 책, p.285.

47 S Bernschneider-Reif, F Oxler, R W Freudenmann, 'The origin of MDMA
("ecstasy")—separating the facts from the myth', Pharmazie, 2006 Nov,
61(11), pp.966-972.

48 Drake Bennett, "Dr. Ecstasy", 《The New York Times Magazine》, 2005.1.30.

49 "엑스터시의 대부, 그가 추구한 건 쾌락 아닌 마음의 심연", 《한국일보》,
2014.6.28.

50 양성관, 위의 책, 요약 발췌.

51 Solomon E. Asch, 'Studies of Independence and Conformity: I A minority
of One Against a Unanimous Majority1', Psychological Monographs:

General and Applied, 70(9), pp.1-70, https://doi.org/10.1037/h0093718.

52 보건복지부 국립정신건강센터, 「2021년 마약류 사용자 실태조사」(수행기관: 가톨릭대학교, 2021.5) 참조.

53 서경희 지음(2022), 『다시, 집으로』, 라온북, p.60.

54 위의 책.

55 "김대중 납치사건―유신체제를 뒤흔든 뇌관", 민주화운동기념사업회 사료관 《오픈 아카이브》, 2016.1.20.

56 이문현 지음(2021), 『지금 이 목소리를 듣는 것이 우리의 정의다』, 포르체, p.149.

57 "염색·제모한 박유천, 온몸의 털 60개로 걸렸다… 마약하면 결국 '잡히는' 까닭", 《중앙일보》, 2019.5.7.

58 이문현, 위의 책, p.170.

59 "일상을 파고든 마약", 〈KBS 시사멘터리 추적〉, 2022.9.25.

60 "마약을 처방해 드립니다", 〈KBS 시사직격〉, 2021.12.3.

61 "일상을 파고든 마약", 위의 방송.

62 "[최은경의 옐로하우스 悲歌] ⑧ '한 명 데려오면 200만원'…성매매 시작은 인신매매", 《중앙일보》, 2019.2.3.

63 최인영·오세라비 지음(2023), 『사지로 내몰린 청소년들』, 북랜드, p.62.

2장 중독 : 어느덧 빠져들다

1 Christopher E. Forsmark, 'Management of Chronic Pancreatitis', *GASTROENTEROLOGY*, 144(6), 2013, pp.1282-1291.

2 김동구 엮음(2013), 『이우주의 약리학 강의 제 7판』, 의학문화사, p.328.

3 David Cosio, Lotus M. Meshreki, 'The Association Between Depressive Disorder and Chronic Pain', *Pain Psychology*, 17(1), Jun 15, 2017.

4 MAYO CLINIC 누리집 참조, https://www.mayoclinic.org/diseases-conditions/drug-addiction/symptoms-causes/syc-20365112

5 Hélio Manhica, 'Association between poverty exposure during childhood and adolescence, and drug use disorders and drug-related crimes later in

life', *Addiction*, 116(7), 2021 July, pp.1747-1756.

6 보건복지부 국립정신건강센터, 「2021년 마약류 사용자 실태조사」(수행기관: 가톨릭대학교, 2021.5) 참조.

7 안원식, 「프로포폴(propofol) 남용실태 조사 및 관리방안 연구」, 서울대학교, 2010, p.70.

8 Jong Hyeok Park, Hyoung-Joong Kim, Joong-Seok Seo, 'Medicolegal Review of Deaths Related to Propofol Administration: Analysis of 36 Autopsied Cases', *Korean J Leg Med*, 2012;36, pp.56-62.

9 Alexander BH, Checkoway H, Nagahama SI, Domino KB, 'Cause-specific mortality risks of anesthesiologists', *Anesthesiology*, 2000;93, pp.922-930.

10 박성식, 「의료환경과 의사의 약물 오남용: 현황 및 문제」, *J Korean Med Assoc*, 2013 September, 56(9), pp.755-761.

11 위의 논문.

12 로버트 다우니 주니어, 《CNN》과의 인터뷰 중에서.

13 아서 코난 도일 지음, 백영미 옮김(2002), 『셜록 홈즈 전집 2 : 네 사람의 서명』, 황금가지.

14 강철원, 안아람, 손현성, 김현빈 지음(2019), 『중독 인생』, 북콤마, p.31.

15 위의 책.

16 전동화 지음(2012), 『천국놀이』, 나남출판사, p.112.

17 곽경훈 지음(2023), 『약빨』, 마르코폴로, p.71.

18 9인의 정신과 의사 지음(2023), 『그대의 마음에 닿았습니다』, 플로어웍스, p.107.

19 전동화, 위의 책, p.82.

20 테오필 고티에 외 지음, 조은섭 옮김(2020), 『해시시 클럽』, 지식의 편집, p.105.

21 위의 책, p.39.

22 위의 책, p.37.

23 위의 책, p.153.

24 강철원, 안아람, 손현성, 김현빈, 위의 책, p.58.

25 BETH MACY(2018), *DOPESICK*, HEAD of ZEUS, p.148.

26 애나 렘키 지음, 김두완 옮김(2022), 『도파민네이션』, 흐름출판, p.68.

27 위의 책.

28 BETH MACY, 위의 책, p.148.

29 "배우 유아인, 프로포폴 상습투약 혐의로 경찰 조사", 《한겨레》, 2023.2.8.

30 Chandni Hindocha, Leonie S. Brose, Hannah Walsh, Hazel Cheeseman, 'Cannabis use and co-use in tobacco smokers and non-smokers: prevalence and associations with mental health in a cross-sectional, nationally representative sample of adults in Great Britain, 2020', *ADDICTION*, 116(8), August 2021.

31 박인영, "'천국은 환상, 지옥은 현실이었습니다', 마약의 늪에서 헤어나온 4인의 체험告白", 《월간중앙》, 2002.3.1.

32 "'양화대교' 작곡한 래퍼 쿠시, 마약 구매 잠복경찰에 덜미", 《한국일보》, 2017.12.15.

33 서경희 지음(2022), 『다시, 집으로』, 라온북, p.76.

34 "'천국은 환상, 지옥은 현실이었습니다', 마약의 늪에서 헤어나온 4인의 체험告白" 기사.

35 보건복지부 국립정신건강센터, 위의 보고서 참조.

36 강철원, 안아람, 손현성, 김현빈, 위의 책, p.148.

37 "'마약쟁이 전인권', 왜 마약에서 벗어나지 못하나", 《시사포커스》, 2007.9.2.

38 "한서희, 결국 '실형'··· 6년 전 대마LSD →필로폰 투약 처벌", 《조선일보》, 2022.7.28.

39 "'이게 다 그은 자국' 출소한 황하나, 마약중독 흔적 공개하면서···", 《데일리안》, 2022.11.19.

40 "에이미, 3년 실형 확정··· 강제추방 당하고 또 '마약'", 《OSEN》, 2022.12.25.

41 "유아인, 5번째 마약류 나왔다··· '졸피뎀' 과다 투약 확인", 《이코노미스트》, 2023.4.11.

42 "아들에 마약 준 로다주 아버지는 어떤 사람이었나", 《한국일보》, 2023.2.18.

43 대검찰청, 「마약류 범죄백서」, 2004, p.38.

44 'The War We Are Losing' by Milton Friedman, *Drug — Control Policy in the United States*, edited by Melvyn B. Krauss and Edward P. Lazear,

pp.53-67, Stanford, California: Hoover University Press, 1991.

45 "Where Is Marijuana Legal? Cannabis Laws in Every State", 《cent》, May 31, 2023.

46 "Thailand Becomes Southeast Asia's 'Cannabis Wonderland'", 《BBC NEWS》, May 1, 2023.

47 "Cannabis Legalization in Thailand: How Cannabis Curry Goes on Sale in a Country Declaring 'War on Drugs'", 《BBC NEWS》, June 24, 2022.

48 "Marijuana Views Linked to Ideology, Religiosity, Age", 《GALLUP NEWS》, November 15, 2022.

49 "조나단 헤드, 동남아의 '대마초 원더랜드'가 된 태국", 《BBC NEWS 코리아》, May 1, 2023.

50 "태국 '대마 합법화' 부작용에 뒤늦은 규제… 한국인도 주의", 〈YTN 뉴스〉, 2022.11.20.

51 "굳고 처지고 흐느적… 때 놓치자 '좀비 쏟아졌다'", 〈SBS 뉴스〉, 2023.6.5.

52 강철원, 안아람, 손현성, 김현빈, 위의 책, p.35.

53 "'천국은 환상, 지옥은 현실이었습니다', 마약의 늪에서 헤어나온 4인의 체험告白" 기사.

54 애나 렘키, 위의 책, p.172.

55 강철원, 안아람, 손현성, 김현빈, 위의 책, p.36.

56 위의 책, p.35.

57 보건복지부 국립정신건강센터, 위의 보고서 참조.

58 Key substance use and mental health indicators in the United States: Results from the 2020 National Survey on Drug Use and Health (HHS Publication No. PEP21-07-01-003, NSDUH Series H-56) 참조.

59 "[메디컬 인사이드] 중독보다 더한 공포… 뇌 죽이는 마약", 《서울신문》, 2017.9.26.

60 애나 렘키, 위의 책, p.76.

61 강철원, 안아람, 손현성, 김현빈, 위의 책, p.138.

62 테오필 고티에 외, 위의 책, p.23.

63 강철원, 안아람, 손현성, 김현빈, 위의 책, p.34.

64 오후(2018), 『우리는 마약을 모른다』, 동아시아, p.71.

65 "'천국은 환상, 지옥은 현실이었습니다', 마약의 늪에서 헤어나온 4인의 체험告白" 기사.

66 Hannah Wunsch, 'Cocaine use transiently increases heart attack risk', *The Lancet*, Volume 353, Issue 9168, P1943, June 05, 1999.

67 UNDOC, *The world drug report 2016* 참조.

68 보건복지부 국립정신건강센터, 위의 보고서 참조.

69 정숙향 외 5인, 「한국의 최근 C형 간염의 현황과 대책」, 《epiH》, Volume 39, Ap.13, 2017.

70 UNDOC, 위의 보고서 참조.

71 "'집단 환각파티' 벌인 60명 모두 에이즈 감염자… 감염 경로는?", 《조선일보》, 2023.4.21.

72 "'천국은 환상, 지옥은 현실이었습니다', 마약의 늪에서 헤어나온 4인의 체험告白" 기사.

73 "마약중독 치료자의 고백… '시작하는 순간부터 진정한 지옥.'", 《매일신문》, 2023.4.16.

74 문성호 지음(2008), 『마약은 범죄가 아니다, 영국편』, 한국학술정보, p.55.

75 NCDAS(National Center for Drug Abuse Statistics), '*Drug Related crime Statistics*', https://drugabusestatistics.org/drug-related-crime-statistics/

76 *Home Office, Drug Strategy 2010* (The Annual Report), unpublished Number 10 Strategy unit report 2004.

77 NCDAS, 위의 자료 참조.

78 BETH MACY, 위의 책, p.322.

79 강철원, 안아람, 손현성, 김현빈, 위의 책, p.219.

80 위의 책, p.214.

81 위의 책, p.215.

82 "19세가 팔고 17세 집단투약… '이 말'에 10대 1만 명이 마약중독", 《중앙일보》, 2022.6.27.

83 한국형사정책연구원, 2006년 발행 연구결과보고서; "대한민국 마약리포트: 취업도 직업문턱도 높은 문턱… '약이나 팔자' 다시 범죄 굴레", 《한국일보》 (2018.1.23)에서 재인용.

3장 결말 : 지옥에서 끝나다

1   대검찰청, 「마약류 범죄백서」, 2022 참조.

2   마약류 관리에 관한 법률 제61조

3   마약류 관리에 관한 법률 제58조

4   박진실 지음(2019), 『대마이야기』, 지식과 감성, p.65.

5   보건복지부 국립정신건강센터, 「2021년 마약류 사용자 실태조사」(수행기관: 가톨릭대학교, 2021.5) 참조.

6   강철원, 안아람, 손현성, 김현빈 지음(2019), 『중독 인생』, 북콤마, p.44.

7   위의 책, p.8.

8   위의 책, p.143.

9   위의 책, p.8.

10 박인영, "'천국은 환상, 지옥은 현실이었습니다', 마약의 늪에서 헤어나온 4인의 체험告白", 《월간중앙》, 2002.3.1.

11 "신종마약 LSD 투약 열흘 뒤 모친 환각살인 무죄", 《동아일보》, 2017.10.13.

12 UNDOC, *2023 Global Cocaine Report* 참조.

13 "Whitney Houston's official cause of death: drowning, heart disease and cocaine use", 《*The Washington Post*》, March 22, 2012.

14 "'I'll ruin you': Judy Garland on being groped and harassed by powerful Hollywood men", 《*The Washington Post*》, November 14, 2017.

15 "Judy Garland died from accidental drug overdose", 《*The Guardian*》, June 26, 1969.

16 박형민 지음(2010), 『자살, 차악의 선택』, 이학사, p.37.

17 한국자살예방협회 엮음(2007), 『자살의 이해와 예방』, 학지사, p.131.

18 보건복지부 국립정신건강센터, 위의 보고서 참조.

19 전동화 지음(2012), 『천국놀이』, 나남출판사, p.81.

20 에릭 마커스 지음, 정지현 옮김(2015), 『왜 자살하는가』, 책비, p.36.

21 한국생명존중희망재단, 「응급실 내원 자살시도자 인구학적 특성 및 사후관리 서비스 결과 분석—2017년 응급실 기반 자살시도자 사후관리사업 수행기관을 중심으로」, KFSP 리서치 브리프 6호(2018.11) 참조.

22 CDC, *WISQARS(Web-based Injury Statistics Query and Reporting System)*, https://www.cdc.gov/injury/wisqars/index.html

23 Gaudreault P, Guay J, Thivierge RL, 'Benzodiazepine poisoning. Clinical and pharmacological considerations and treatment', *Drug Safety*, 6(4), pp.247–65.

24 Spicer, R.S. and Miller, T.R., 'Suicide acts in 8 states: incidence and case fatality rates by demographics and method', *American Journal of Public Health*, 2000:90(12), pp.1885–91.

4장 희망은 있는가?

1 보건복지부 국립정신건강센터, 「2021년 마약류 사용자 실태조사」(수행기관: 가톨릭대학교, 2021.5), p.115.

2 "美 마약 전쟁은 실패… 콜롬비아는 왜 '마약 합법화' 부르짖나", 《조선일보》, 2022.10.18.

3 "교도소 나서자 '출소뽕'…마약사범 10명 중 8명 3년 내 다시 범죄", 《머니투데이》, 2022.10.1.

4 "돈 스파이크 측 '동종전과 3회' 의혹에 '필로폰과 대마는 달라'", 〈YTN 뉴스〉, 2022.12.6.

5 인천참사랑병원 천영훈 병원장, "병원 구성원의 정신건강을 책임지는 존중의 힘 (상)", 《magazine HD》, Volume 16(2021.10.29).

6 보건복지부 국립정신건강센터, 위의 보고서 참조.

7 인천참사랑병원 천영훈 병원장과의 개인 인터뷰 중에서.

8 강철원, 안아람, 손현성, 김현빈 지음(2019), 『중독 인생』, p.215.

2부 마약 파는 사회

1장 최고의 고부가가치 사업

1   가일스 밀턴 지음, 손원재 옮김(2002), 『향료 전쟁』, 생각의 나무, p.37.

2   위의 책, p.39.

3   Ian Hemphill(2006), *The Spice And Herb Bible* (Second Edition), Robert Rose.

4   주경철 지음(2008), 『대항해시대』, 서울대학교출판부, p.140.

5   위의 책, p.143.

6   UNDOC, *2023 Global Cocaine Report* 참조.

7   "콜롬비아, 코로나19 여파로 4월 커피 생산 및 수출량 급락", EMERiCs 뉴스브리핑, 2020.5.7.

8   Statista Research Department, *Colombia: price of coca leaves 2016-2018*, Nov 30, 2022 참조, https://www.statista.com/statistics/1041261/colombia-coca-leaves-price/

9   U.S. Department of Justice, *Coca Cultivation and Cocaine Processing: An Overview*, February 1991 참조.

10 International Crisis Group.'Deeply Rooted: Coca Eradication and Violence in Colombia', *LATIN AMERICA REPORT N° 87*, 26 FEBRUARY 2021 참조.

11 Ohio Recovery Center Editorial Team, 'How Much Does Crack Cost?', November 28, 2022 참조, https://www.recoveryohio.org/crack-cocaine/street-prices/

12 프레더릭 포사이드, 이창식 옮김(2011), 『코브라』, 랜덤하우스.

13 "콜롬비아 시위 발단은 기본소득 발 세제 개편… 49명 사망",《민중언론》, 2021.5.17.

14 2019/2020년 콜롬비아 커피 생산량 1,410만 포대(1포대는 60㎏)=총 84만 6천 톤, 2019년 콜롬비아 마일드 108cents/lb=2.4 dollors/kg, 원/달러=1,300원. https://www.ico.org/historical/1990%20onwards/PDF/1a-total-

International Crisis Group.위의 글 참조.

UNODC, *Summary Fact Sheet-Colombia Coca Cultivation Survey*, 2020 참조.

Statista Research Department, 위의 글 참조.

U.S. Department of Justice, 위의 글 참조.

"베트남, 지난해 커피 생산량 세계 2위⋯60*kg* 들이 2900만포대", 《INSIDE VINA》, 2021.10.5.

'현지 정보―브라질 커피 작황 동향 및 영향 분석', 외교부 라틴아메리카협력센터, 2021.11.25; "일 년만에 두 배로 오른 브라질 커피가격, 트렌드 및 대체공급선 발굴 방법", EMERiCs 비지니스정보(2022.9.29) 참조해 계산.

International Crisis Group.위의 글 참조.

위의 글.

위의 글.

Anastasia Moloney & Thomson Reuters Foundation, *'Colombia makes progress on child labor: study'*, NOVEMBER 9, 2017 참조, https://www.reuters.com/article/us-colombia-youth-rights-idUSKBN1D82J6

"[아동노동] 극한알바보다 더 극한 아동노동", 유니세프, 2015.6.26.

"Colombia Country Profile", ISSUP, October 30, 2017 참조, https://www.issup.net/knowledge-share/country-profiles/colombia.

International Crisis Group.위의 글 참조.

켈시 티머먼 지음, 문희경 옮김(2016), 『식탁 위의 세상』, 부키, p.54.

정동진, 「국가신용도 평가리포트, 콜롬비아」, 한국수출입은행 해외경제연구소, 2022.7.11.

"거대산업이 된 멕시코 국경 밀입국⋯ '수수료 연 2조 원 이상'", 《연합뉴스》, 2022.7.2.

"Migrant border crossings in fiscal year 2022 topped 2.76 million, breaking previous record", 《*NBC NEWS*》, October 23, 2022.

"[이슈트렌드] 콜롬비아, 경제 침체 반작용으로 마약 생산 증가", EMERiCs 이슈

심층분석, 2021.9.10.

33 KOSIS 국가통계포탈, '살인 건수 및 수감자 수(OECD회원국) 참조', https://
kosis.kr/statHtml/statHtml.do?orgId=101&tblId=DT_2KAAD19_OECD

34 외교부 해외안전여행 누리집, 해외안전정보-국가/지역별 정보: 콜롬비아 참조,
https://www.0404.go.kr/dev/country_view.mofa?idx=213

35 위의 자료.

36 "3 decades after Pablo Escobar's death, drugs ravage Medellin",《Bangkok
Post》, MAY 10, 2022.

37 외교부 해외안전여행 누리집, 위의 자료.

38 KBSA '선수등록 현황표' 참조, https://www.korea-baseball.com/info/
current/current_list

39 "MLB average salary rose 14.8% to record 4.22M last season",《AP News》,
Febriary 28, 2023.

40 Drug Enforcement Administration, U.S. Department of Justice, *Drugs of
Abuse, A DEA Resource Guide* (2020 Edition), December 2, 2022, p.38.

41 스티븐 래빗·스티븐 더브너 지음, 안진환 옮김(2007), 『괴짜 경제학』, 웅진지식하
우스, p.136.

42 강은영, 「한국의 사회동향 2022」, 통계청 통계개발원, p.299.

43 Peter S. Green, "Cocainenomics",《The Wall Street Journal》, https://www.
wsj.com/ad/cocainenomics

44 앞의 글.

45 스티븐 래빗·스티븐 더브너, 위의 책, p.127.

46 UNODC, *Drug Trafficking & Cultivation-Drug Prices* 참조, http://
dataunodc.un.org/dp-drug-prices

47 "*3 decades after Pablo Escobar's death, drugs ravage Medellin*" 기사 참조.

48 위의 기사.

1 "콜롬비아의 나르코스: ② 콜롬비아인이 본 에스코바르·나르코스",《연합뉴스》, 2016.11.18.

2 대검찰청,「마약류 범죄백서」, 2022, p.98.

3 "탈레반 뒤에 '양귀비'가 있다",《중앙일보》, 2007.8.8.

4 "예멘을 망친 환각제 카트, 한국도 청정지대 아니다",《조선일보》, 2018.7.13.

5 정문태 지음(2021),『국경일기』, 원더박스, p.48.

6 정문태, 위의 책, p.90.

7 사이먼 하비 지음, 김후 옮김(2016)『밀수 이야기』, 예문아카이브, p.394.

8 "Taliban chief orders 'strict' ban on opium popp.cultivation",《Al Jazeera》, 2022.4.3.

9 "외화벌이 일환 정부서 주도/마약류 생산·거래실태",《한국일보》, 1994.5.2.

10 이관형,「북한 마약 문제 연구: 국가주도형 초국가적 조직범죄 특성을 중심으로」, 고려대학교 대학원 박사학위논문, 2021, p.513.

11 "북 내달 초까지 마약 팔아 1인당 30만 달러 상납 지시,"《조선일보》, 2013.3.20.

12 황장엽 지음(1999),『나는 역사의 진리를 보았다』, 한울, p.321.

13 양성관 지음(2023),『히틀러의 주치의들』, 드러커마인드, p.440.

14 위의 책, p.441.

15 황장엽, 위의 책, p.320.

16 이관형, 위의 논문, p.226.

17 위의 논문, p.229.

18 위의 논문, p.231.

19 "[긴급] 북한, 마약밀매 국가적 차원서 추진",《연합뉴스》(1994.8.5); "Наркотическое нашествие из Северной Кореи,"《Владивосток》, No.19 (1996.от 12 нояб).

20 이관형, 위의 논문, p.350.

21 이만종,「북한의 테러지원 무기밀매 실태와 대응방안」,《한국공안행정학회보》, 21(1), 통권 46호, 2012, p.159.

22 FAOSTAT 사이트에서 집계, https://www.fao.org/faostat/en/data/QCL

23 "일상이 된 마약—북한의 마약 문제", 이관형 박사와의 인터뷰, 국제엠네스티,
    2021.10.31.

24 위의 인터뷰.

25 이관형, 위의 논문, p.162.

26 "일상이 된 마약—북한의 마약 문제" 인터뷰.

27 위의 인터뷰.

28 "국내 파고든 북한 마약", 〈KBS 추척 60분〉, 2016.11.9.

29 임창호, 「북한이탈주민의 범죄행위 및 범죄피해에 대한 효과적인 예방대책」, 《한
    국경호경비학회지》, 한국경호경비학회, 제49호, 2016 참조.

30 통일부 사이트, '주요사업-북한이탈주민정책-현황' 참조, https://www.
    unikorea.go.kr/unikorea/business/NKDefectorsPolicy/status/lately/

31 장준오·고성호 지음(2010), 「북한이탈주민 범죄 실태 및 대책」, 한국형사정책연
    구원 참조.

32 임창호, 앞의 논문 참조.

33 "탈북민 범죄 매년 증가… '마약류' 가장 많아", 《시사주간》 2021.10.19.

34 장준오·고성호, 앞의 책 참조.

35 "수감 탈북자 중 '마약 사범'이 가장 많다", 《동아일보》, 2011.2.8.

36 "'노트북 배터리에 숨겼어요'… 탈북자 마약 밀수단 적발", 〈MBC 뉴스〉,
    2013.12.19.

37 "북한선 경조사 때 돈 대신 필로폰 주고받아", 《세계일보》, 2016.5.1.

38 "일상이 된 마약—북한의 마약 문제", 위의 인터뷰.

39 윤흥희, 「북한이탈주민의 마약류 범죄 실태와 대책」, 《2010 마약류 퇴치 심포지
    움》, 마약류퇴치운동본부, 2010, pp.107-110.

40 이관형, 위의 논문, p.156.

41 대검찰청, 「마약류 범죄백서」, 2016, p.110.

42 "국내 파고든 북한 마약", 위의 방송.

43 이관형, 위의 논문, p.350.

44 "국내 파고든 북한 마약", 위의 방송.

1 BETH MACY(2018), *DOPESICK*, HEAD of ZEUS, p.20.

2 토머스 헤이거 지음, 양병찬 옮김(2020), 『텐 드럭스』, 동아시아, p.125.

3 위의 책, p.256.

4 백승만 지음(2022), 『전쟁과 약, 기나긴 악연의 역사』, 동아시아, p.303.

5 위의 책.

6 프레더릭 포사이스, 이창식 옮김(2011), 『코브라』, 랜덤하우스, p.30.

7 스티븐 래빗·스티븐 더브너 지음, 안진환 옮김(2007), 『괴짜 경제학』, 웅진지식하우스, p.172.

8 *OECD Health Statistics(2021)* 참조.

9 Munira Z. Gunja, Evan D. Gumas, Reginald D. Williams II, *U.S. Health Care from a Global Perspective, 2022: Accelerating Spending, Worsening Outcomes,* The Commonwealth Fund, January 31, 2023.

10 Terez Malka, MD, How Much Does an X-ray Cost? With and without Insurance, *Khealth*, April 5, 2022.

11 Joe Holden, *How Much Does Health Insurance Cost In The USA?*, January 31, 2023 참조, https://www.william-russell.com/blog/health-insurance-usa-cost/

12 Jennifer Tolbert, Patrick Drake, and Anthony Damico, Key Facts about the Uninsured Population, *Kaiser Family Foundation*, Dec 19, 2022.

13 David U. Himmelstein, MD, Deborah Thorne, PhD, Elizabeth Warren, JD, Steffie Woolhandler, MD, 'Medical Bankruptcy in the United States, 2007: Results of a National Study', *The American Journal of Medicine*, 122(8), August 2009.

14 2014년 tvN 〈현장 토크쇼 택시〉 배우 안재욱 출연 편.

15 "New Efforts Against an Old Foe: Pain", 《*The New York Times*》, Dec. 26, 2000.

16 "Many treatments can ease chronic pain", 《*The New York Times*》, Nov.

20, 2007.

17 BETH MACY, 위의 책, p.7.

18 위의 책, p.20.

19 위의 책.

20 Andrew Kolodny, MD , ʻHow FDA Failures Contributed to the Opioid
Crisisʼ, *AMA Journal of Ethics*, 22(8), August 2020, E743-750.

21 BETH MACY, 위의 책, p.50.

22 위의 책.

23 앞의 책, p.53.

24 Jerry Mitchell, "How the FDA helped pave the way for an opioid
epidemic", 《*Clarion Leader*》, Jan. 18, 2018.

25 BETH MACY, 위의 책, p.42.

26 "Ledgerʼs death caused by accidental overdose", 《*CNN*》, 2008.2.6.

27 Josep.A Boscarino, Stuart N Hoffman, John J Han, ʻOpioid-use disorder
among patients on long-term opioid therapy: impact of final DSM-5
diagnostic criteria on prevalence and correlatesʼ, *Substance Abuse and
Rehabilitation*, Volume 6, August 19, 2015, pp.83-91.

28 BETH MACY, 위의 책, p.76.

29 Jerry Mitchell, 위의 글 참조.

30 Piller C., ʻIs FDAʼs revolving door open too wide?ʼ, *Science*, 361(6397),
2018, p.21.

31 "2 killed after chewing on Fentanyl patches to get high", 《*chattanooga
times free press*》, 2014.4.16.

32 Dowell D, Haegerich TM, Chou R., ʻCDC Guideline for Prescribing
Opioids for Chronic Pain-United Statesʼ, *MMWR*, 65(1), pp.1-49.

33 위의 논문.

34 BETH MACY, 위의 책, p.75

35 "주검찰, 마약성 진통제 제조사 고소", 《미주한국일보》, 2018.6.20.

36 "The OxyContin Clan: The 14 Billion Newcomer to Forbes 2015 List of

Richest U.S. Families", 《Forbes》, July 1, 2015.

37 "45만 미국인 목숨 앗은 제약사 퍼듀 파마, 유죄 인정 9조원 벌금 내기로", 《서울신문》, 2022.10.22.

38 BETH MACY, 위의 책, p.213.

39 위의 책, p.200.

40 Jonathan Feelemyer, 'Retention of participants in medication-assisted programs in low- and middle-income countries: an international systematic review', *Addiction*, 109(1), Jan. 2014, pp.20-32.

41 Degenhardt L, Larney S, Kimber J, et al., 'The impact of opioid substitution therap.on mortality post-release from prison: Retrospective data linkage study', *Addiction*, 109(8), 2014, pp.1306-1317.

42 Fox, A. D., J. Maradiaga, L. Weiss, et al., 'Release from incarceration, relapse to opioid use and the potential for buprenorphine maintenance treatment: A qualitative study of the perceptions of former inmates with opioid use disorder', *Addiction Science & Clinical Practice*, 10(1), 2015, p.2.

43 National Institute on drug Use, 'Medications to Treat Opioid Use Disorder Research Report', *Research Report*, December 2021 참조.

44 Ken Hyle, 'Annual Determination of Average Cost of Incarceration Fee(COIF)', *Federal Register*, 86(167), September 1, 2021.

45 The Recovery Village, 'How Much Does Heroin Cost?', August 30, 2022 참조, https://www.therecoveryvillage.com/heroin-addiction/how-much-is-heroin/

46 Rice Country Minnesota, 'Opioids: Painkillers, heroin & fentanyl', *2022 CRDVOIF report* 참조.

47 "美, 마약성 진통제 펜타닐 다량 압수… '미국인 전부 죽일 양'", 《연합뉴스》, 2022.12.21.

1   양성관 지음(2023), 『히틀러의 주치의들』, 드러커마인드, p.287.

2   박강 지음(2010), 『아편과 20세기 중국』, 선인, p.45.

3   위의 책, p.86.

4   위의 책, p.104.

5   조선총독부전매국, 『조선전매사』, 제3권, 1936, p.540; 조석연 지음(2021), 『마약의 사회사』, 현실문화, p.40에서 재인용.

6   박강, 위의 책, p.157.

7   조석연, 위의 책, p.50.

8   "전 조선의 아편굴 속에 신음하는 4,600명", 《동아일보》, 1934.3.11.

9   조석연, 위의 책, p.48.

10 위의 책, p.45.

11 위의 책, p.75.

12 위의 책, p.79.

13 위의 책, p.118.

14 위의 책, p.122.

15 보건사회부, 「보건사회통계연보」 1960년, 1966년; 조석연, 위의 책, p.123에서 재인용.

16 "합성마약 메타돈의 횡폭", 《중도일보》, 1965.6.13.

17 대검찰청, 「마약류 범죄백서」, 1990 참조.

18 "20대 부부 목찔려 피살", 《중앙일보》, 1970.3.6.

19 박성규 지음(2019), 『약국에 없는 약 이야기』, MID, p.235.

20 위의 책, p.232.

21 국가지표체계 지표누리 사이트 참조.

22 "[한국 대중문화의 결정적 사건들 7] 1975년 대마초 파동", 《쿨투라》, 2020.7.29.

23 조석연 지음, 위의 책, p.168.

24 보건복지부 국립정신건강센터, 「2021년 마약류 사용자 실태조사」(수행기관: 가톨릭대학교, 2021.5) 참조.

25 대검찰청, 「마약류 범죄백서」, 2022 참조.

26 "[일본 언더그라운드 24] '마약 대국' 일본의 이면",《이코노미 조선》, 2019.12.2.

27 대검찰청, 「마약류 범죄백서」, 1995 p.143.

28 "[팜역사속으로] 우리는 언제부터 삼겹살을 먹게 되었을까?",《팜인사이트》, 2018.10.19.

29 이경렬·이종화, 「국제마약사범에 대한 특수수사방법 연구」, 한국형사정책연구원, 2004, p.70.

30 조석연, 위의 책, p.269.

31 대검찰청, 「마약류 범죄백서」, 1990, p.257.

32 조석연, 위의 책, p.184.

33 한국형사정책연구원, 『메스암페타민 사범의 실태와 대책』, 1989, p.57.

34 대검찰청, 「마약류 범죄백서」, 1992 참조.

35 이경렬·이종화, 위의 보고서 참조.

36 대검찰청, 「마약류 범죄백서」, 2004, p.90.

37 대검찰청, 「마약류 범죄백서」, 1993, p.40.

38 행정안전부 국가기록원 누리집, '민생침해사범단속' 참조, https://www.archives.go.kr/next/search/listSubjectDescription.do?id=000948&sitePage=1-2-1

39 대검찰청, 「마약류 범죄백서」, 1998, p.96.

40 "'IMF 마약범죄' 는다",《부산일보》, 1998.2.19.

41 대검찰청, 「마약류 범죄백서」, 1998, p.240.

42 대검찰청, 「마약류 범죄백서」, 1998, p.101.

43 이상용, 「마약류정보 관리시스템의 문제점과 개선방안」, 한국형사정책연구원, 2004, p.60.

44 「2002년 마약류 사범 단속결과 분석보고」, 경찰 수사국, 2003.1.10.

45 대검찰청, 「마약류 범죄백서」, 2018, p.137.

46 대검찰청, 「마약류 범죄백서」, 2021, p.129.

47 일본약물남용예방센터, '약물 사범 데이터' 참조, https://dapc.or.jp/kiso/31_stats.html

48 대검찰청, 「마약류 범죄백서」, 1995, p.143.

49 신의기, 강은영 외, 「마약 및 조직범죄의 형사정책적 현안과 종합적 대응방안」, 한국형사정책연구원, 2006, p.91.

50 "'범죄와의 전쟁' 비웃는 야쿠자 주식회사", 《시사저널》, 1994.12.29.

51 신의기, 강은영 외, 앞의 보고서, p.129.

52 앞의 보고서, p.152.

53 대검찰청, 「마약류 범죄백서」, 1993, p.227

54 대검찰청, 「마약류 범죄백서」, 1994, p.180

55 "계속해도, 그만둬도 지옥… 사형선고 야쿠자에게 내린 저주[도쿄B화]", 《중앙일보》, 2021.8.28.

56 "밥벌이도 안 돼… 日 야쿠자 9년새 7만─2만 5천 명 급감", 《연합뉴스》, 2021.10.18.

57 "[인덕션: 1편] 아버지들 밖에 안 남은 일본 야쿠자, 야쿠자가 몰락하는 이유… 야쿠자를 통해 살펴보는 근대국가와 자본주의", 〈SBS 뉴스〉, 2023.3.20.

58 대검찰청, 「마약류 범죄백서」, 2021 참조

59 대검찰청, 「마약류 범죄백서」, 2022, p.102.

60 대검찰청, 「마약류 범죄백서」, 2011; 2016; 2021; 2022 참조.

61 Matthew Hickman, Zenobia Carnwath, Peter Madden, et al., 'Drug-related mortality and fatal overdose risk: Pilot cohort study of heroin users recruited from specialist drug treatment sites in London', *J Urban Health*, Jun 2003, 80(2), pp.274 - 287.

62 "파티룸 꾸며놓고 '마약파티'.마약 검거 역대 최대", 〈MBC 뉴스〉, 2023.1.29.

63 "호텔 파티룸서 '마약파티' 벌인 20대 7명 입건", 《노컷뉴스》, 2023.6.5.

64 보건복지부 국립정신건강센터, 위의 보고서, p.104.

65 위의 보고서.

66 연세대학교 사회발전연구소, 「한국 어린이 청소년 행복지수」, 국제비교연구조사 결과보고서, p.11.

67 "[더차트] 한국 자살률, OECD 1위… 2위와도 압도적 격차 '씁쓸'", 《머니투데이》, 2023.5.28.

68 연세대학교 사회발전연구소, 위의 보고서, p.62.

69 보건복지부 국립정신건강센터, 위의 보고서, p.115.

70 위의 보고서, p.118.

71 대검찰청, 「마약류 범죄백서」, 2022, pp.112-121.

72 법무부 누리집, '출입국 통계' 참조, https://www.moj.go.kr/moj/2412/subview.do

73 "[대한민국 10대들의 마약리포트2] 충격적인 그들의 마약암수율", 《주간조선》, 2023.4.14.

74 KDI 경제정보센터 누리집, 「마약밀수 단속 종합대책」 및 2022년 마약류 밀수 단속 동향' 참조, https://eiec.kdi.re.kr/policy/materialView.do?num=235166&pg=2&pp=20&device=pc&search_txt=%EB%A7%88%EC%95%BD&topic=&type=A&depth1=&depth2=

75 "다세대주택 드나드는 수상한 사람들… 마약 거래자들이었다", 《연합뉴스》, 2023.5.9.

76 "평범한 빌라 난간에도 마약이… '던지기' 유통·거래 무더기 검거", 〈MBC 뉴스〉, 2023.5.9.

77 "'버스서 하니 짜릿', '신호 기다리며 조금'… 놀이처럼 번지는 마약", 《조선일보》, 2023.4.7.

78 "한국 의료접근성 OECD 1위… 외래 진료 횟수 가장 많아", 《의협신문》, 2022.7.26.

79 e-나라지표 누리집, '의료용 마약류의 조제·투약 현황' 참조, https://www.index.go.kr/unity/potal/main/EachDtlPageDetail.do?idx_cd=1109

80 "[단독] 마약중독 얼마나 심하길래… 의료용 마약 회수 나서는 정부", 《매일경제》, 2023.5.19.

81 "마약을 처방해 드립니다", 〈KBS 시사직격〉, 2021.12.3.

82 UNODC, *Drug Trafficking & Cultivation-Drug prices* 참조, https://dataunodc.un.org/dp-drug-prices

83 UNODC, *Cocaine global report*, 2023 참조.

84 NCDAS(National Center for Drug Abuse Statistics), 'Drug Related crime

Statistics' 참조, https://drugabusestatistics.org/drug-related-crime-statistics/

85 "한동훈 장관님, 마약과의 전쟁 말고 치료가 필요합니다",《한겨레21》, 2023.6.2.

86 "마약 테러리즘과의 전쟁, 어떻게 이어갈까",《미디어오늘》, 2009.2.20.

87 "권위 도전하면 무조건 사살?… 두테르테 '마약 퇴치' 명목 반대세력 소탕",《한국일보》, 2021.3.8.

88 "[글로벌24 주요뉴스] 두테르테 대통령 "시장 시절 마약 용의자 죽여",〈KBS 뉴스〉, 2016.12.14.

89 "[The-이슈] 두테르테, 페이스북 이용해 초법적 살인 '정당화'",《THE DAILYPOST》, 2020.11.3.

90 토머스 헤이거 지음, 양병찬 옮김(2020),『텐 드럭스』, 동아시아, p.266.

91 위의 책.

92 Ted Van Green, 'Americans overwhelmingly say marijuana should be legal for medical or recreational use', *Pew Research Center*, Nov. 22, 2022.

93 Khadijah Edwards, 'Clear majorities of Black Americans favor marijuana legalization, easing of criminal penalties', *Pew Research Center*, Jun. 8, 2022.

94 Katherine Schaeffer, '7 facts about Americans and marijuana', *Pew Research Center*, Apr. 13, 2023.

95 강철원, 안아람, 손현성, 김현빈 지음(2019),『중독 인생』, 북콤마, p.175.

96 위의 책.

97 "[단독] 중독자 치료지정병원 90%가 '마약환자 안 받아요' 왜?",《중앙일보》, 2022.7.14.

98 인천참사랑병원 천영훈 병원장, "병원 구성원의 정신건강을 책임지는 존중의 힘 (상)",《magazine HD》, Volume 16(2021.10.29).

99 "약물 법원, 재범률 3배 낮춘다… 국내 마약 재활 실상은",〈SBS 뉴스〉, 2023.6.7.

100 "한동훈 장관님, 마약과의 전쟁 말고 치료가 필요합니다", 위의 기사 참조.

101 "[단독] 尹 '마약과의 전쟁'이라더니… 중독 치료 손 놓은 정부",《쿠키뉴스》, 2023.3.10.

102 "이제 준비는 끝났다! 마약과의 전쟁에서 승리할 비밀무기 전격 공개!", 〈법무부 TV〉, 2023.6.27.

에필로그 하이 리스크, 로우 리턴

1 UNODC, *Drug Trafficking & Cultivation-Drug prices* 참조, https://dataunodc.un.org/dp-drug-prices

2 "케타민 등 신종 마약 극성, 무직 청년들 '운반책'으로", 《중앙일보》, 2023.7.12.

3 BETH MACY(2018), *DOPESICK*, HEAD of ZEUS, p.168.

4 e-나라지표 누리집, '전자상거래 물품 수입 동향' 참조, https://www.index.go.kr/unity/potal/main/EachDtlPageDetail.do?idx_cd=2457

5 관세청 수출입무역통계, '컨테이너 적재항별 수출실적' 참조, https://unipass.customs.go.kr/ets/index.do?menuId=ETS_MNU_00000139

6 법무부 누리집, '출입국 통계' 참조, https://www.moj.go.kr/moj/2411/subview.do

7 노엄 촘스키 외 지음, 강주헌 옮김(2013), 『촘스키, 누가 무엇으로 세상을 지배하는가』, 시대의창, p.108.

8 Ken Hyle, 'Annual Determination of Average Cost of Incarceration Fee(COIF)', *Federal Register*, 86(167), September 1, 2021.

9 "콩밥은 옛말… 연 3,100만원 복지에 '나 감방 돌아갈래'", 《조선일보》, 2023.5.15.

10 대검찰청, 「마약류 범죄백서」, 2022, pp.206-208.

생물학적 풍요

성적 다양성과 섹슈얼리티의 과학 | 브루스 배게밀 지음 | 이성민 옮김

200여 년의 동물학 연구를 분석해 자연의 다양성을 기록한 브루스 배게밀의 『생물학적 풍요Biological Exuberance』 국내 최초 번역서.

190여 종의 포유류 및 조류, 파충류, 양성류, 어류, 곤충 등의 섹슈얼리티를 분석해, 지난 시간 동안 인간의 시선을 투사한 과학계의 관성에 일침을 가하고 생물의 성적 다양성을 드러낸 역작이다.

과학의 편견에 엄밀한 기록으로 맞선 서술적 태도는 정치적 언사를 뛰어넘어 생생한 증언이 된다. 2003년 미국 소도미법 폐지 판결과 2018년 인도 대법원의 동성애 비범죄화 판결에서 이 책이 인용된 바 있다. 자연의 섹슈얼리티는 물론 과학의 객관성과 입장성 그리고 잘 드러나지 않은 동물과 생물의 또 다른 면모를 확인하고 싶다면 꼭 읽어봐야 할 책이다.

유전자 스위치

최신 과학으로 읽는 후성유전의 신비 | 장연규 지음

유전자가 모든 것을 결정한다는 유전자 결정론은 의심할 여지없는 사실일까? 그렇다면 쌍둥이의 삶이 달라지는 이유는 무엇일까? 다윈의 진화론에 가려졌던 라마르크의 가설은 우리에게 무엇을 알려주고 있을까? 연세대학교 시스템생물학과 장연규 교수가 우리의 운명을 바꾸는 후성유전학의 진실을 전해준다.

Let's talk SHIT

Disease, Digestion and Fecal Transplants

Sabine Hazan MD, Thomas Borody MD, Sheli Ellsworth 지음 | 이성민 옮김

장내 미생물에 대한 최신 연구와 식생활 가이드를 담은 책이다. 위장병 및 간 질환 전문의인 사빈 하잔과 공저자 토머스 보로디, 셸리 엘스워스는 미생물학 전문가들로 장내 미생물군계microbiome의 결핍이 위장 장애, 심장병, 비만, 자폐증 등 다양한 질환을 일으킬 수 있음을 역설한다. 그와 함께 일상의 식품 섭취를 통한 개선 방법과 미생물 이식까지 해당 분야에 대한 풍부한 정보를 제공한다.

내 눈이 우주입니다

안과 의사도 모르는 신비한 눈의 과학 | 이창목 지음

우리의 감각기관 중 가장 중요한 눈. 시력과 색맹, 망막 구조 등 생물학적 사실에서부터 젊은 눈을 지키기 위한 건강 상식, 그리고 각종 수술에 대한 정확한 정보까지. 이창목 안과 전문의가 과학과 인문학의 힘을 빌려 눈을 둘러싼 모든 질문에 답한다.

스테로이드 연대기

기적의 약은 어떻게 독이 되었을까? | 백승만 지음

『전쟁과 약, 기나긴 악연의 역사』, 『분자조각가들』을 펴낸 바 있는 백승만 경상국립대학교 약학대학 교수의 신작. 지난 작품들에서 전쟁에 얽힌 약들과 신약 개발에 대한 이야기를 다뤘다면 이 책에서는 스테로이드를 파헤친다. 주로 근육 강화를 위한 약물로 알려져 있는 스테로이드는 우리의 생각보다 훨씬 복잡한 약물이다. 백승만 교수는 『스테로이드 연대기』에서 이 약의 탄생부터 피임약 개발, 항암제로의 사용까지 우리 사회에 스테로이드가 등장했던 중요한 역사적 대목들을 샅샅이 파헤치며 또 한번 우리를 지적 모험의 환희로 이끈다.

Back in Control

A Surgeon's Roadmap out of Chronic Pain

Dr. David Hanscom 지음 | 이성민 옮김

30년간 척추 외과 의사로 일해온 데이비드 한스컴 박사의 통증 탈출기. 개업의로 수술을 시작한 지 2년 후에 시작된 통증으로 15년간 만성 통증을 경험한 저자가 직접 통증을 다스리기 위해 만들어 낸 '자가치료지휘DOC, Direct Your Own Care'를 소개한다. 한스컴 박사는 기존의 의학이 만성 통증에 정확하게 대처하고 있지 않다고 보고 종합적 지식을 통해 신경계와 통증을 인식하는 우리 뇌에 대한 깊은 이해로 나아간다. 통증에서 벗어나기 위한 4단계의 프로세스뿐 아니라 의학적으로 점검해야 할 우리 삶의 면모들에 대해서도 두루 살펴보고 있다. 만성 통증으로 힘들어하고 있다면 꼭 읽어봐야 할 책이다.

나는 생명을 꿈꾼다

변형되는 삶과 죽음, 의료의 시대에 살아가는 방법 | 최윤재 지음

"1000세까지 살 인간은 이미 태어났다." 노화생물학자 오브리 드 그레이의 말이다. 이처럼 생명공학은 무서운 속도로 발전하고 있다. 신체 일부를 기계로 대체하고, 컴퓨터로 뇌를 이식하는 포스트휴먼 시대로 향하는 지금, 우리는 이대로 괜찮은 걸까? 냉동인간, AI 의료, 안락사 등 지금 이 순간 전 세계에서 일어나는 다양한 생명 이슈와 그에 대응하는 윤리적 사유를 한 권의 책에 담았다.

The Unexected Gift of Trauma

The Path to Posttraumatic Growth

Edith Shiro 지음 | 이성민 옮김

죽음에 상응하는 공포를 경험한 이들에게 찾아오는 외상 후 스트레스 장애PTSD는 당사자의 삶과 생활을 파괴한다. 하지만 에디스 시로 임상심리학 박사는 트라우마를 견뎌낸 이들에게 강한 생명력이 있음을 발견하고, 그들이 트라우마를 넘어 오히려 도약할 수 있다고 말하며 트라우마 후 성장Posttraumatic Growth 개념을 제시한다. 저자는 인식, 각성, 형성, 존재, 전환 총 5단계의 구체적인 프로세스를 제공하며, 임상심리학자로서의 경험을 통해 친절한 예시와 실천법을 설명하고 있다. 시대적 트라우마를 겪는 우리 모두에게 필요한 책이다.

The Minor Illness Manual

Gina Johnson, Ian Hill-Smith, Chirag Bakhai 지음

경미한 질병 증상에 대처할 수 있는 정보를 제공하는 매뉴얼이다. 열과 감염, 신체 각 부위의 질환에서 정신 건강까지 1차 진료에 대한 전문적 지식을 항목별로 구성했다. 간호사, 의사, 구급대원 등 현장 전문가들이 명확하고 빠른 처치를 수행할 수 있도록 도움을 준다. 최신 임상 지침과 처방 정보를 반영하여 업데이트됐다.

마약 하는 마음, 마약 파는 사회
일상을 파고든 마약의 모든 것

ⓒ 양성관, 2023. Printed in Seoul, Korea

초판 1쇄 펴낸날	2023년 8월 31일
초판 4쇄 펴낸날	2024년 12월 12일
지은이	양성관
펴낸이	한성봉
편집	김선형
콘텐츠제작	안상준
디자인	최세정
마케팅	박신용·오주형·박민지·이예지
경영지원	국지연·송인경
펴낸곳	히포크라테스
등록	2022년 10월 5일 제2022-000102호
주소	서울 중구 필동로8길 73 [예장동 1-42] 동아시아빌딩
페이스북	www.facebook.com/dongasiabooks
전자우편	dongasiabook@naver.com
블로그	blog.naver.com/dongasiabook
인스타그램	www.instargram.com/dongasiabook
전화	02) 757-9724, 5
팩스	02) 757-9726
ISBN	979-11-983566-1-1 03330

※ 히포크라테스는 동아시아 출판사의 의치약·생명과학 브랜드입니다.
※ 잘못된 책은 구입하신 서점에서 바꿔드립니다.

만든 사람들

총괄 진행	김선형
기획	김선형·전인수
편집	문혜림·전유경
교정 교열	김대훈
크로스교열	안상준
디자인	페이퍼컷 장상호